CW01474961

Le pouvoir enchaîné
Être ministre

La noria : machine hydraulique à godets favorisant l'irrigation.

La Noria : collection qui propose une autre irrigation du champ de l'actualité par une alimentation critique du flux de l'information ; collection dirigée par Marie-Paule Eskénazi.

Visitez notre site :
www.labor.be

Illustrations de couverture : © Belga

© 2002, Éditions Labor
Quai du Commerce, 29 à 1000 Bruxelles
E-mail : labor@labor.be

ISBN : 2-8040-1676-5
D/2002/258/50

Alain ERALY

Le pouvoir enchaîné

Être ministre

Collection La Noria

LABOR

Introduction

Un jour, je stationnais au volant d'une voiture du cabinet. Avisant ma plaque, un passant s'approche et m'invite à baisser mon carreau. «Je vois que vous travaillez dans la politique... Eh bien, je tiens à vous dire que vous êtes tous des crapules.» Et de s'éloigner sans un mot d'explication. C'était l'époque de l'affaire Dutroux et peut-être cet homme se figurait-il que j'animais un réseau de pédophilie... J'aurais voulu le rattraper, lui expliquer ce dont je m'occupais au juste mais c'eût été peine perdue. Les gens s'attachent à leurs ressentiments comme aux drogues qui les soulagent de penser, et mon passant se serait dit sans doute : «Encore un qui cherche à se disculper ; ils sont décidément tous pareils, tous pourris.» Et pour fortifier sa conviction, il eût suffi qu'il jette un œil sur ma voiture de fonction, il est vrai trop luxueuse...

Cet incident m'a troublé. Pour une pensée à voix haute, je savais que mille étaient murmurées – dans mon voisinage peut-être. Je me sentais pris dans les filets d'une image injuste dont mes dénégations n'eussent fait que resserrer les mailles. Je me suis pris à réfléchir à la condition si paradoxale de l'homme politique : esclave de l'approbation de ceux-là mêmes qu'il prétend gouverner ; prisonnier des milliers de regards qu'il s'échine à capter ; s'astreignant à fabriquer jusqu'à ses émotions, ensuite blessé qu'on le soupçonne de contrefaire ses élans sincères ; désespérant de bâtir un monticule et pourtant condamné à promettre des montagnes ; pressé d'endosser tous les bonheurs du monde mais anxieux d'être pris à partie au moindre vol à l'étalage ; secrètement meurtri de deviner autour de lui tant de cynisme, de jalousie, de méchanceté, et secrètement meurtri de reconnaître en lui-même de pareils sentiments ; effrayé d'avoir si peu de pouvoir et tellement de responsabilité, sans nulle possibilité de réclamer l'un et décliner l'autre ; en un mot, jouissant et souffrant tout à la fois d'être ce formidable bouc émissaire postmoderne perpétuellement forcé d'entretenir le mythe de son omnipotence.

Cet ouvrage traite du quotidien de l'action politique, des stratégies de conquête du pouvoir, de la formation de l'identité politique, du rapport aux médias, de la nature du travail ministériel et de la prise de décisions au sein des gouvernements. Pendant trois ans, j'ai eu la chance d'assumer la fonction de directeur de cabinet à la Région bruxelloise et de préparer, avec mes collègues des autres partis de la coalition, les séances du Conseil des ministres. Je n'avais eu jusqu'alors aucune activité proprement politique et c'est aux circonstances, et à la volonté d'un homme peu commun, que je dois cette incursion dans les coulisses du pouvoir politique. Ce monde, j'y ai donc participé intensément à défaut d'y appartenir vraiment. Je le vivais avant de l'observer et je l'observais pour mieux le vivre. Non que j'aie lésiné sur mon investissement ; j'y mettais toute mon énergie au contraire. Simplement, je conservais une distance affective, une sorte de réserve mentale nécessaire à mon équilibre, j'étais un acteur engagé mais détaché, je demeurais sociologue dans l'arrière-boutique, prenant des notes, évoquant des hypothèses, et supportant somme toute sereinement, à mon étonnement, la charge de travail et l'agitation ambiante, les urgences et les contretemps, les affrontements mille fois renouvelés. Il n'est pas bon de s'immerger complètement pour nager en eau trouble : on voit mieux où l'on va en relevant la tête, et mieux encore quand d'autres la relèvent avec vous. Loyauté oblige, on passe trop de temps, dans ce milieu, à forcer sur son adhésion et à se frapper la poitrine pour faire croire qu'on y croit. À mes yeux, l'action suffit sans qu'il faille s'encombrer des comédies de la ferveur et de l'appartenance – du moins aussi longtemps qu'on reste à l'écart des médias.

J'ai quitté le cabinet de mon plein gré, sans blessure ni rancœur, parce que je sentais que ma vie était à l'université. Je garde estime et sympathie pour nombre d'acteurs que j'ai côtoyés, et dans tous les partis. Pour autant, ce serait mentir d'affirmer que le portrait que je m'apprête à dresser soit particulièrement réjouissant. Machiavel ou Mazarin l'avaient pressenti bien avant Foucault : ce n'est pas la politique qui se continue dans la guerre, c'est la guerre qui se continue dans la politique. Une guerre tiède pour l'essentiel, purgée de toute violence physique, mais une guerre malgré tout avec ses jeux de position, l'entrelacement des stratégies et des tactiques, le bluff, l'escalade des tensions, la vanité des harangues et des acclamations, les batailles de tranchées, la peur des trahisons, la fragilité des armistices – tout cela sans fin. Que ce soit le prix de la démocratie, à prendre ou à laisser, singulièrement dans un régime de coalition, reste à démontrer. S'il est vrai qu'on ne supprimerait la confrontation des intérêts qu'en abolissant la démocratie, j'incline à penser que des modes de fonctionnement plus efficaces sont possibles et souhaitables. Reste que les faits sont là : la scène politique tient d'une arène plus que d'une agora, les pugilats y sont plus fréquents que les débats d'idées, les mots servent à impressionner plus qu'à faire réfléchir, le cynisme et la dureté valent comme signes d'appartenance. Les jeux sont rationnels en surface : guidés par l'opportunisme et le calcul d'intérêt. Et irrationnels en profondeur : dominés par les passions et les enjeux symboliques. En agissant comme s'ils prenaient à la lettre le modèle sociologique de l'acteur stratège ou la théorie des jeux chère aux économistes, les politiciens ne cessent, paradoxalement, de souligner les limites de ces conceptions.

Je suis conscient que certaines descriptions paraîtront sévères aux yeux des acteurs et certaines interprétations trop bienveillantes au gré des observateurs. La sociologie ne cherche pas plus à absoudre qu'à condamner, elle veille seulement à décrire et comprendre. Elle ne vaut que par la réalité des faits qu'elle donne à voir et la pertinence de ses interprétations. Elle ne saurait en particulier reprendre à son compte l'extrême personnalisation de la vie politique qui prévaut dans l'opinion et qu'entretiennent des acteurs éternellement soucieux du feu des projecteurs. Ce qui manque ordinairement dans la lecture des faits politiques, c'est la conception du système. Les acteurs sont soumis à des contraintes fortes émanant des partis, des institutions, des médias, des électeurs, des groupes de pression, des partenaires politiques, et ces contraintes façonnent leurs manières d'agir et de penser. Ils sont enchaînés dans des réseaux complexes qu'aucune autorité suprême ne vient réguler. C'est l'essence même du raisonnement sociologique de rapporter les actions humaines aux contraintes d'un champ que ces actions, en retour, contribuent à reproduire. Cette réciprocité doit être bien comprise : un enfant qui désire participer au jeu d'autres enfants doit en accepter les règles, et ce d'autant plus que les enfants sont nombreux et qu'il lui faudrait, pour changer ces règles, réussir à convaincre la majorité ; réciproquement, en participant au jeu, il contribue à son tour à le reproduire et il exerce avec les autres une contrainte sur les nouveaux arrivants. Beaucoup de choses s'éclairent quand on prend la peine de restituer les comportements des acteurs dans leur contexte propre.

Parti pour étudier la formation des décisions au sein d'un gouvernement, je me suis vite avisé qu'on ne peut les comprendre qu'en intégrant dans l'analyse les stratégies de carrière des acteurs, leur identité propre et les réseaux dont ils dépendent. Un gouvernement n'est pas l'équivalent d'un comité de direction dans une entreprise privée et les ministres, en accédant à leur poste, ne deviennent pas des managers publics ; ils demeurent des politiciens et ne sauraient négliger, sous peine de ne pas dépasser la législature, le parti auquel ils appartiennent, leur propre visibilité médiatique et leur base électorale.

C'est assez dire que le présent ouvrage n'est en rien un récit personnel, même s'il est inspiré par des expériences vécues ; il ne concerne pas plus un gouvernement particulier qu'un cabinet ou un parti spécifique, et les anecdotes qu'il contient n'ont d'autre fonction que d'illustrer les raisonnements. Enfin, il ne traite pas du monde politique en général mais essentiellement du pouvoir ministériel. Cette restriction est importante : ni la réalité interne des partis, ni le monde des militants, des parlementaires ou des mandataires locaux ne sont étudiés comme tels. Ces univers spécifiques n'interviennent dans mon analyse qu'en raison des contraintes fondamentales qu'ils exercent sur les stratégies des acteurs gouvernementaux. En deçà des aléas, des circonstances et des personnalités, je m'efforce de dégager les formes du pouvoir ministériel, les processus profonds et durables qui ne sont guère susceptibles d'évoluer sensiblement à court terme sous l'action d'on ne sait quelle réforme de la loi électorale ou de quelle profession de foi en faveur d'une nouvelle culture politique. Pour l'essentiel, ces processus sont d'ailleurs bien connus des acteurs comme des observateurs attentifs de la vie politique.

Pour m'aider à les repérer et pour éprouver la validité de mes hypothèses, j'ai interrogé une soixantaine de témoins privilégiés, tous familiers des cabinets : mandataires politiques, directeurs de cabinet, conseillers de toutes couleurs. Ces témoins, je les ai choisis pour leur expérience, mais aussi pour leur ouverture, leur franchise et leur esprit critique, soit que je les connaisse déjà, soit qu'ils m'aient été recommandés. Sont venus s'y ajouter des fonctionnaires et des journalistes habitués à côtoyer les décideurs politiques. De tous ces témoignages, je n'ai conservé que les tendances générales. D'entretien en entretien, celles-ci se trouvèrent régulièrement confirmées, exemplifiées, consolidées, en sorte que je n'ai guère de doute aujourd'hui sur la validité de mes conclusions.

Je sais que certains de ces témoins me liront, si les trépidations de la vie politique leur en laissent le temps. Je leur réitère mes remerciements sincères. Leur honnêteté et leur lucidité m'ont impressionné – comme si l'exercice du pouvoir politique, par les tensions qu'il suscite, imposait de s'interroger en permanence sur soi, sur le sens de son action et la nature de l'aventure humaine à laquelle on voue tant d'efforts. Toutes ces rencontres furent passionnantes, et maintes fois, j'ai souri au récit d'épisodes si semblables à ceux que j'avais moi-même vécus. À toutes ces personnes qui m'ont confié leur passion et leur amertume, leur engagement et leur écœurement, j'ai promis l'anonymat : c'était la condition pour échapper au rituel des précautions oratoires et des discours de convenance. Je me suis donc interdit la relation trop explicite d'anecdotes qui eussent permis d'identifier mes interlocuteurs, comme la mention des auteurs des nombreuses citations qui émaillent mon propos. Le texte y perd un peu de croustillant, n'importe : le but n'est pas de révéler des choses cachées, mais de mieux comprendre. En revanche, il va sans dire que je me suis autorisé à faire état d'informations citées dans la presse et qui sont donc de notoriété publique.

À maints égards, la présente recherche est inédite, même si les processus qu'elle met en lumière sont pour l'essentiel bien connus. Il n'est pas facile en effet d'ouvrir la boîte noire de la décision politique pour examiner les processus de sa construction. C'est dire que ce travail tient plus de l'essai que de la théorie générale, certaines conclusions étant d'ailleurs propres au système belge. Sa rédaction m'a posé un problème difficile de traitement de la complexité, les contraintes de l'écriture m'obligeant à séparer artificiellement ce qui, dans la pratique, est intimement lié, à briser des blocs de réalité pour en répartir les morceaux au long des divers chapitres. À la complexité institutionnelle s'ajoutait la complexité juridique et surtout celle des interdépendances, des réseaux et des stratégies. En soi, la structure de l'ouvrage est une première réponse à cette difficulté. Afin d'en faciliter la lecture, je me suis efforcé d'alléger le texte autant qu'il était possible, en évitant notamment les débats trop théoriques. Dans ce même esprit, j'ai choisi d'écarter toute présentation générale du système fédéral belge, préférant introduire au fur et à mesure les seuls éléments nécessaires à la compréhension; le lecteur désireux d'en savoir davantage sur les spécificités du système belge consultera les ouvrages spécialisés[1]. Mon objectif, je le répète, n'était nullement de brosser un grand portrait de la vie politique en Belgique, mais plutôt de m'interroger sur l'exercice du pouvoir dans un univers d'institutions complexes, de réseaux d'interdépendance mouvants, d'entrelacement d'intérêts et de surveillance médiatique. Beaucoup des processus que je décris peuvent d'ailleurs s'observer dans d'autres milieux: institutions internationales, grandes entreprises, hôpitaux, communes, etc.

Si les divers tableaux que j'ai tracés de la réalité politique n'incitent guère à l'optimisme, il est juste de remarquer que j'ai approché ma lanterne des domaines les plus problématiques à mes yeux, au risque de passer sous silence tout ce qui continue à faire de la politique plus qu'un métier : une vocation. Une vocation terriblement exigeante, mais cruciale et très supérieure en tout cas à certaines images qu'on aime à colporter. Sans doute

---

1. Voir par exemple : J. BRASSINNE, *Les nouvelles institutions de la Belgique*, Bruxelles, Cahiers du Crisp, 1989; Fr. DELPERÉE & S. DEPRÉ, *Le système constitutionnel de la Belgique*, Bruxelles, Éd. Larcier, 1998; P. DELWIT & J.-M. De WAELE, *Les partis politiques en Belgique*, Bruxelles, Éd. de l'Université de Bruxelles, 1996; P. DELWIT, J.-M. De Waele & P. MAGNETTE (dir.), *Gouverner la Belgique. Clivages et compromis dans une société complexe*, Paris, P.U.F., 1999; L. DE WINTER, A.-P. FROGNIER & B. RIHOUX, «Belgium» in J. Blondel & M. Cotta, *Party and Government. An Inquiry into the Relationship between Governments and Supporting Parties in Liberal Democracies*, Houndmills, Basingstoke and London, 1996; Ch.-Ét. LAGASSE, *Les nouvelles institutions de la Belgique et de l'Europe*, Namur, Artel, 1999.

eût-il fallu souligner plus nettement l'enthousiasme et le talent des acteurs, leur passion de la chose publique, leur désir sincère de changer la vie, l'énergie folle qu'ils déploient. Souligner surtout les biens publics qui n'en finissent pas de sortir – presque miraculeusement – de cette machine précaire et compliquée, souligner cette profusion qui permet au citoyen de vaquer librement à ses occupations en sachant que l'État, par d'innombrables médiations, veille à préserver son cadre de vie, ses moyens d'existence, sa santé, sa sécurité, l'éducation de ses enfants... Nous sommes à ce point accoutumés à l'État-providence que nous tenons ses bienfaits pour un droit naturel ; nous ne prêtons plus attention qu'à ce qui coince et résiste, nous nous indignons sans réfléchir des moindres défauts de réponse à l'escalade infinie des besoins sociaux, nous appelons, «régression», «injustice» ou «démantèlement» l'obligation de résister à l'accroissement éternel des dépenses publiques, nous finissons par perdre de vue la contribution extraordinaire des États modernes au bonheur et le caractère *historique* et *conditionnel* de cette contribution, en particulier son intime dépendance à l'économie de marché.

La sociologie a tendance à réserver son travail de compréhension aux *dominés*, comme si comprendre les dominants revenait forcément à cautionner l'ordre social. Les dirigeants se trouvent artificiellement fondus dans des entités abstraites comme «le politique», «le pouvoir politique» ou «l'État», et dès lors inlassablement mis en procès, sinon diabolisés, sans que l'on tienne compte des contraintes qui s'exercent sur leur travail au quotidien. Dans ce livre, je cherche à leur rendre leur dignité d'acteur, *c'est-à-dire aussi bien* leurs vraies dimensions : la précarité de leur pouvoir, l'impuissance qu'ils cherchent à dissimuler sous la grandeur des desseins, la dureté de leur vie, et parfois leur médiocrité, leur petitesse ou leur vanité. La Belgique est un petit pays et la politique lui emprunte ses dimensions. Entre les forces du marché, l'émiettement du pouvoir ministériel, la montée en puissance de l'Europe et des institutions internationales, que reste-t-il ? Du pouvoir figuré au pouvoir réel, il y a souvent plus qu'un fossé : un gouffre. Le maire de Paris contrôle un budget qui dépasse les 9 milliards d'euros ; les cinq ministres et les trois secrétaires d'État qui composent le gouvernement de la Région de Bruxelles-Capitale gèrent ensemble un budget de... 1,8 milliard d'euros, dont les neuf dixièmes au moins sont récurrents et à peu près soustraits à toute négociation. Reconnaître la précarité du pouvoir politique, c'est renoncer une fois pour toutes à la logique du bouc émissaire comme au lyrisme des grands desseins, et c'est peut-être faire route vers une démocratie plus réaliste et plus réflexive. Pour l'heure, il n'est pas sûr qu'on ait pris cette direction.

La conquête du pouvoir

De la politique, on peut proposer une définition cynique et une autre plus noble. La première la réduit aux stratégies déployées en vue d'accéder et de se maintenir au pouvoir[2]. La seconde, écartant la recherche du pouvoir pour le pouvoir, insiste plutôt sur son exercice : la manière de gouverner, les projets que l'on défend, la vision du monde qui les inspire. La politique désignerait alors les différentes pratiques de gouvernement. Bien sûr, chacun de nous incline spontanément vers la seconde définition et nul acteur politique ne s'aviserait de se réclamer ouvertement de la première en étalant sa soif de puissance, de statut ou d'argent. «Si je sollicite vos suffrages, assure-t-il au contraire, c'est pour réaliser notre programme, faire triompher nos valeurs, défendre l'intérêt général. C'est la chose publique qui m'importe, non le pouvoir comme tel.»

Jusqu'à quel point est-il sincère ? Je reporte à plus tard la réponse à cette question bien plus complexe qu'il n'y paraît. À ce stade, il faut d'abord souligner une évidence embarrassante : la première définition est la condition logique de la seconde. Pour exercer le pouvoir, il faut commencer par le conquérir, ensuite s'arranger pour le conserver. La lutte pour le pouvoir, laquelle inclut la lutte pour affaiblir les rivaux, est au fondement de toute action politique, qu'elle s'inspire de Machiavel ou de Gandhi. Dans la poursuite d'un projet politique se creuse nécessairement un fossé entre le présent et le futur, et ce fossé doit être franchi par le cynisme de la force.

---

2. C'est en gros la définition que donne Max Weber dans son ouvrage célèbre : *Le savant et le politique*, Paris, Plon, Christian Bourgois, 1959 (trad. fr.).

Ceux qu'effarouche pareille proposition chercheront peut-être une consolation dans cette idée que la bataille pour le pouvoir, avec son cortège de férocité, de mauvaise foi, d'hypocrisie, de manipulation, n'est finalement qu'un épisode limité, une sorte de mal nécessaire qui n'est appelé à durer que le temps de la campagne électorale et jusqu'à l'installation des gouvernements[3]. Une fois en place, les acteurs politiques endosseraient l'habit autrement digne de gestionnaires de la cité, ils délaisseraient leurs stratégies proprement politiques – « politiciennes » – au profit de la seule responsabilité gouvernementale. La vie démocratique serait ainsi composée de deux moments distincts : le moment de la conquête et celui de l'exercice du pouvoir, auxquels correspondraient des finalités également distinctes : l'intérêt personnel et particratique durant la campagne, l'intérêt général pendant la législature.

Il y a un peu de vrai dans cette séparation : la campagne électorale marque en effet une intensification des affrontements au point que les gouvernements se mettent à tourner au ralenti – quand ils ne sont pas carrément paralysés. Il y a aussi beaucoup de naïveté. En réalité, la lutte pour le pouvoir est permanente : à peine accède-t-on aux postes suprêmes que déjà se dessine le combat pour s'y maintenir. « Nous avons gagné une bataille, la prochaine commence aujourd'hui » annonce le ministre à son cabinet nouvellement installé. Et chacun de s'atteler sans attendre à la promotion du ministre et du parti dans ce jeu perpétuel de *positionnement* qui fait l'essence même du travail politique. « La campagne est permanente » annonçait déjà Sidney Blumenthal, analyste des médias, voici vingt ans[4]. Dès l'entame

---

3. Il existe en Belgique trois niveaux de gouvernement : le niveau fédéral, le niveau communautaire (flamand et francophone) et le niveau régional (wallon, bruxellois et flamand), chacun assumant des compétences distinctes.

4. S. BLUMENTHAL, *The Permanent Campaign*, New York, Simon & Schuster, 1980.

de la législature, elle s'impose comme une évidence aux collaborateurs du ministre. Et de ceux-là qui peinent à prendre l'exacte mesure de cette contrainte fondamentale, on dit avec un brin de commisération qu'ils manquent de *sens politique* – infirmité rédhibitoire dans le milieu. « Le premier souci d'un ministre est de se faire réélire » : la phrase est revenue spontanément dans la bouche de mes interlocuteurs.

Cela signifie-t-il que les politiques se désintéressent du bien public au profit de la seule lutte des places ? Au contraire, beaucoup sont mus par un réel souci de l'intérêt général et s'investissent avec passion dans les responsabilités ministérielles qui leur sont confiées. Simplement, ils ne peuvent éviter d'*ajuster* la gestion des affaires publiques à leur propre intérêt politique, soit qu'ils privilégient les décisions conformes à cet intérêt et négligent ou retardent celles qui pourraient leur nuire, soit encore qu'ils tendent à confondre, fût-ce inconsciemment, l'intérêt général avec l'intérêt du parti ; viendraient-ils à l'oublier que ce dernier les rappellerait à l'ordre. Ce qui est bon pour le parti est bon pour le pays : la règle paraît aller de soi.

Dans toute action ministérielle, il faut donc distinguer deux niveaux :

a) celui des stratégies proprement politiques, qui concernent l'accession et le maintien au pouvoir ; et

b) celui des stratégies de décision suivies par les acteurs politiques *en tant que* ministres, dans le cadre de leurs compétences (la création d'espaces verts, l'instauration d'une taxe, l'adoption d'un plan de rénovation, etc.) et que j'appellerai, faute d'un meilleur terme, les *stratégies ministérielles* pour les distinguer des stratégies politiques.

Le premier niveau concerne le pouvoir de l'homme politique au sein de son parti, le deuxième concerne *la gouvernance* qu'il exerce sur la société de par son investiture, elle-même dépendant du poids politique de son parti. Bien sûr, en pratique, ces deux niveaux s'entremêlent de telle sorte qu'il devient difficile de séparer, dans une décision ministérielle, la part de raison gestionnaire et la part d'opportunisme politique. Il reste que c'est une erreur profonde de confondre ces niveaux en assimilant les ministres aux dirigeants d'une grande entreprise. En accédant à un poste ministériel, les acteurs politiques n'abandonnent rien de leur identité première, ils ne se réduisent pas soudain à de purs gestionnaires appelés à coopérer dans une sorte de comité de direction dénommé «conseil des ministres». À travers eux, c'est leur parti tout entier qui cherche à se positionner dans la perspective des prochaines échéances électorales et leur nomination ne les affranchit aucunement des contraintes propres au métier politique – tout au contraire. Pour n'avoir pas compris cette règle essentielle, certains n'auront fait qu'un tour de manège.

> «La règle d'or : il faut conserver les faveurs du parti. Je n'avais pas bien apprécié cette dimension. Les militants et les structures doivent être chouchoutés. Il faut maintenir une consultation permanente avec les différentes instances du parti. Parce qu'elles-mêmes doivent pouvoir répondre aux attaques des adversaires politiques. Cette tâche pédagogique était indispensable, je l'ai négligée. À refaire, je ferais beaucoup plus attention aux journalistes et je passerais plus de temps dans les sections locales. Et si certaines décisions passent mal, même si moi je suis convaincu de leur utilité, je reculerais. J'ai commis l'erreur de négliger tout ça. Je n'avais pas derrière moi une carrière politique classique, il y avait des choses que je n'avais pas comprises. Le résultat : je n'ai plus été ministre la fois suivante.»

Dans la découverte d'un édifice, nous négligeons souvent les caves ; c'est pourtant là qu'on peut examiner les fondations : l'assise des murs et les fissures qui menacent l'ensemble. L'objet de ce chapitre est précisément de visiter les caves : les stratégies politiques qui forment le soubassement de toute action gouvernementale. J'insiste cependant : commencer par les fondations n'est en rien suggérer que l'édifice entier se réduit à cette image ; il y a bien d'autres choses dans l'action politique que les stratégies de carrière ! Reste que tout part de là et que tout y ramène. Vouloir la politique sans la lutte des places, c'est vouloir la lune sans sa face cachée.

L'éventail des ressources et des stratégies

Parler de « stratégies politiques », c'est bien sûr suggérer que l'acteur politique est partiellement rationnel, c'est-à-dire qu'il tend à consacrer du temps et de l'attention aux domaines qui conditionnent le plus directement sa position et sa carrière. Les places sont chères, la lutte est âpre et nulle position n'est acquise une fois pour toutes ; il s'agit donc de mobiliser toutes les ressources disponibles pour s'imposer dans une palette de jeux de pouvoir étonnamment diversifiée afin de peser sur les décisions de nomination. Le raisonnement général est classique ; il relève d'un courant bien connu en sociologie : l'analyse stratégique[5].

Même si, nous le verrons, le hasard joue un certain rôle, nul ne devient ministre par hasard – et encore moins le reste-t-il ! Pour être nommé ou reconduit, il faut bien qu'un organe, géné-

---

5. Parmi les nombreux ouvrages consacrés à l'analyse stratégique, on citera : M. CROZIER, *Le phénomène bureaucratique*, Paris, Éd. du Seuil, 1964 ; *La société bloquée*, Paris, Éd. du Seuil, 1971 ; M. CROZIER & E. FRIEDBERG, *L'acteur et le système*, Paris, Éd. du Seuil, 1977 ; E. FRIEDBERG, *L'analyse sociologique des organisations*, Paris, L'Harmattan, 1987 ; *Le Pouvoir et la Règle*, Paris, Éd. du Seuil, 1993 ; Fr. PAVE (dir.), *Colloque de Cerisy : L'analyse stratégique*, Paris, Éd. du Seuil, 1994. Voir aussi, pour une introduction critique à ce courant : Ph. BERNOUX, *La Sociologie des organisations*, Paris, Éd. du Seuil, 1985 ; *La Sociologie des entreprises*, Paris, Éd. du Seuil, 1995 ; H. AMBLARD, Ph. BERNOUX, G. HERREROS & Y.-F. LIVIAN, *Les nouvelles approches sociologiques des organisations*, Paris, Éd. du Seuil, 1996.

ralement la présidence du parti, *elle-même inscrite dans un faisceau d'influences et de rapports de force*, le décide. La question que se posent tous les candidats est donc : comment influencer ce choix, autrement dit comment se rendre « ministrable » ? Cette question renvoie à une autre tout aussi complexe : pourquoi un président de parti – ou tout autre organe de décision – porte-t-il son choix sur telle personne plutôt que sur telle autre ? Quels critères sont susceptibles d'orienter son choix ?

Dans l'infinie variété des cas de figure, il est possible de repérer quelques constantes. Bien sûr, un président de parti est généralement soucieux de placer des candidats solides, capables de s'intégrer efficacement dans l'équipe au pouvoir et d'imprimer la marque du parti dans les politiques mises en œuvre sans trop céder aux pressions des partenaires de la coalition. Mais cette condition de compétence est loin d'être la seule, elle est même souvent loin d'être prépondérante. Pour un président de parti, la nomination d'un ministre est aussi un moyen :

a) de consolider sa base électorale ;

b) de préserver l'unité et l'équilibre du parti entre ses diverses composantes ;

c) enfin, de conforter son propre pouvoir et sa légitimité à la tête du parti.

En effet, le président est conscient que le ministre va occuper le devant de la scène médiatique. À travers lui, c'est le parti tout entier qu'on va juger et sa défaite serait celle de son président. En tant qu'il est une machine à influencer les scrutins, le parti ne peut ignorer le potentiel électoral de ceux qu'il désigne pour le représenter.

Deuxièmement, un grand parti démocratique n'a rien d'un système intégré, étroitement hiérarchisé et coordonné, où le pouvoir coule harmonieusement du sommet à la base. Je montrerai au contraire que c'est une structure lâche, hétérogène et fragmentée dans laquelle *l'équilibre entre les composantes*, en particulier entre les acteurs dominants – ceux qu'on dénomme les

« barons », les « caciques », les « ténors » ou encore les « huiles » – et les coalitions qu'ils incarnent, est un enjeu crucial et permanent. Le choix des ministres résulte inévitablement d'un arbitrage complexe entre des positions d'intérêts, des tendances, des mouvances multiples.

Troisièmement, un président de parti ne dispose lui-même que d'une autonomie limitée (qui peut certes varier selon les personnes et les circonstances) ; il est une sorte de *primus inter pares*, un baron qui dépend des autres barons pour exister lui-même. Inscrit dans un réseau contraignant d'alliances et de rivalités, il n'a souvent d'autre choix que d'offrir aux acteurs dominants les avantages d'une sorte de convention tacite fondée sur une double réciprocité. Réciprocité dans l'exercice très concret du pouvoir : je te nomme ministre et tu m'apportes en retour ton soutien dans la gestion du parti et ma réélection à la présidence. Réciprocité dans la construction de la légitimité : je défends ton image de ministre et tu défends mon image de président (par exemple en t'abstenant de me contester publiquement, en apparaissant à mes côtés lors des congrès, etc.). On comprend alors que la nomination d'un ministre s'apparente fréquemment, comme on dit, à un *renvoi d'ascenseur* – un processus central dans la vie politique.

Les cinq types de ressources politiques

Ainsi la direction du parti poursuit-elle, dans les décisions de nomination, toute une série d'objectifs. Qui les rencontre a de fortes chances d'emporter la mise. Nous sommes donc amenés à distinguer les prétendants selon l'*importance* et la *pertinence* des *ressources* qu'ils apportent dans le grand jeu du pouvoir. Et qu'est-ce au juste qu'une « ressource » ? Très simplement, tout ce qu'il est possible de mobiliser dans une relation pour obtenir quelque chose du ou des partenaire(s). Je dispose d'une ressource lorsque : a) mon partenaire, dans la poursuite de ses fins, dépend de moi – de mon soutien, de mes prises de position, de mes consignes de vote, de ma compétence, de mon réseau, etc. ; et que b) j'ai la liberté de tirer profit de cette dépendance, je veux dire que je puis accepter ou refuser d'agir comme l'autre le souhaite (ce qu'on appelle *contrôler une incertitude*) en sorte que je suis autorisé à lui réclamer explicitement ou implicitement une compensation, à escompter en tout cas qu'il me renvoie l'ascenseur. En bref, un acteur possède une ressource lorsqu'il peut tirer avantage d'une dépendance des partenaires à son égard.

Quelles sont alors les ressources typiques des acteurs politiques, les cartes maîtresses qui leur permettent de s'imposer dans le grand jeu du pouvoir ? Par-delà l'infinie variété des circonstances et des personnalités, il est possible de distinguer quelques grandes régularités[6]. Le modèle que je présente ici n'a d'autre but que de faciliter la réflexion.

1. Il y a d'abord le fait de représenter un potentiel de voix au niveau communal ou subrégional, autrement dit de s'appuyer sur une base électorale plus ou moins fidèle, un « bastion », ce qui suppose un énorme travail d'enracinement local, parfois gratifiant, souvent ingrat : des milliers de mains serrées, de discours, de sourires dans les bals populaires, sur les marchés, lors des braderies, des joutes sportives ou des fêtes de quartier, à

---

6. Sur l'acquisition du leadership politique, on lira notamment : J. BLONDEL, *Government Ministers in the Contemporary World*, Londres, Sage, 1985 ; *Political Leadership. Towards a General Analysis*, Londres, Sage, 1987 ; J.W. DAVIS, *Leadership Selection in Six Western Democracies*, Westport, Conn., Greenwood Press, 1998 ; M. DOGAN (ed.), *Pathways to Power. Selecting Rulers in Pluralist Democracies*, San Francisco et Londres, Westview Press, 1989 ; R. ELGIE, *Political Leadership in Liberal Democracies*, Houndsmills, Basingstoke, MacMillan, 1995 ; J.L. PAYNE, O.H. WOSHINSKY, E.P. VEBLEN, W.H. COOGAN & G.E. BIGLER, *The Motivation of Politicians*, Chicago, Nelson-Hall Publ., 1986 ; E. SULEIMAN & H. MENDRAS, *Le recrutement des élites en Europe*, Paris, Éd. La Découverte, 1995.

l'occasion de permanences sociales, de cocktails, de banquets, d'inaugurations, etc. ; et encore des montagnes de prospectus et de lettres personnalisées, de services rendus, d'audiences accordées à des solliciteurs de tout acabit, des plus cupides aux plus désintéressés et des plus sinistres aux plus émouvants – tout cela qu'on appelle souvent le « travail de proximité ». C'est évidemment la première ressource stratégique en démocratie, celle qui permet, au-delà d'un seuil, de se rendre difficilement contournable. Une « locomotive électorale » fait profiter d'autres candidats de sa liste et finalement le parti tout entier ; manquer de la récompenser par un mandat important, c'est courir le risque de décevoir les électeurs et d'affaiblir le parti. Les *ressources d'enracinement local* – ainsi que je propose de les dénommer – confèrent une sorte de prééminence très caractéristique dans les milieux politiques, et l'on voit bien des bourgmestres se draper dans la légitimité démocratique comme dans une toge romaine, saisissant toute occasion pour s'en prévaloir.

2. Or, ce travail de proximité ne suffit plus. Aujourd'hui, pour une part croissante, les résultats électoraux dépendent aussi de la couverture médiatique dont bénéficie le candidat. C'est pourquoi j'établis une distinction entre les ressources d'enracinement local et les *ressources médiatiques* de l'acteur politique, par quoi j'entends son accès aux divers médias, les contacts qu'il a su nouer avec les journalistes, sa télégénie et sa maîtrise des studios, la fréquence des articles qui lui sont consacrés, de ses passages sur antenne, lors de débats, d'entretiens et de tribunes politiques, voire dans des émissions de divertissement, et plus généralement son image publique telle qu'elle s'est élaborée dans ce grand palais des miroirs déformants qu'on nomme désormais le « quatrième pouvoir ».

3. En plus de cultiver une assise locale et de percer dans les médias, l'acteur politique cherche ordinairement à incarner un *monde particulier* : une ville, un mouvement, une corporation, l'associatif, l'humanitaire, etc. Tantôt, l'acteur émane d'un

groupe déjà structuré, par exemple une organisation syndicale ou une mutualité, dont il devient une sorte de relais : qui s'oppose à lui s'oppose au groupe d'intérêt caché derrière lui. Tantôt, l'acteur cherche à capter à son profit les faveurs de l'opinion pour une *cause* qu'il prétend incarner, s'assurant au passage le soutien des associations actives dans le domaine : l'enfance maltraitée, l'émancipation de la femme, la laïcité, la sécurité, les francophones de la périphérie, etc. Tantôt, il se pose en défenseur d'une catégorie sociale plus ou moins définie (les pensionnés, les immigrés, les sans-papiers) ou d'un mouvement en gestation (les comités blancs, les gays, les opposants à la mondialisation) dont il favorise, par son action même, la reconnaissance. Si bien qu'exclure cet acteur du partage du pouvoir reviendrait, pour le parti, à dénier le monde particulier qu'il incarne, alors que l'inclure permet au contraire de s'emparer d'un segment de l'opinion et d'attirer des électeurs. Je parlerai de *ressources de représentation* pour qualifier cette source de pouvoir spécifique (parfois dénigrée dans les milieux politiques et appelée «fonds de commerce»). S'il est vrai que les acteurs politiques ne représentent plus, de nos jours, des groupes aussi clairement identifiés qu'autrefois, les structures sociales tendant à se brouiller, il reste que la ressource de représentation garde une place importante dans les stratégies ; simplement, cette représentation n'est jamais pleinement acquise, mais toujours à reconstruire et refigurer.

Les trois ressources évoquées concernent la force électorale des candidats. Les deux dernières caractérisent plus directement la position de l'acteur au sein de son parti.

4. Un acteur politique ne tire pas son pouvoir d'influence au sein du parti des seules incertitudes qu'il contrôle dans l'environnement de ce parti : assise locale, médias, groupes d'intérêt. Ce pouvoir vient aussi de ses *ressources d'adhésion interne* : de la popularité dont il jouit auprès des militants et des sections locales, de son image de compétence, de loyauté, d'attachement

à la doctrine, d'engagement militant. Il vient encore plus directement du soutien de la fédération à laquelle il appartient lorsque celle-ci est elle-même un rouage important dans la vie du parti, ou du soutien d'un courant influent. La direction du parti comprend alors qu'en écartant l'acteur, elle risque de mécontenter de nombreux militants, d'essuyer une fronde, de rencontrer l'opposition d'une fédération, d'une faction, d'un courant. De plus, un grand parti politique, aujourd'hui, n'est pas un ensemble homogène mais un vaste conglomérat rassemblant des conceptions et des sensibilités très diverses ; il cherche à couvrir l'électorat le plus large possible : indépendants et salariés, commerçants et fonctionnaires, cadres et ouvriers, laïques et croyants. Ce faisant, il intériorise les fractures, les antagonismes, les strates propres à la société. Il suit qu'afin de conforter ses soutiens dans le parti, un acteur politique cherchera souvent à incarner un courant important.

Au-delà d'un petit noyau de fidèles, on observe toujours, dans le sillage d'un puissant, un groupe plus étendu, plus instable, de sympathisants qui apportent leur appui pour des raisons souvent difficiles à démêler : proximité idéologique, sympathie spontanée, dépendance charismatique, mais aussi anticipation de gains matériels et symboliques. Dans le soutien offert à un baron, il y a quelque chose de l'ordre du pari : on mise sur un homme comme sur une valeur en bourse, en espérant profiter de l'aspiration. Beaucoup des suiveurs restent néanmoins prudents ; ils se gardent de mettre tous leurs œufs dans le même panier et veillent à ménager les susceptibilités des autres barons en évitant d'afficher trop clairement leur préférence. Sur les stratégies des ministrables viennent donc se greffer les stratégies des « seconds couteaux » qui cherchent à accrocher leur wagon dans l'espoir qui d'une place sur une liste électorale, qui d'un poste dans un cabinet, qui d'une promotion dans l'administration, qui d'un mandat rémunéré. Ce n'est certes pas dire que tout est cynisme dans l'appui et l'adhésion aux puissants : les calculs s'entremêlent inextricablement avec les idéaux ; la séduction joue aussi son rôle et quelquefois le simple plaisir de se dire que s'il arrivait un jour quelque chose, il y aurait au moins une porte à laquelle frapper…

5. C'est une chose d'être populaire au sein du parti, c'en est une autre de jouir du soutien de sa direction, d'être inclus dans la petite coalition qui gouverne effectivement, de compter parmi les intimes du président, de se trouver dans le «secret des dieux», d'être partie prenante aux vraies décisions, en dehors des instances et loin des regards, par exemple en préalable aux réunions du bureau du parti. D'où vient qu'un acteur accède ainsi au «premier cercle»? Au fondement de ce privilège tellement jalousé, on trouve toujours un lien interpersonnel : une base de confiance et de complicité qui s'est formée à la faveur des épreuves et des coups durs, des heures passées côte à côte dans des négociations serrées, des gages de loyauté, de discrétion qu'on a pu alors s'échanger. On trouve aussi des services rendus et des promesses à honorer, des ascenseurs envoyés et renvoyés, tout un passé de créances accumulées. On trouve enfin la conscience d'une microcommunauté d'intérêt et de destin, le sentiment de faire partie d'un clan, de partager une histoire commune, et quelquefois une origine, un milieu, des valeurs, des croyances. Faute d'un meilleur terme, je me hasarde à nommer *ressources interpersonnelles* cette source de pouvoir assurément diffuse mais combien prestigieuse et décisive…

Les ressources interpersonnelles ne concernent pas seulement les liens avec la direction du parti, elles s'étendent aux *divers réseaux de pouvoir* qui structurent la société belge. L'exercice des responsabilités politiques à haut niveau est, par excellence, une activité de réseau, laquelle impose de construire, d'animer, d'entretenir des relations avec tous ceux qui, au sein des partis et dans la société en général – dirigeants d'entreprise, recteurs, dirigeants syndicaux, etc. –, détiennent une parcelle de pouvoir. Labeur inlassable ! Électoralement, cette activité n'est guère rentable, il faut y voir d'abord un investissement de notoriété : le fait de côtoyer les élites conforte l'image d'un homme de pouvoir, d'un « poids lourd » comme on dit, outre les bénéfices d'ascension sociale qu'apporte la fréquentation de cercles que la plupart des acteurs politiques n'eussent jamais approchés autrement. La carrière politique est un cortège interminable de cocktails et de mondanités. Chaque jour au moins deux ou trois invitations. Une corvée, dit-on, la rançon du pouvoir ! Stoïcisme factice : la plupart adorent ça.

La politique comme l'art de se faire a. i. m. e. r.

Cinq grands types de ressources complémentaires et cinq manières de peser sur le partage des mandats et sur la décision en général. Petit clin d'œil : on peut résumer ce qui précède en posant qu'un acteur politique n'a d'autre choix que de chercher à se faire *a. i. m. e. r.* – chaque lettre correspondant à une ressource stratégique :

A pour ressources d'Adhésion interne
I pour ressources Interpersonnelles
M pour ressources Médiatiques
E pour ressources d'Enracinement local
R pour ressources de Représentation.

Je ferai désormais référence à cette quintuple motivation par les lettres : a. i. m. e. r. La politique, de ce point de vue, recouvre l'ensemble des pratiques visant à se faire a. i. m. e. r., c'est-à-dire à accumuler et contrôler les ressources du pouvoir politique.

J'inclus dans cette typologie une dimension d'*expérience professionnelle* au triple sens :

a) d'une compréhension des règles du jeu ;

b) d'une capacité à capitaliser des ressources et les utiliser à bon escient ;

c) de l'acquisition de la résistance nerveuse indispensable pour s'investir dans les jeux de pouvoir sans s'épuiser ni se détruire.

La proposition peut chagriner, elle saute pourtant aux yeux de quiconque monte à bord : la politique est de plus en plus une affaire de professionnels et les amateurs ne trouveront de places qu'aux étages inférieurs du navire. Sans minimiser le poids des talents naturels (l'aptitude au contact humain, l'art oratoire, la télégénie, la mémoire, la résistance…), il faut insister sur le poids décisif de l'expérience : cette somme très caractéristique d'intuition et d'habileté qui conduit à flairer l'état de l'opinion, l'intérêt des journalistes, les occasions de coups médiatiques, les mots qui touchent, la logique des rapports de force, les cartes à mettre sur table et celles qu'il faut garder dans son jeu. L'avantage d'avoir été élevé dans le sérail est une source d'étonnement, parfois de traumatisme, pour ceux qui montent à bord pleins d'illusions mais dépourvus d'expérience. Et qui, découvrant qu'on joue des coudes dès la première coursive, mesurent le chemin à parcourir pour avoir une chance d'influencer, si peu que ce soit, la marche du bateau. Découragés, certains s'empressent de redescendre à terre, incapables de consentir tellement de petite politique pour si peu de grande.

Cette typologie des ressources, on l'observe, n'inclut pas des qualités personnelles comme l'intelligence, la compétence, le courage, le sérieux, la fermeté, la modération. On pourrait s'en étonner. À l'évidence, des postes comme ceux de Premier ministre ou de ministre des Finances ne sont pas à la portée de n'importe qui ! Je n'entends nullement contester ce fait : les qualités personnelles jouent un rôle essentiel, mais insuffisant. Encore faut-il qu'elles soient socialement reconnues par les électeurs, par les médias, par certains groupes d'intérêt, par les militants et surtout par les dirigeants du parti. Sans la clairvoyance de François Perin et l'appui de Jean Gol, Didier Reynders, par exemple, n'eût jamais pu, ni même pensé mettre ses qualités au service des finances belges. Les qualités personnelles jouent donc bel et bien, *mais seulement dans la mesure où elles se transforment en ressources politiques.*

Ces ressources, bien sûr, sont évolutives : la société n'est pas figée, pas plus que les stratégies d'accession au pouvoir. Si la ressource d'enracinement local reste assez stable, il est patent que la ressource médiatique a connu, elle, un développement très important durant ces trente dernières années. Il est intéressant, à cet égard, de lire l'étude remarquable dirigée par Jean Meynaud, Jean Ladrière et François Perin : *La décision politique en Belgique,* qui remonte à 1965[7]. On est frappé par le rôle assez modeste des médias à l'époque. Comme on est frappé par celui qu'assumaient au contraire les deux grandes organisations syndicales. Sans nul doute, les ressources de représentation se sont profondément diversifiées : les organisations syndicales et les mutualités ont vu leur importance diminuer au profit d'une pluralité de nouveaux mouvements sociaux dans l'associatif, l'humanitaire ou l'écologie, signe d'une société en voie de dépassement du travaillisme. Ces exemples pour souligner le caractère évolutif des stratégies, des ressources mobilisées et donc aussi du profil des acteurs politiques.

Se rendre acceptable aux yeux des partenaires

Ce n'est pas tout. S'il faut se faire connaître et apprécier des électeurs, des médias et du parti, on oublie souvent qu'il faut aussi, dans un régime de coalition fondé sur le scrutin à la proportionnelle, se faire aimer des partenaires, disons plus exactement : *se rendre acceptable.* On pourrait presque faire de cette condition élémentaire une ressource en soi. S'il est vrai que les partenaires de la coalition n'ont en principe rien à dire dans le

---

7. J. MEYNAUD, J. LADRIÈRE & Fr. PERIN, *La décision politique en Belgique. Le pouvoir et les groupes,* Paris, Armand Colin, 1965.

choix des ministres désignés par les autres formations politiques, ils peuvent en revanche refuser une personne ou se préparer à lui mener la vie dure. Au temps de ses plus grands succès électoraux en Wallonie, José Happart n'eût jamais pu entrer au gouvernement fédéral. Autre exemple : Didier Gosuin, membre du FDF, est abonné aux gouvernements bruxellois parce qu'il a toujours gardé une modération vis-à-vis de ses partenaires flamands ; au contraire, Olivier Maingain, président du même parti et perçu comme beaucoup plus dur, n'a guère de chance d'entrer un jour dans l'exécutif bruxellois, lequel est composé, à parité, de ministres francophones et néerlandophones. L'inverse est également vrai : Jos Chabert, ministre social-chrétien flamand, tire une partie de sa longévité politique au sein du gouvernement bruxellois de sa modération à l'égard des francophones. Ce raisonnement est bien exprimé par un membre du CD & V (ex-CVP) :

> « En se comportant avec sa modération coutumière, Jos Chabert reçoit la garantie d'être traité avec courtoisie durant la campagne électorale. Les autres partis éviteront de l'enfoncer, au contraire. Et ça, c'est important : les partenaires ne voient pas d'un mauvais œil le retour de Chabert au gouvernement. Si Gosuin se mettait à imiter Maingain, il doit savoir qu'il ne se retrouverait pas dans la prochaine coalition. Les Flamands ne le permettraient pas. Cela lui ferait peut-être gagner quelques voix, mais il cesserait automatiquement d'être ministrable. On peut remporter des élections et perdre des négociations gouvernementales parce qu'on est isolé. »

Un président de parti, lorsqu'il désigne ses ministres, ne peut le faire sans intégrer cette dimension d'acceptabilité. Si d'aventure il réussit dans la négociation prégouvernementale à imposer un candidat qui hérisse les partenaires, il sait de toute façon qu'il s'expose à des crises à répétition au sein du gouvernement ou à des frondes au Parlement qui risquent de handicaper son parti, tant il est vrai que si l'opinion publique se passionne pour les conflits, elle répugne paradoxalement à la désunion. Cette contrainte élémentaire dans la chasse aux mandats, si elle est négligée par certains (qui risquent plus tard de s'en mordre les voix, tellement il est difficile de modifier une image publique, une fois qu'elle s'est cristallisée), est en revanche parfaitement comprise par d'autres. En témoigne ce passage :

> « Très important : être bien vu des autres partis. J'ai toujours été capable de ménager la chèvre et le chou. Il faut soigner son image vis-à-vis des autres partis puisqu'on dépend d'eux. Etre plus catholique que le pape, diaboliser les autres, être trop impliqué dans la défense de ton parti et dans la démolition des autres, c'est une arme à double tranchant. Ça ne tient pas compte d'un retournement possible, par exemple d'un changement de coalition dont ta carrière va dépendre. Un jour, tu tires à boulets rouges sur le PSC ou les Ecolos et le lendemain ils se retrouvent au pouvoir ! Dans ce métier, beaucoup te poussent aux barricades en restant prudemment dans les coulisses, ils te demandent d'être ardent afin qu'eux-mêmes puissent rester tièdes. Faire de la politique, c'est aussi renvoyer aux autres les patates chaudes. Tous ceux qui atteignent les sommets le font. Louis Michel, par exemple, a l'art d'éviter les trucs ennuyeux ou dangereux. Il a un sens très aigu des limites. »

Les modes d'entrée en politique

Les modes d'entrée en politique et les parcours sont aussi divers que les biographies ; la part de hasard et d'impondérable est importante. Malgré tout, la typologie des cinq ressources permet d'esquisser une logique générale. De fait, on entre généralement dans la carrière par un ou deux des cinq axes et on cherche ensuite à développer les autres.

1. Certains partent d'une base locale, ils s'inscrivent dans une section locale du parti, gravissent les échelons en s'immergeant dans le travail de terrain, finissent par devenir échevin, bourgmestre, quelquefois parlementaire. Leur carrière entière est bâtie sur ce socle électoral. Serge Kubla, par exemple, commence par s'imposer à Waterloo, il creuse des racines profondes dans ce morceau du Brabant wallon avant d'accéder aux responsabilités parlementaires et ministérielles. La plupart des acteurs qui entrent par cette première porte restent d'ailleurs municipalistes dans l'âme, sincèrement attachés à cet enracinement local, au plus proche de l'électeur.

> « Il y a quantité de petites satisfactions qu'on ne soupçonne pas. Moi, par exemple, ça me plaît de passer de table en table dans les fêtes populaires, de serrer les mains et de bavarder. C'est vraiment gai. Les gens ne se rendent pas compte du plaisir que ça peut procurer : le plaisir d'exister pour les autres. Je le reconnais : se faire applaudir par une salle paroissiale de cinquante personnes, c'est gratifiant. La politique, c'est souvent le grand écart entre quelques honneurs et privilèges, mais aussi beaucoup de méchancetés, à haut niveau, et un mélange de corvées et de gratifications à la base. Les permanences, par exemple, sont astreignantes mais moi j'aime bien. C'est instructif, on apprend plein de choses et on se sent utile. »

De cette pratique de terrain, ils conservent, semble-t-il, un flair particulier, un bon sens politique très tangible dans les réunions où se discute la stratégie du parti. « On garde, dit l'un d'eux, les pieds dans la glaise et l'esprit sur terre. » La carrière locale est pour eux une source de fierté, voire de supériorité ; tout le monde parle de politique, mais eux la pratiquent au quotidien, ils connaissent la musique. « Moi, mes voix, j'ai dû les arracher aux autres, une par une, je sais ce que ça veut dire» rappelle avec orgueil un ministre. Ce parcours leur donne un avantage essentiel, mais aussi un handicap. L'avantage de posséder un fief inexpugnable, source essentielle d'autonomie. Moins dépendants de la direction du parti, ils peuvent s'autoriser un franc-parler auquel se risquent moins les hommes de l'appareil. Au moment de déposer un recours contre la régionalisation de la loi communale et provinciale, donc de menacer un accord longuement négocié et soutenu avec force par son parti, François van Hoobrouck, par ailleurs vice-président de la régionale bruxelloise du PRL, se justifie: «Le PRL a négocié l'accord. Mais je suis d'abord bourgmestre de ma commune. Je me suis aussi présenté à la Province (Brabant flamand) où j'ai fait le meilleur score de la liste. J'ai donc des obligations vis-à-vis des gens qui ont voté pour moi[8].» Tout est dit...

Maintenant, ce parcours leur donne aussi un handicap : celui du temps nécessaire à ce travail de proximité inlassable. En sorte qu'invités à poursuivre leur ascension, il arrive qu'ils hésitent à abandonner une position si patiemment construite. Et que, devenus ministres, certains soient tentés de négliger leurs nouvelles responsabilités au profit de leur base locale.

En substance, trois raisons essentielles motivent cet investissement local. Tout d'abord, le fait de représenter un paquet de voix constitue, je l'ai dit, une ressource en soi dans le jeu politique. Ensuite, la commune est une base de repli, un formidable parachute pour supporter les aléas d'une carrière en altitude. Enfin, la carrière locale semble procurer davantage de satisfactions personnelles. Un ancien ministre, évoquant son passé, s'exclame à ce propos : «Si vous saviez comme je préférais mon rôle de bourgmestre, comme j'étais heureux de quitter le gouvernement pour retourner dans ma commune ! À quel point c'était plus valorisant !» Et un autre remarque :

---

8. *Le Soir*, 23 août 2001.

« Les enjeux sont de plus en plus internationaux et l'homme politique belge, lui, rêve de plus en plus de devenir bourgmestre ! Les autres rêvent de monter et lui, il rêve de descendre ! C'est incroyable, cela. Regardez Éric André, Éric Tomas, Willy Taminiaux, on dirait qu'ils piaffent d'impatience à l'idée de quitter leur poste ministériel pour devenir bourgmestre d'Uccle, d'Anderlecht ou de La Louvière. Et pourquoi cela ? Parce que c'est plus *rewarding*. Ils retrouvent là une chaleur inconnue dans les hautes sphères, où l'on travaille davantage dans le virtuel. »

Aux dernières élections communales, on a vu la ministre francophone de l'Audiovisuel danser sur les tables à la perspective de ceindre l'écharpe maïorale à Forest et de perdre sa place au gouvernement de la Communauté Wallonie-Bruxelles ! Ce phénomène, assurément très belge, s'explique sans doute par l'incroyable multiplication des ministres régionaux et communautaires, qui finit par dévaloriser la fonction ; il s'explique aussi par les gratifications humaines et l'indépendance politique qu'apporte l'enracinement local.

2. D'autres entrent en politique par les médias, soit qu'ils en viennent directement (journalistes, animateurs), soit que les circonstances les aient placés sous le feu des projecteurs (sportifs, leaders du mouvement blanc, etc.). Les exemples sont trop nombreux pour être tous mentionnés. En les enrôlant, le parti achète leur notoriété en échange d'une place avantageuse sur les listes et souvent d'une promesse de mandat, ce qui suscite évidemment la rancœur de ceux qu'il faut rétrograder et qui déplorent ces « coups médiatiques » au nom de valeurs comme la sincérité de l'engagement politique, le respect du vrai militant, l'expérience acquise.

« Quand X a débarqué, il y a tout de suite eu des jalousies et des amertumes. Tous les tâcherons râlaient, tous ceux qui ont dû accepter quantité de renoncements, qui ont sacrifié tant de soirées, de week-ends, de loisirs au parti, et qui se retrouvaient coiffés par une nouvelle tête. Bien sûr, on commence par l'entourer, lui faire de grands sourires. Moi-même, je me suis fendu d'une lettre pour le féliciter et me mettre à sa disposition. N'empêche qu'on ne lui fera pas de cadeau. »

« À chaque élection, il y a comme ça des gadgets électoraux. Ils commencent par faire des résultats et puis, ils découvrent qu'ils ont été utilisés. Ils commencent par se rebiffer mais s'épuisent rapidement, faute de soutien dans le parti. Et à la fin de la législature, ils sont à peu près oubliés. »

Ce type de parcours est plus rapide que le précédent puisqu'il permet de faire l'impasse sur un travail de proximité long et ingrat ; il est aussi plus fragile et presque toujours voué à l'échec dans la mesure où, par définition, les succès de curiosité ne se reproduisent pas. Les mêmes qui occupaient régulièrement l'écran découvrent qu'il leur faudra désormais se battre pour obtenir un entrefilet dans un quotidien, ils prennent conscience des caprices de l'opinion, de la versatilité des médias et du risque qu'ils courent de tomber rapidement dans l'indifférence, sinon dans l'anonymat. Surtout, ils découvrent leur faiblesse et leur isolement au sein du parti.

3. Une troisième façon d'entrer en politique s'effectue par le biais d'un monde social dont les partis cherchent à s'assurer le soutien : les femmes, les ouvriers, le mouvement flamand, les enseignants, les immigrés, les étudiants, les environnementalistes, etc. C'est ainsi que les partis ont tendance à inclure dans leurs rangs des acteurs issus de ce monde ou du moins capables de l'incarner. Ils achètent en quelque sorte un potentiel de représentation, ajustant partiellement leur composition interne à la structure de l'électorat et l'évolution des rapports de force par une forme de porosité sociale caractéristique des grands partis

démocratiques. C'est ainsi que Jean-Luc Dehaene, avant d'entrer au CVP, a commencé par diriger le VVKS, l'association des scouts flamands, avant d'entrer à l'ACW, le mouvement ouvrier chrétien en Flandre. En procédant de la sorte, un parti cherche naturellement à capter les sympathies d'un segment de l'électorat, mais il fait plus que cela : il cherche aussi à influencer, à contrôler un groupe d'intérêt qui possède sa propre capacité de propagande et d'action, ses leaders d'opinion, ses entrées dans la presse, son pouvoir d'infléchir le débat public. Au parti socialiste, par exemple, subsiste une tradition d'action commune avec la FGTB (même si le lien se relâche) : « On est au PS, on est à la FGTB et on est affilié à la mutualité socialiste » résume un responsable. Il en résulte tout naturellement que certains responsables politiques sont issus du monde syndical, soit que la FGTB ait proposé – voire imposé – certains candidats, soit que le PS les ait attirés. Autres exemples encore, les nombreux arrivants issus de l'humanitaire ou de la filière étudiante ou les candidats issus de l'immigration qui ont enrichi les listes des partis démocratiques aux dernières élections. La politique tend ainsi à aspirer de nouveaux acteurs à la faveur des crises de société, de l'évolution démographique et de l'émergence de mouvements sociaux.

4. Une quatrième porte d'entrée consiste à rejoindre une section locale, les jeunesses du parti ou son centre d'étude, à s'y imposer comme président et à se faire remarquer au sein du parti et y conquérir une place. Cette quatrième voie ressemble à la première (développement d'une base locale) si ce n'est que l'accent est moins placé sur les succès électoraux et davantage sur une prise de pouvoir au sein du parti.

> « Jusqu'à 28 ans, je n'avais jamais fait de politique, j'étais juste engagé socialement. Mais je travaillais dans une administration et la rumeur – fondée – disait que, pour progresser dans l'administration, il fallait avoir une couleur

politique. Je débarque donc dans une section locale qui cherchait manifestement des jeunes. On demande des candidats pour des élections provinciales. Très naïvement, je me dis : pourquoi pas moi ? Et contre toute attente, je passe sans problème. Je croyais que c'était mon discours qui avait plu ; en réalité, c'était contre l'autre personne que les gens avaient voté ! Cela, c'est l'élément de chance. Ensuite, il y a eu les élections pour la présidence locale. J'ai dû me battre ; on a essayé de m'écarter, j'ai fait un pétard de tous les diables. Ça été si loin que j'ai fini par être reçu par le président du parti. C'est par ce biais-là que j'ai commencé à être connu dans le milieu. Donc, c'est clair, il faut se faire remarquer, être présent partout, sur le terrain comme au sein du parti. »

5. Mais l'entrée la plus efficace en politique consiste à nouer une relation personnalisée avec un homme politique influent, de se placer dans son sillage et de profiter de l'aspiration. C'est ainsi qu'ont commencé un Gérard Deprez, dans l'ombre de Paul Van den Boeynants, un Guy Spitaels dans celle d'André Cools, un Philippe Moureaux repéré par Henri Simonet, un Philippe Maystadt mis en selle par Alfred Califice ou, plus récemment, une Joëlle Milquet soutenue par Gérard Deprez et un Richard Miller hissé au pouvoir par la grâce de Louis Michel. Partis d'en haut en profitant de la force d'un puissant, il leur faut ensuite tenter de s'implanter solidement quelque part : Guy Spitaels à Ath, Philippe Moureaux à Molenbeek, Philippe Maystadt à Charleroi, Richard Miller à Mons.

Cette voie royale comporte assurément des désavantages. Elle suppose d'investir massivement dans un petit nombre de relations au sommet en multipliant les gages de loyauté et d'adhésion, et cela dans un contexte de rivalité permanente, chacun s'échinant à capter l'estime, la confiance et la sympathie des barons.

« Il faut participer à toutes les réunions, être constamment présent et disponible. Certains ont du mal à se plier à ça. Psychologiquement, c'est peut-être le plus dur parce qu'il y a énormément de rivalités. Il faut se contrôler sans cesse, décoder en permanence. C'est d'un fatigant ! »

« Il suffira de transgresser une règle, de décevoir une fois et tu seras rejeté. Car, c'est clair, le chef a toujours raison. Il faut se soumettre. Ensuite, tu pourras toujours manier l'humour et le cynisme pour dissimuler le lissage permanent auquel tu dois t'astreindre. Tout le monde n'est pas capable de nier sa personnalité. Il faut tenter de s'approcher toujours plus près du grand chef, entrer dans sa garde rapprochée, devenir son confident, sans cesse prouver son adhésion. Car seuls les puissants détiennent le *modus operandi.* »

Machiavel remarquait déjà que « le Prince élevé par les grands a plus de peine à se maintenir que celui qui a dû son élévation au peuple[9]» Il se trouve entouré de créanciers qui, en le hissant vers les sommets, ont pensé à eux autant qu'à lui, attendent des gestes en retour et pourraient lui retirer leur soutien. Il lui faut donc sans relâche chercher à se les attacher, les honorer sans s'abaisser lui-même, s'en défier sans révéler sa défiance ; mais surtout, il lui faut accumuler rapidement d'autres ressources afin de s'affranchir de cette dépendance.

L'importance de la ressource interpersonnelle en politique permet d'expliquer la fréquence des « dynasties » : Bert Anciaux, Laurette Onkelinx, Martine Payfa, Antoinette Spaak, Jacques Simonet, Bernard Clerfayt, Dominique Harmel, Charles Michel… tous ayant eu un parent en politique et tous l'ayant mis à profit. Pareil avantage ne s'explique pas seulement par la

---

9. N. MACHIAVEL, *Le Prince*, Paris, Seuil, 1993, pp. 74-76.

notoriété qui s'attache à leur nom ou par le fait qu'étant « tombés dans la marmite » dès leur plus jeune âge, ils ont développé précocement un intérêt pour la chose publique en même temps qu'une compréhension des règles du jeu politique. C'est aussi qu'ils héritent d'un réseau de relations et d'appuis au sein du parti, d'un capital d'allégeance accumulé par le père et reporté sur l'héritier(ère).

La diversité des jeux

Enracinement local, présence médiatique, représentation d'un groupe social important, soutien des organes du parti, soutien du sommet : ces cinq types de ressources politiques représentent, pour tout homme politique, cinq foyers d'attention permanents, cinq contraintes essentielles, cinq domaines dans lesquels il doit s'investir s'il veut peser sur les décisions. Ces ressources renvoient aussi à des *images publiques*, des *attentes* partiellement distinctes. Ce qu'attend de l'acteur politique le tout-venant qui l'interpelle sur la place du marché ou celui qui vient le voir à sa permanence diffère de ce qu'en attendent par exemple le spectateur devant sa télévision, ou les membres du monde social qu'il a tradition de représenter. Ou les militants des sections locales auxquelles il rend visite. Ou encore les dirigeants du parti avec lesquels il maintient une concertation. Entre ces attentes à satisfaire, ces images publiques à soutenir, surgissent des décalages, parfois des contradictions, condamnant l'homme politique à plus qu'un double jeu : à toute une palette en vérité ! Ainsi, le clientélisme ordinaire qui lui permet de conforter son enracinement local n'est rien dont il puisse se flatter devant l'écran. Les discours pleins de pathos qu'il sert dans les congrès, type « tous unis », et « sacrifice à la cause », cessent d'être de mise sitôt qu'il retrouve les coulisses. Et le politicien qui fonde sa carrière sur l'incarnation d'un groupe social ou professionnel rencontre tôt ou tard le problème de sa double allégeance : au parti ou au groupe d'intérêt ? Nous verrons plus loin que cette chorégraphie complexe, qui mélange les images de soi, les normes de conduite, les formes de discours, n'est pas sans conséquence sur l'*identité* des acteurs.

Détenir des ressources ne suffit pas pour exercer du pouvoir : encore faut-il que les autres en prennent conscience. À proprement parler, une ressource ignorée des partenaires n'est pas une ressource. C'est pourquoi *le pouvoir s'exerce par la communication* ; cela suppose d'informer l'autre des possibilités d'action dont on dispose, à exagérer, à bluffer le cas échéant, et en tout cas à *faire impression*. S'il n'est pas possible de s'inventer des résultats électoraux ou des articles dans les journaux, il est possible en revanche de se montrer en compagnie de journalistes influents, de se faire photographier en compagnie d'une star, de fréquenter systématiquement certains milieux, de marcher aux premiers rangs d'une manifestation, de s'afficher aux côtés d'un baron du parti (si possible en feignant d'être son intime), d'inviter au même cocktail des gens de la noblesse, des grands patrons, des dirigeants syndicaux *et* les pontes du parti – tout cela pour faire impression, je veux dire pour montrer l'étendue de ses relations et imposer une image. L'exercice du pouvoir politique passe par une maîtrise consommée de la présentation de soi en société, chacun scrutant ses concurrents et cherchant à mesurer l'importance de leurs réseaux, à deviner surtout la nature de ces liens exhibés : vague sympathie, soutien passif, engagement véritable.

Bien sûr, il faut savoir profiter des circonstances. Alain Zenner a percé médiatiquement lorsqu'en sa qualité de président du collège de curateurs chargés de relancer les Forges de Clabecq alors en faillite, il a dû affronter – au propre comme au figuré – Roberto D'Orazio, le très médiatique leader de la délégation syndicale. Bien utilisé, un grand ennemi peut servir de marchepied ! Et rien n'attire davantage les médias que les crises et les affrontements.

Chaque acteur combine ces cinq ressources dans des proportions variables. Tel remplace une position électorale solide par une emprise sur le parti lorsque tel autre, fort de ses ressources locales et médiatiques, se permet de négliger l'appareil. Philippe Moureaux, par exemple, compense une faiblesse électorale relative par une position forte au sein du parti socialiste, en particulier au sein de la fédération bruxelloise sur laquelle il n'a cessé de conforter son emprise – ses collègues parlent d'une fédération *cadenassée*. Et de même, Éric Tomas, actuellement ministre au sein du gouvernement bruxellois, malgré son impuissance à réaliser une percée électorale, doit sa longévité ministérielle au soutien du même Philippe Moureaux en échange de son indéfectible loyauté. Dans les deux cas, un mélange de ressources d'adhésion interne et de ressources interpersonnelles. À l'opposé, Charles Picqué, parvenu au faîte de sa popularité, pouvait s'offrir le luxe de se désintéresser des instances du PS, et par exemple de sécher les réunions du bureau du parti. En Flandre, Marc Verwilghen, tout auréolé de son rôle dans l'affaire Dutroux, est devenu ministre sans pour autant bénéficier d'un soutien appuyé de l'appareil. Son irruption spectaculaire sur la scène médiatique, jointe au fait qu'il représentait un mouvement social en gestation depuis la marche blanche, a suffi à le rendre, pour un temps, incontournable dans son parti.

Ce dernier exemple reste malgré tout une exception et il est plus sûr d'investir dans les cinq dimensions. En pratique, le soutien de la direction et des instances du parti sont des contraintes difficiles à contourner. En apportant son suffrage à quelqu'un, l'électeur doit savoir qu'il lui procure une ressource essentielle, mais non pas décisive. La liste est longue de ceux qui pourraient en témoigner, par exemple Philippe Bodson, l'ex-dirigeant d'Électrabel, qui, en dépit d'un excellent score électoral, une présence médiatique indéniable et la capacité de représenter un monde spécifique, en l'occurrence le monde des affaires, est resté sur la touche au parti libéral pour avoir sous-

estimé l'importance des deux premières lettres d'a. i. m. e. r. :
« Adhésion interne » et « Interpersonnel ».

Une dialectique du pouvoir et de la dépendance

Remarquons de plus que, dépendant pour sa carrière des ressources qu'il est capable de mobiliser, l'homme politique dépend par conséquent de ceux qui en contrôlent l'accès : le président de parti, le rédacteur en chef d'un grand journal, un leader d'opinion, un dirigeant d'entreprise, le président d'une fédération influente, un généreux donateur, le président d'une association de commerçants... Ces derniers, en maniant la clé qui donne accès à un segment de l'électorat, à une couverture médiatique, à une reconnaissance symbolique, à un soutien au sein du parti ou plus prosaïquement aux moyens nécessaires pour financer la campagne, acquièrent par là même un pouvoir sur l'homme politique. En sorte qu'il n'est pas excessif de conclure qu'en politique, *une force en aval résulte souvent d'une faiblesse en amont*, l'acteur se jetant d'autant plus impétueusement dans la bataille qu'il est lui-même poussé dans le dos. Un exemple significatif à cet égard ? On a souvent observé la pugnacité très particulière des ministres néerlandophones au sein du gouvernement bruxellois chaque fois que des intérêts flamands sont en jeu. Les mêmes qui font preuve de pragmatisme dans les décisions ordinaires se trouvent soudain capables de bloquer l'exécutif et de négocier âprement le recrutement en plus ou en moins de quatre pompiers, tandis qu'en face d'eux, les ministres francophones se montrent plus friables et enclins aux concessions. Assurément, cette différence est moins de tempérament que de système. Il faut avoir vu les légions de journalistes flamands camper dans l'antichambre de la salle de négociation jusqu'au petit matin cependant que la plupart de leurs collègues francophones sont rentrés dormir, jugeant assez dérisoires ce genre de confrontations ; il faut avoir vu les ministres flamands se concerter pendant la nuit avec l'état-major de leurs partis respectifs tandis que leurs homologues francophones se retrouvent livrés à eux-mêmes, pour comprendre le déséquilibre de la négociation. La victoire revient bien sûr à ceux qui montent au front avec une baïonnette dans les reins…

En bref, la métaphore du jeu doit être complétée : les acteurs politiques sont semblables à des joueurs de cartes attentifs à faire bon usage des atouts dont ils disposent, à ceci près qu'ils ne reçoivent pas leurs cartes aléatoirement, à l'entame de chaque partie, mais doivent les négocier dans d'autres jeux, avec d'autres joueurs qui se tiennent comme derrière eux et s'efforcent à leur tour de tirer profit de la situation. Le responsable politique ne surplombe pas la société, il n'est qu'un nœud dans un réseau complexe, à la fois producteur et produit de contraintes multiples. Considérer l'aval d'un cours d'eau sans considérer l'amont, c'est s'interdire d'en comprendre le mouvement.

Stratégies politiques et pratiques de gouvernement

Je viens de brosser à grands traits l'éventail des ressources et des stratégies politiques, en insistant sur la diversité des situations et la pesanteur des partis. Je le répète, la question de l'accès et du maintien au pouvoir se pose en permanence à l'acteur politique et non simplement pendant la campagne électorale et les négociations préalables à l'installation des gouvernements. Les stratégies politiques, pourrait-on dire, forment en quelque sorte le soubassement de toute action ministérielle.

La composition des cabinets

L'analyse de la composition des cabinets ministériels apporte des indications intéressantes sur les stratégies politiques des ministres. Bien sûr, les critères de compétence et d'expérience continuent de peser dans le choix des principaux collaborateurs

– directeur de cabinet[10], directeurs adjoints, conseillers, attachés. Un ministre a tout intérêt à constituer une équipe performante s'il veut assumer efficacement les matières qui lui ont été dévolues et que lui-même connaît souvent mal.

On s'attendra donc à ce qu'un ministre chargé de la mobilité s'entoure de spécialistes des transports publics, de l'aménagement des voiries et la gestion de la circulation, et un ministre du Budget de spécialistes des finances publiques et du budget de l'État. En pratique, toutefois, on peut voir que d'autres critères entrent en ligne de compte : la couleur politique, bien sûr, mais aussi un passé de militant, la confiance, la connivence, l'amitié parfois, la loyauté toujours.

Il y a plus. J'ai suggéré plus haut qu'une force en aval entraîne généralement une dépendance en amont : l'acteur politique dépendant des ressources qu'il peut mobiliser, il dépend donc de ceux qui lui permettent d'y accéder. Il ne peut mouvoir les sphères de la décision que si d'autres tirent avec lui. C'est ainsi qu'il va inclure dans son cabinet des *personnes-relais* susceptibles de servir ses stratégies : relais vers sa base locale, relais vers les médias, relais vers les groupes d'intérêt, relais vers les militants et les structures du parti, relais vers la direction du parti. Si, en droit, le ministre dispose d'une latitude importante dans le choix de ses collaborateurs, en pratique, ce choix résulte d'une combinaison variable de contraintes et d'opportunités.

Il faut signaler d'abord que les ministres ont rarement pleins pouvoirs dans le choix de leurs collaborateurs. Au PS en particulier, la tradition concède au président du parti un pouvoir dans la nomination des principaux collaborateurs du ministre, en particulier son directeur de cabinet (en pratique, l'Institut Émile Vandervelde, le centre d'études du parti, centralise les

---

10. L'appellation « directeur de cabinet » est synonyme, en Belgique, de « chef de cabinet ».

44

besoins des cabinets et les candidatures émanant des fédérations, des administrations, etc.). Au PSC, le président dispose plutôt d'un droit de veto, au PRL d'un pouvoir de suggestion plus ou moins appuyé. Mais une situation n'est pas l'autre et beaucoup dépend des rapports de force entre le président et le ministre. La réaction des intéressés à ces empiètements est souvent ambiguë : d'un côté, ils les tiennent pour une forme d'intrusion, d'atteinte à leurs prérogatives, de l'autre, ils y voient le moyen de conserver une relation satisfaisante avec le parti. Au PS, par exemple, l'équilibre entre fédérations est une règle du jeu essentielle. Témoignage d'un ancien ministre :

> « Les exigences des fédérations étaient coordonnées au niveau du parti. Même les collaborateurs du président doivent respecter le poids des fédérations ! Même pour les tâches subalternes de niveau 2, il fallait un équilibre. En particulier, il fallait donner des compensations aux fédérations qui n'avaient pas de ministre. Donc, comme Namur et le Luxembourg n'avaient pas été servis, je devais prendre quelqu'un de Namur et quelqu'un du Luxembourg. »

La recherche de l'équilibrage peut parfois prendre des formes poussées, comme l'illustre l'anecdote suivante, rapportée par un membre de cabinet.

> « Un jour, le secrétaire de cabinet, sans doute bien intentionné et soucieux de mettre son fichier à jour, nous a distribué une circulaire nous demandant de stipuler les informations suivantes : a) Depuis combien de temps êtes-vous affilié au parti ? b) À quelle section locale appartenez-vous ? c) Quelle est votre mutuelle ? d) Quel est votre syndicat ? Il voulait sans doute fignoler les équilibres. Il est vrai qu'on recevait des courriers des fédérations du style : "Renseignements pris, il n'y a que x % de membres de votre cabinet qui sont issus de notre fédération alors

que nous représentons y %. Donc, un rééquilibrage est nécessaire. C'est pourquoi nous vous transmettons une liste de noms dans laquelle puiser pour vos recrutements futurs." Heureusement, le ministre a intercepté cette circulaire et a tout annulé. Mais c'est révélateur. »

Certains collaborateurs sont imposés par le président lui-même, soit qu'il ait quelqu'un à placer, soit qu'il veuille disposer de relais suffisants au sein du cabinet, soit encore qu'il cherche à placer le ministre sous surveillance. Certains membres du cabinet sont ainsi suspectés d'être «l'œil de Moscou» – au PS, c'est typiquement le cas des personnes issues de l'IEV (l'Institut Émile Vandervelde). Bien sûr, ces nominations plus ou moins imposées ou suggérées peuvent poser de délicats problèmes d'allégeance : les personnes ainsi nommées par le président vont-elles respecter l'autorité du ministre ? La collaboration dans un cabinet n'est pas de nature purement contractuelle et administrative ; elle suppose une sorte de lien privilégié, parfois personnel, du moins une adhésion à l'action ministérielle. Ce témoignage d'un ancien membre de cabinet est révélateur du malaise suscité par certaines nominations imposées.

> « La ministre m'a engagé parce que, d'une certaine façon, elle n'avait pas confiance dans les personnes que le parti lui imposait. Elle a vraiment voulu faire un pied de nez à l'appareil. Elle redoutait que les "parachutés" ne fassent circuler toute l'information à l'extérieur et refusait d'être sous la surveillance de l'appareil. Enfin, elle cherchait une tête suffisamment indépendante pour ne pas déformer la réalité et chercher à l'influencer. »

Et dans un autre parti, cet ancien directeur de cabinet :

> « Mon ministre avait en fait promis le poste de directeur de cabinet à quelqu'un d'autre. Il y a donc eu des pressions

et le ministre n'a pas eu le choix : disons qu'on lui a seulement permis de *faire semblant de me choisir librement.* Bien sûr, il y a dans le parti des ministres auxquels on n'oserait pas imposer un directeur de cabinet. »

En dehors des nominations dictées par le parti, le ministre, à travers le recrutement, cherche à conforter sa position stratégique. Le choix d'un collaborateur est l'occasion d'accroître ses ressources. Ressources d'enracinement local : on trouve dans la plupart des cabinets au moins une personne issue de la section locale à laquelle appartient le ministre et chargée de veiller à ses intérêts municipaux. Ressources médiatiques : tous les cabinets comportent une cellule presse ou relations publiques plus ou moins étoffée et s'efforcent de s'adjoindre les services d'au moins un journaliste professionnel. Ressources de représentation : on trouve dans tous les cabinets des représentants de groupes d'intérêt : organisations syndicales, parastataux, mutualités, administrations, etc. Ressources d'adhésion interne : certains recrutements visent à tisser des liens avec des sections locales influentes ; c'est ainsi qu'un ministre bruxellois se faisait règle d'inclure systématiquement dans son cabinet les jeunes les plus prometteurs des sections locales afin de consolider son emprise sur l'échelon bruxellois. Ressources interpersonnelles enfin : il y a des recrutements que seules motivent la nécessité de renvoyer l'ascenseur pour des services rendus ou l'intention de créer des débiteurs, de se construire un réseau d'obligés dans l'espoir de contre-dons futurs. Ajoutons la contrainte de se rendre acceptable des partenaires qui joue surtout au niveau fédéral, entre Flamands et francophones, et qui conduit certains ministres à inclure dans leur cabinet des membres de l'autre groupe linguistique.

On le comprend, les seuls critères de compétence sont donc loin d'expliquer toutes les décisions de recrutement même s'il est vrai que des pratiques plus objectives, comme les offres d'emploi et les concours publics, semblent se développer. En recrutant leurs principaux collaborateurs, les ministres veillent aussi à se faire a. i. m. e. r., c'est-à-dire à conforter les cinq types de ressources politiques qui conditionnent leur propre carrière. De ce point de vue, l'accent placé à l'excès sur l'engagement politique, la loyauté et la sympathie explique la médiocrité relative de très nombreux cabinets ministériels. L'explique aussi la démotivation de nombreuses recrues qu'intéressait la gestion de la cité et qu'intéresse beaucoup moins la promotion des intérêts d'un homme. L'explique enfin la difficulté croissante de trouver des candidats vu l'intensité du travail dans les cabinets, l'incertitude des carrières, la modestie des rémunérations, mais aussi, vraisemblablement, la désaffection des jeunes pour la politique.

Le travail au sein du cabinet

Autant que la composition du cabinet, les stratégies politiques conditionnent le travail du ministre et d'une partie au moins de son équipe. Encore une fois, il est commode de décrire cette influence en distinguant les cinq types de stratégies.

1. Bien sûr, le ministre veille à entretenir son insertion locale. Il n'est pas rare qu'il passe, par semaine, l'équivalent d'un ou deux jours dans sa commune, en particulier s'il est « bourgmestre empêché ». Le fait est significatif : la plupart des ministres qui se trouvent dans cette situation continuent d'agir comme des bourgmestres en titre, se gardant soigneusement de tomber dans l'oubli et se choisissant des remplaçants suffisamment loyaux pour ne pas risquer d'être évincés. Nulle méprise n'est en effet possible à Saint-Gilles ou à Auderghem : ce sont bien les ministres Picqué et Gosuin qui dirigent leurs communes. C'en est au point que certains de leurs concitoyens ignorent qu'ils se sont fait remplacer !

Autre exemple : Philippe Maystadt[11], longtemps ministre des Finances, qui disposait à Charleroi d'un important réseau de permanences sociales dont le centre nerveux était localisé au quartier général des organisations chrétiennes au boulevard Tirou à Charleroi et qu'animait une équipe forte de pas moins de dix personnes ! Bien qu'il se soit toujours tenu à l'écart de la politique municipale, Philippe Maystadt consacrait un temps considérable à l'action de terrain : permanence sociale du samedi matin, soirées « Tupperware » avec de petits groupes de citoyens, rencontres informelles avec des chefs d'entreprise, des commerçants, des enseignants, des syndicalistes...

2. La stratégie médiatique est une autre sphère qui absorbe une énergie considérable. Tous les cabinets ministériels comportent une cellule presse ou/et relations publiques chargée d'assurer la promotion de l'action du ministre. La journée d'un ministre commence inévitablement par l'écoute de l'actualité à la radio, la lecture des journaux et de la revue de presse. D'abord les articles qui parlent de lui, de ses rivaux, de son parti, des réactions des partenaires politiques ; ensuite ceux qui traitent de sa commune, des mondes qu'il cherche à représenter, des domaines dans lesquels il a coutume d'intervenir ; enfin l'actualité en général. Et cette lecture attentive n'est pas seulement motivée par la curiosité intellectuelle ou le plaisir narcissique de constater qu'on parle de lui. Avant tout, elle est *recherche d'opportunités de positionnement* : réagir à une information erronée, intervenir dans un débat public, montrer de l'intérêt pour un problème, etc.

Ensuite, la vie du ministre et d'une partie du cabinet est rythmée par les communiqués, les rencontres avec les journalistes, les conférences de presse, les discours à préparer : un gros travail de communication qui ne peut, en pratique, être assumé

---

11. Voir Ph. ENGELS, *Le mystère Maystadt*, Bruxelles, Éd. Luc Pire, 1999.

par la seule cellule presse pour cette raison simple qu'elle dispose rarement de la connaissance des dossiers en discussion. C'est ainsi que les responsables des dossiers sont souvent mis à contribution, obligés de délaisser la gestion des dossiers proprement dite pour se consacrer à l'action médiatique.

Enfin, il n'est guère de jour où le ministre ne reçoive plusieurs invitations et ne se pose la question : ce cocktail, ce congrès, cette inauguration, est-il intéressant d'y faire une apparition et à quelles conditions ? Ensuite, la machine se met en route : le chargé de relations publiques entreprend d'organiser la visite de son ministre et de lui assurer la meilleure visibilité possible.

3. Un acteur politique cherche souvent, on l'a vu, à incarner des mondes sociaux ; il ne peut en tout cas rester à l'écart des groupes d'intérêt qui ont leurs entrées dans la presse et comptent dans leurs rangs, comme c'est le cas des fédérations patronales, des mutualités ou des organisations syndicales, une expertise parfois supérieure à celle de l'administration. On ne s'étonnera donc pas que l'agenda du ministre et de ses proches collaborateurs se remplisse d'un nombre considérable de rencontres avec les représentants de ces groupes sociaux ou des visites sur le terrain à l'invitation de ces mêmes groupes. Jean-Luc Dehaene, par exemple, avait poussé très loin cette activité de réseau.

4. Quiconque devient ministre s'engage implicitement à consacrer de très nombreuses soirées – parfois plusieurs par semaine – à des conférences et discussions dans les sections locales du parti. Les militants sont curieux de rencontrer leur ministre, et ce contact humain comptera pour beaucoup dans leur soutien ultérieur. On l'ignore souvent, un parti politique est aussi une formidable machine à fabriquer du lien social. Tout homme politique doit y contribuer – et cela moins pour attirer de nouveaux électeurs (pour l'essentiel, les personnes rencontrées sont déjà acquises au parti et le visiteur d'un soir peut juste

escompter le transfert en sa faveur de quelques voix) que pour s'assurer une adhésion interne. Travail harassant que doivent s'imposer tous ceux qui cherchent à dépasser l'échelon local pour conquérir le parti tout entier.

Bien sûr, c'est le ministre en personne qu'on réclame, non ses collaborateurs ; c'est à lui, et donc aussi à son chauffeur, qu'incombe l'essentiel du travail. Il n'empêche que lesdits collaborateurs sont tenus de relayer son action lorsque telle ou telle section sollicite le cabinet pour des problèmes qui entrent dans les domaines de compétences du ministre : travaux publics, subsides et subventions, délivrance de permis, recherche d'emplois, etc. Au total, donc, la stratégie d'adhésion interne du ministre pèse concrètement sur son cabinet.

5. Pour finir, un ministre ne peut se désintéresser de la gestion du parti, sous peine de scier la branche sur laquelle il est assis. Il continue donc d'assister aux réunions au sommet, d'être partie prenante dans la définition des stratégies, la confection des programmes, la tenue des congrès. Nombre de ministres ont un échange quasi quotidien avec leur président de parti ; ils entretiennent d'autant plus soigneusement ce lien qu'il leur importe d'être couverts et soutenus dans les coups durs. C'est assurément l'une des – nombreuses – fonctions d'un président de parti : abriter les ministres sous son parapluie dans le cas de décisions douloureuses ou, plus rarement, les suppléer en cas de blocage au sein du gouvernement. Et donc assumer une partie de l'impopularité en les préservant d'un effondrement de l'adhésion dont ils jouissent dans le parti.

Le contenu des décisions

Le même raisonnement s'applique au contenu même des décisions ministérielles et gouvernementales par lesquelles les ministres veillent à conforter, et en tout cas à éviter de déforcer, leur position politique.

1. Un cabinet ministériel se fait inévitablement le relais d'un vaste flux d'intérêts partisans émanant des sections locales, des mouvements de jeunesse, des militants, des organisations multiples qui gravitent autour du parti, et d'abord des bourgmestres. Bien sûr, le cabinet ne peut donner suite à la moindre de ces sollicitations innombrables, mais il ne peut non plus s'en désintéresser totalement. C'est ainsi que des décisions de nomination, de subvention, de dotation, de travaux publics, d'octroi de permis, de commandes publiques sont plus ou moins discrètement influencées par la volonté des ministres de conforter le soutien dont ils bénéficient au sein de leur parti.

2. *A fortiori* en va-t-il de même avec les autorités du parti, le petit groupe de barons qui partagent l'essentiel du pouvoir en son sein. La plupart des ministres consultent leur président de parti pour la plupart des décisions importantes. Il ne se passe guère de jours sans que le ministre ou son directeur de cabinet reçoive un coup de téléphone ou l'une ou l'autre lettre signée du président du parti ou d'un baron recommandant un candidat pour une nomination, rappelant les enjeux d'une décision gouvernementale prochaine ou réclamant le déblocage d'un dossier.

3. De même, l'enjeu médiatique est omniprésent dans les décisions d'un gouvernement. S'il est clair que les médias n'ont pas – ou pas encore ? – le pouvoir de dicter aux ministres l'agenda politique et la nature des décisions à prendre, il est tout aussi clair qu'ils contribuent à façonner la définition des problèmes et l'ordre des priorités et qu'il n'est guère de grandes décisions politiques qui n'incorporent un savant calcul d'intérêt médiatique. De nombreuses décisions difficiles sont ainsi postposées, aménagées, édulcorées par peur de la réaction des médias ; d'autres se trouvent bloquées jusqu'à ce que les ministres s'accordent sur le partage des bénéfices médiatiques.

4. De tous les types d'interférences entre les stratégies de carrière des ministres et la gestion des affaires publiques, le rôle des stratégies d'enracinement local est sans doute le plus mani-

feste et le plus lisible. La plupart s'efforcent de profiter de leur passage au gouvernement pour avantager la commune et la sous-région dont ils sont issus en sorte de conforter leur base électorale locale. Ce *localisme* ronge l'activité gouvernementale et plus encore l'activité parlementaire, induisant l'aiguillage chronique des aides et investissements publics vers les localités où se concentre l'électorat des mandataires. À l'instar de toutes les formes de clientélisme, il entraîne le double effet de renforcer l'acteur politique *et* d'affaiblir l'image de la politique en général.

5. Enfin, les ministres ne peuvent pas oublier non plus, dans leurs décisions politiques, les catégories sociales qu'ils s'efforcent d'incarner. Les divers mondes qui composent la société belge se retrouvent ainsi plus ou moins vaguement représentés au sein des gouvernements, chaque ministre s'efforçant de profiter de son passage au sommet pour gagner de nouveaux mondes sociaux à sa cause sans s'en aliéner aucun. Entre les divers ministres se joue une guerre discrète mais permanente dont l'enjeu est la représentation qui des mouvements féministes, qui des commerçants, qui des immigrés…

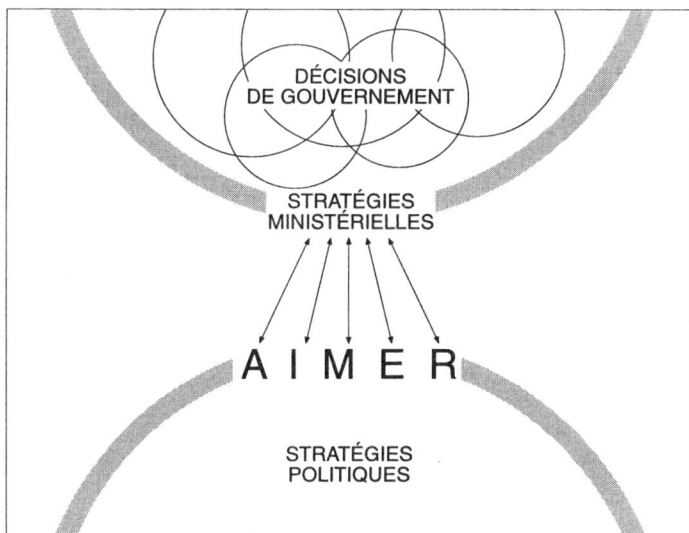

DÉCISIONS
DE GOUVERNEMENT

STRATÉGIES
MINISTÉRIELLES

A I M E R

STRATÉGIES
POLITIQUES

Pour fixer les idées, on peut représenter le raisonnement à deux étages que je viens d'esquisser par le schéma ci-dessous :

L'infinie diversité des décisions prises par les ministres dans le cadre de leur fonction est conditionnée par un principe fondamental : renforcer leur propre position politique (en termes de ressources d'Adhésion interne, Interpersonnelles, Médiatiques, d'Enracinement local et de Représentation) et entraver les stratégies symétriques des concurrents. Par quoi je ne prétends *pas* que les ministres ne songent qu'à leur propre intérêt tandis qu'ils gouvernent, seulement qu'ils ne peuvent faire sans *tenir compte* des impacts de leurs décisions – et plus généralement de leurs discours – sur leur position politique et celle de leurs concurrents. Un observateur qui se bornerait à raisonner au seul niveau des décisions de gouvernement se tromperait sur la nature profonde du travail ministériel. L'analyse des stratégies politiques permet d'éclairer des pratiques *a priori* inintelligibles, comme le temps qu'un ministre pourtant surchargé peut passer dans sa commune ou dans des sections locales reculées, l'effort qu'il consent soudain pour trouver un emploi au fils d'un politicien local, l'étrange mansuétude qu'il accorde à un collaborateur particulièrement médiocre ou son obstination à retarder le dossier apparemment anodin d'un collègue.

Cette analyse permet aussi de comprendre ce qui conditionne le *discours politique.* La parole, en politique, est au service de la conquête du pouvoir : elle sert toujours à préserver ou à conforter une position stratégique (comprise comme la détention de ressources). Beaucoup de choses en politique sont connues de tous, couramment déplorées dans les cercles restreints – l'absentéisme des parlementaires, les problèmes internes aux partis, le rôle des syndicats dans la fonction publique, l'impunité des fonctionnaires, le caractère ingouvernable de la SNCB, le coût de l'enseignement en Communauté française, etc. – sans jamais faire l'objet d'une dénonciation publique en bonne et due forme, de peur de déplaire aux militants, aux dirigeants du parti, aux journalistes, etc. L'ordre des positionnements politiques délimite l'ordre du discours public : il ne prescrit aucune parole, mais il en interdit un grand nombre.

La question est évidemment de savoir si cette activité d'accumulation de ressources politiques, qui peut en pratique remplir plus de la moitié de l'agenda d'un ministre, ne détourne pas des ressources précieuses d'attention et de réflexion au détriment de l'action gouvernementale *stricto sensu*. Bien sûr, tous les cas de figure se rencontrent et il n'est pas possible de répondre à cette question sans prendre en compte le profil propre du ministre, les cumuls de fonctions qu'il s'autorise, la qualité de son cabinet et plus encore la performance de l'administration qu'il chapeaute et qui devrait en principe réaliser l'essentiel du travail de conception et d'exécution. Je reviendrai plus loin sur ces questions délicates. À ce stade, je me borne à constater l'existence d'un difficile problème de balance entre l'action politique au sens premier du terme et la gouvernance. Et ce problème grandit à mesure que les exécutifs se rapprochent des échéances électorales, la raison politicienne finissant par étouffer la raison gestionnaire au point que des réformes nécessaires se trouvent bloquées pour la *seule* raison que le ministre qui les défend risquerait d'en retirer un profit électoral. L'évidence saute aux yeux : trop de petite politique finit par nuire à la gestion des affaires publiques, même s'il est vrai que les stratégies personnelles et partisanes se développent autour de décisions publiques qui s'inscrivent au moins partiellement dans le cadre d'un accord de gouvernement censé refléter les programmes des partis de la coalition et décliner par conséquent l'une ou l'autre version, fût-elle provisoire et partielle, du *bien public*.

La dépendance aux partis

On conçoit que la structure interne du parti, son caractère plus ou moins centralisé ou décentralisé, plus ou moins autocratique ou démocratique, qui s'exprime à travers ses règles statutaires et ses traditions, va déterminer la pertinence relative des différentes ressources des acteurs. On ne fait pas carrière de la même façon dans tous les partis. Par exemple, chez Ecolo, le pouvoir de l'assemblée fédérale conjugué à la faiblesse relative du secrétariat fédéral font de l'adhésion interne la ressource première dans la conquête du pouvoir – sans pour autant effacer les autres, en particulier la ressource de représentation.

> « Je reconnais que nous sommes très soumis au lobby associatif, aux comités de quartier, etc. Nous subissons la pression des associations bien au-delà de leur poids réel et de leur représentativité. C'est une pression terrible qui fragilise Ecolo. Les gens qui viennent nous voir ne comprennent pas qu'ils puissent ne pas avoir gain de cause. Et on ne peut même pas dire que la participation locale permet l'expression de la population. J'observe qu'elle est très bourgeoise au contraire ! Il n'y a pas beaucoup de femmes, de pauvres, d'immigrés dans les comités de quartier. Et nous, on a tendance à survaloriser cette parole-là. Je crois qu'on aurait un communiqué d'Inter-Environnement ou de Greenpeace contre nous qu'on le vivrait comme une véritable catastrophe. Il y a une grande peur des militants à cet égard. »

À la fédération PRL FDF MCC, ce sont avant tout le président et les barons qui font et défont les carrières, même s'il est vrai que la distribution des mandats ministériels obéit, même vaguement, à une contrainte d'équilibre au sein du parti. En pratique, il est par exemple difficile d'imaginer que les barons de la puissante régionale de Bruxelles soient écartés de tous les postes ministériels au niveau fédéral ou communautaire, que la mouvance laïque ou la mouvance chrétienne se retrouve entièrement oubliée, ou que le FDF ne dispose pas d'un ministre dans le gouvernement bruxellois. Quant au bureau et aux congrès du PRL, ce ne sont pas véritablement des instances de décision démocratique mais plutôt des organes d'information et de légitimation. La ressource interpersonnelle est donc centrale dans un tel univers. Il en va de même au PS si ce n'est que l'appareil y est plus structuré et les fédérations plus puissantes, le pouvoir se répartissant entre la présidence du parti et les secrétaires de fédération. C'est une combinaison de ressources d'adhésion interne et de ressources interpersonnelles qui fait ici la différence. C'est ainsi qu'André Flahaut, actuel ministre de la Défense, a commencé par s'imposer à la tête de l'Institut Émile Vandervelde, le centre d'étude du PS, avant de prendre le contrôle de la fédération du Brabant wallon en plaçant des alliés aux postes clés pour s'assurer des majorités contrôlables, et cela sans réussir une véritable percée sur le plan communal. Et comme une règle implicite au PS consiste à accorder les mandats ministériels selon la règle 1/3 pour Liège, 1/3 pour le Hainaut et 1/3 pour l'axe Brabant wallon-Namur-Luxembourg et qu'une autre règle impose de tenir compte, pour ce faire, du poids respectif des fédérations, il devient difficile d'écarter André Flahaut ou par exemple Michel Daerden à Liège (la fédération liégeoise alignant à elle seule près d'un quart des 420 délégués que compte le PS). La structure du parti circonscrit les positions de pouvoir, celles qui servent de marchepied vers les plus hautes sphères. Qui les contrôle devient difficile à battre.

J'évoque cette détermination structurelle pour la relativiser aussitôt : le pouvoir d'un président de parti, par exemple, n'est pas seulement une affaire de structure, mais aussi, et sans doute davantage, une question de coalition et de légitimité. Après le décès de Jean Gol, Louis Michel n'a mis que quelques mois pour souder autour de sa personne une coalition solide et pour construire sa légitimité au sein du parti libéral. Assurément, cette autorité comptait bien davantage que le pouvoir formel conféré au président par les dispositions statutaires. C'est elle qui lui a permis d'opérer le virage du libéralisme social si important pour le devenir du parti. Les circonstances, au moins autant que les structures, déterminent le pouvoir d'un président de parti, et par voie de conséquence les stratégies des (re)ministrables à son égard.

S'il est vrai que les présidents des partis francophones ont toujours eu tendance à peser plus lourdement sur leurs ministres que leurs homologues flamands[12], il semble qu'on observe récemment un affaiblissement de la direction des partis au profit des équipes ministérielles. Cela est dû, semble-t-il, à la présence dans les gouvernements des anciens présidents ou des figures les plus dominantes des diverses formations politiques, à l'exception notable d'Elio Di Rupo et de Jacquy Morael.

Le déficit démocratique des partis démocratiques

Dans la plupart des cas, la dépendance au parti reste malgré tout une contrainte forte de la carrière politique, et cela d'autant plus qu'il est périlleux de passer d'un parti à un autre. Cette dépendance est sans doute plus durement ressentie lorsqu'elle est associée à l'impression d'un déficit de démocratie interne. Or ce déficit est patent : il affecte la prise de décision, mais aussi l'exercice de la parole et du débat. On rétorquera non sans raison que les partis sont régis par des règles démocratiques à tous les niveaux : on vote pour élire le président de la section locale, le président de la fédération, le président du parti ; on vote pour approuver le programme, les statuts, la participation au gouvernement[13]. Il reste que, dans les faits, cette démocratie est plus souvent de façade que de substance. Quatre témoignages parmi beaucoup d'autres :

---

12. Voir la thèse de doctorat de Stefaan Fiers : *Partijvoorzitters in België. Le parti, c'est moi* ? Departement Politieke Wetenschappen, KU Leuven, 1998.
13. Je ne parle pas ici du Vlaams Blok dont l'organisation interne du parti est proprement stalinienne (pas d'élection du président et des membres du bureau, président nommé à vie, etc.).

«Ce que j'ai trouvé le plus dur, dans cette carrière, c'est de ne pas pouvoir peser suffisamment avec mes idées, mes convictions, à cause de la structure de pouvoir existante. Ou alors, il faut être le n° 1. Les plus grosses résistances, c'est au sein de mon parti que je les ai rencontrées. Au bureau du parti, je vous assure qu'il faut un réel courage pour défendre un point de vue contraire à celui du président! Une phrase malencontreuse et on se fait fusiller. C'est presque du terrorisme.»

«Au demeurant, il n'y a guère de démocratie au sein des partis. J'en veux pour preuve les fortes restrictions à la liberté de parole. Quand quelqu'un ose contester la ligne des dirigeants, sa carrière est finie. Il faut vraiment avoir une base électorale inexpugnable pour s'autoriser un droit de tendance.»

«Pour faire carrière, il faut se conformer au moule. Si tu n'es pas prêt à cela, les autres t'enverront te faire foutre. Tu ne seras jamais de leur monde. Il faut respecter les règles du sérail. La parole libre est interdite parce que contraire aux intérêts du parti, je veux dire contraire aux intérêts de ceux qui le dirigent. La parole est confisquée.»

«Dans ce parti, la carrière suppose une présence intensive au sein des structures. Ç'a toujours été comme ça. C'est le rapport de force au sein du parti qui est déterminant, bien plus que le nombre de voix. Si tu n'as pas une base électorale très forte, un gros charisme et le soutien des médias, alors tu n'as pas d'indépendance. Tu es lié au parti et tu lui es redevable. Et quand je dis au parti, chez nous, c'est d'abord à la fédération. Lorsque tu deviens ministre, le plus dur, c'est d'être le ministre de tous et pas seulement des groupes d'intérêt, des associations, des bourgmestres, etc., qu'en un sens, tu es supposé représenter. Ce qui est dur, c'est de subir des pressions parfois intolérables de ton propre parti, de ton président de fédération qui te rappelle ton appartenance. »

Ce genre de doléances semble moins fréquent chez Ecolo en dépit des récriminations suscitées par l'expérience gouvernementale, en particulier celles qu'expriment des parlementaires qui s'estiment trop peu associés aux décisions. Il restera bien sûr à vérifier que la peur des barons qui prédomine effectivement dans les partis traditionnels ne risque pas d'être remplacée ici par la pression du groupe. À vérifier, en d'autres termes, que la parole en assemblée n'en vient pas à se lester de nouvelles normes : normes du discours acceptable, normes du « bon écologiste », normes du « vrai militant », conduisant à ces variétés bien connues de conformisme social, sinon de harcèlement idéologique, qui, pour n'être pas imposées par le haut, n'en émergent pas moins dans les échanges.

> « Chez Ecolo, c'est comme dans les assemblées libres à l'ULB : c'est le discours ambiant. Tu sens d'où vient le vent et tu t'inscris dans le mouvement. Le groupe t'avale. Il faut être très courageux pour s'opposer à une assemblée, encore plus que pour s'opposer à un président de parti. Dans le second cas, c'est un conflit de personnes, dans le premier ça devient un problème d'identité. La pression de la salle peut devenir incroyable. »

L'expérience gouvernementale d'Ecolo conduit en tout cas certains responsables à s'interroger sur la dépendance des décideurs aux assemblées générales. À preuve le témoignage d'un responsable de cabinet Ecolo :

> « Chez Ecolo, les congrès de participation sont de vrais congrès. Eh bien, à la limite, ça me fait peur. Un millier de militants ont failli priver des centaines de milliers

d'électeurs de la participation d'Ecolo au gouvernement! C'est aussi une forme de particratie. Moi, je suis contre les congrès de participation. Il suffirait de je ne sais quoi de très médiatisé avant notre congrès d'évaluation, disons le naufrage d'un pétrolier sur nos plages ou l'expulsion de réfugiés, et ce serait la catastrophe.»

Et la critique acerbe d'un responsable socialiste:

«Les Ecolos voudraient que toutes les décisions politiques soient validées par leur assemblée générale. Ça veut dire qu'une poignée de gens, une centaine de personnes, vont décider, approuver ou refuser des décisions qui concernent toute la population? Mais quelle est cette dérive?»

Contrôler la décision = contrôler la parole?

Comment expliquer le déficit démocratique dans les partis? La question est fort complexe[14]. Il importe de distinguer deux plans distincts même si liés entre eux: celui de la décision proprement dite et celui, plus général, de la communication interne.

D'abord la décision. La plupart des décisions politiques importantes, dans un parti, sont prises, selon les cas, par le président du parti et ses proches conseillers, par une poignée de barons, ou par un réseau à peine élargi de parties prenantes, en tout cas par de petits groupes. Le bureau hebdomadaire des partis, je l'ai dit, est un lieu d'information, parfois de débat, rarement de décisions. Cette réunion est d'ailleurs précédée d'une réunion informelle entre les barons (en particulier les ministres) où les positions sont arrêtées, de sorte que le bureau s'apparente

---

14. Voir notamment W. Dewachter, *Besluitvorming in politiek België*, Louvain, Acco, 1995.

le plus souvent à une chambre d'entérinement. Il est certes périlleux de généraliser : tous les partis n'ont pas la même culture, tous les présidents la même poigne, tous les membres la même prudence. Il reste que le témoignage de cet ancien responsable socialiste demeure d'actualité.

> « Avant la séance du bureau du parti, Guy Spitaels réunissait les barons, principalement les ministres, et il préparait la réunion, définissant les grandes orientations. Chacun donnait son avis – plus ou moins prudemment. Et donc, ensuite, le jeu était fermé et, cela m'a toujours frappé, *c'étaient les mêmes qui parlaient en réunion !* Philippe Moureaux, par exemple, reprenait la parole pour sortir quelques phrases tranchantes, martelées de façon à ce que personne ne s'avise de défendre un avis contraire. Ça m'irritait beaucoup. José Happart bougonnait, laissant entendre que tout avait été décidé par avance – en quoi il avait raison. Jean-Maurice Dehousse remplissait ses carnets avec ses crayons de toutes les couleurs. Bon, ce genre de pratiques, je reconnais que ça permet de donner une cohérence à l'action, ça évite beaucoup de flottements. Mais ça étouffe tout débat et ça finit par être dommageable. »

De même, les congrès sont, sinon cadenassés, du moins étroitement contrôlés, ce sont des meetings et des plébiscites bien plus que des forums de discussion. Les jeux sont faits avant d'entrer, les textes à peine amendables, le suspens à peu près inexistant. Le vote lors des congrès a une fonction de *légitimation* de décisions déjà arrêtées pour l'essentiel, non pas une fonction décisionnelle. La plupart des congrès sont des fabriques d'émotions collectives ; ils servent à mettre en scène l'unité du parti autour de son président, à figurer la démocratie pour n'avoir pas – ou pas trop – à la réaliser, à recréer l'illusion charismatique en profitant de la force mimétique des acclamations et des applaudissements. Et force est d'ailleurs de reconnaître que ce genre de spectacles comble les attentes d'une majorité de l'assistance qui se retire satisfaite pourvu qu'elle ait vibré, aimé, admiré, détesté, ri et applaudi. Le jugement cynique, mais réaliste, de deux responsables :

> «On commence par rendre hommage à la salle, ensuite aux politiciens du premier rang, au politicien local qui accueille. Ça marche toujours. Ensuite, il convient d'attaquer l'adversaire, un bon mot, un petit coup au-dessous de la ceinture. Chez les PSC, par exemple, c'est toujours bon de brocarder Louis Michel. Soit sérieusement, soit encore mieux en mettant les rieurs de son côté. Et on termine par une forme d'espoir et d'exhortation : "Serrons les rangs! On va gagner!" Les gens sont friands de spectacle, il faut donc leur en donner. Il y a tous les trucs des vieux politiciens pour mettre une salle dans leur poche. Deprez était très fort pour ça.»

> «C'est difficile de justifier la fonction de ce genre de barnums, mais s'il n'y en avait pas, il y aurait un manque. Par exemple, le congrès d'investiture de Di Rupo. Pour éviter les blabla, on a cassé les règles. On a seulement mis sur scène une jeune femme africaine et le secrétaire général. Et on a lancé *Changer la vie* de Goldmann. Il y a bien sûr certains militants qui râlent. C'est un exercice périlleux. Par exemple Di Rupo veut s'ouvrir aux chrétiens, donc il s'agit d'éviter qu'après l'*Internationale*, les gens entonnent "À bas la calotte!". Alors, on a mis la chanson de Goldmann juste après.»

Pour l'essentiel, les militants sont condamnés à signer des chèques en blanc, les congrès servant à occulter cette évidence en recréant l'illusion d'une volonté populaire à laquelle les mandataires seraient soumis et dont ils tiendraient leur pouvoir. Illusion relative au demeurant : beaucoup de participants à ces congrès sont avant tout des *clients* qui ne participent aux grands-messes qu'en raison d'un intérêt bien compris, raison pour laquelle, sans doute, on observe finalement si peu de contestation dans les congrès des partis. C'est moins en militants qu'en vassaux occupés de leurs privilèges qu'ils acclament et applaudissent, dans l'intention de se faire voir et de soutenir l'un ou l'autre des seigneurs qui paradent sur la scène et sous la bannière duquel ils ont choisi de se ranger. Un parti est un système de clans rassemblés autour d'un discours légitime avant d'être une communauté de valeurs et d'idéaux ; c'est au chef d'un de ces clans bien plus qu'au parti lui-même qu'il importe de marquer sa soumission et sa fidélité. La politique reste profondément féodale.

Cela étant, comment expliquer l'appropriation des décisions par un noyau d'oligarques ? D'abord en évoquant les contraintes propres à de très nombreuses décisions politiques. Citons la *fragmentation du pouvoir* : le fait que le pouvoir politique ne soit pas clairement hiérarchisé comme peut l'être le pouvoir managérial dans une petite entreprise, mais distribué entre de nombreux acteurs, groupes d'intérêt, partenaires de la coalition au pouvoir, administrations, etc. Cette pluralité d'acteurs suppose d'établir des passerelles, de fonctionner *en réseau*, donc de contourner les instances. Deuxièmement, certaines décisions sont trop *complexes* pour être déléguées ; elles supposent une intelligence du contexte, des rapports de force et des enjeux qui fait souvent défaut chez les militants et requerrait une pédagogie coûteuse. Or, et c'est le troisième facteur, il en va de la politique comme du monde des affaires : *l'urgence* est généralement de mise et la meilleure décision, la mieux concertée, la plus consensuelle, ne vaut pas un mégot si elle arrive trop tard. *L'interdépendance* des décisions est le quatrième facteur de centralisation : nombreuses sont les décisions politiques liées entre elles qui résultent d'arrangements complexes entre des intérêts divergents (les divers partis de la majorité, les divers niveaux de pouvoir, les groupes de pression, etc.). Fragmentation du pouvoir, complexité, urgence, interdépendance : tel est le cocktail irrésistible qui conduit à déposséder les militants, et même parfois les parlementaires, d'une véritable influence sur la marche des événements. Même le parti Ecolo, traditionnellement soucieux de démocratie interne, a connu une telle tendance. Un transfert de pouvoir s'y est inexorablement opéré en faveur des ministres et de leurs cabinets, du réseau informel qu'ils forment avec les secrétaires fédéraux ou encore du MPM, une structure émergente qui réunit les secrétaires fédéraux, les ministres et les parlementaires et le bureau du conseil de fédération. De là les protestations du Conseil de fédération, le parlement interne du mouvement, les grognements de certains parlementaires qui s'estimaient écartés du vrai pouvoir et le départ de Vincent Decroly, vitupérant contre le « club NOKIA » – allusion aux GSM des secrétaires fédéraux, ministres et collaborateurs des cabinets écologistes qui concentrent le pouvoir de décision et court-circuitent fatalement les organes démocratiques du mouvement. De là aussi la réaction du ministre écologiste Jean-Marc Nollet[15] qui est allé jusqu'à considérer que la fonction des parlementaires n'était *plus* d'amender des projets de loi ou des décrets résultant de négociations complexes avec les partenaires de la coalition, les groupes de pression et les organes consultatifs ! Qu'était-elle d'autre, cette réaction, que la reconnaissance d'un principe de réalité certes embarrassant mais proprement incontournable ? Quoi qu'on dise et quoi qu'on veuille, beaucoup de décisions ne peuvent simplement pas être déférées aux instances. Fin décembre 2000, un audit du fonctionnement interne d'Ecolo a révélé le coût organisationnel et humain occasionné par le télescopage brutal au sein du parti des contraintes de centralisation et de discrétion propres à la décision politique et la tradition démocratique dont s'autorisait

---

15. *Le Soir*, 7 décembre 2000.

n'importe quel militant pour intervenir sur tout et n'importe quoi[16].

Bien sûr, là ne réside pas toute l'explication. D'autres décisions politiques, en particulier celles qui concernent la distribution des mandats rémunérés, sont centralisées au niveau du président ou des oligarques parce qu'ils craignent le déchaînement des convoitises et qu'ils ont conscience d'être eux-mêmes avantagés dans le partage du gâteau. Je songe aussi aux cumuls qui amènent certains hommes politiques à des niveaux excessifs de rémunération, aux emplois inutiles, aux passe-droits, aux nominations abusives, au train de vie dans certains cabinets. Les abus vivent mieux dans le secret...

S'il est donc de bonnes raisons et quelques mauvaises de centraliser la décision dans un parti, il en est à l'inverse quelques bonnes et beaucoup de mauvaises de confisquer la parole et d'enrégimenter les débats. Avant tout, ce sont la cascade des dépendances personnelles, les réseaux d'allégeance aux ramifications innombrables, la variété des intérêts effectifs et potentiels qui entravent le libre débat. Les barons dépendent les uns des autres et tous les autres dépendent des barons : obtenir leur soutien, c'est contrôler le parti.

> «Dans le parti, les décisions étaient prises, non par la seule présidente mais en concertation étroite avec sa garde rapprochée. On retrouve cela dans tous les partis. Il est important de s'entourer des ténors, des personnes représentatives des diverses tendances. Et alors, on tient le parti en profondeur. Quels qu'aient été les problèmes, quand ce petit groupe était sur la même longueur d'onde, c'était tout le parti qui suivait. »

---

16. *La Libre Belgique*, 21 mars 2001.

Maintenant, la liberté des opinions est une chose, l'obéissance une autre. L'action efficace n'entraîne pas d'étouffer la réflexion collective ; une discipline de parti est concevable qui préserve la liberté des discussions. Pourvu que l'action ne s'en trouve pas paralysée, le temps qu'on perd à débattre n'est-il pas compensé par l'implication des acteurs et l'apprentissage du jugement politique ? Inversement, le déni de participation active, donc le déni de reconnaissance, n'est-il pour rien dans la désaffection des jeunes pour la politique ? Comment accepter aujourd'hui l'injonction paradoxale qui prescrit d'accepter le manque de démocratie interne au sein d'un parti démocratique ?

Il paraît certain que des modes de fonctionnement plus ouverts sont possibles. Mais d'où vient cette peur de la libre discussion dans les partis ? Pour le comprendre, il faut s'interroger sur *la fonction de la parole* en politique. La parole ne sert pas seulement – et même pas principalement – à dire le vrai, je veux dire à s'entendre sur les faits et sur la marche à suivre, elle sert à *faire impression*. « Tu peux me contester autant que tu veux, dit un ministre à son directeur de cabinet, mais jamais en public. » Les dirigeants politiques ne cherchent pas seulement l'obéissance, ils sont conscients que les bases de leur pouvoir sont trop fragiles pour diriger longtemps par la force : ils cherchent en même temps la *légitimité*, c'est-à-dire l'approbation publique. C'est la raison pour laquelle une contestation publique n'est pas reçue simplement comme une invitation à mieux réfléchir, mais comme une menace, voire une trahison. J'insiste sur ce point : ce n'est pas seulement que le grand homme, trop accoutumé à l'obéissance de ceux qui l'entourent, finit par ne plus discerner le fond de soumission qui pousse ces derniers à se ranger à ses analyses, applaudir à ses idées ou s'esclaffer à ses plaisanteries – une confusion d'ailleurs souvent partagée par les dominés eux-mêmes qui, comme l'a bien montré Milgram[17], préfèrent croire

17. St. MILGRAM, *La soumission à l'autorité*, Paris, Calmann-Levy, 1974.

à leur adhésion rationnelle que reconnaître leur soumission affective. Ce n'est pas non plus qu'enveloppé dans un épais nuage de flatteries, de courbettes et de courtisaneries, étourdi par les vapeurs de son ego, captif de son propre culte, le grand homme tienne pour une offense tout avis contraire au sien. Si le narcissisme est endémique dans les hautes sphères, beaucoup d'hommes politiques restent ouverts – dans une certaine mesure – à la critique. Le tout, c'est qu'elle s'opère en coulisses. Dans la salle, en revanche, pas question de siffler : cela risquerait de donner des idées à d'autres. Bien plus : il faut même faire la claque le plus bruyamment possible afin d'actionner la vieille machine des émotions collectives, tant il est vrai que la légitimité du pouvoir prend l'une de ses sources dans le *spectacle* de l'approbation publique[18]. Ajoutons que les claqueurs ont un intérêt direct à acclamer leur homme : leur carrière dépend de la sienne.

La parole, en politique, est d'abord *positionnement*, elle est comme un coup aux échecs en cela qu'elle vise à modifier, fût-ce infinitésimalement, la disposition des forces. En prenant la parole en public, l'homme politique cherche à se profiler, à conforter son image, à marquer son camp, à soutenir ses alliés et déstabiliser ses adversaires, à incarner une idée porteuse, un projet, un mouvement. Et par-dessus tout, la parole sert à sauver la face. Je reviendrai plus loin sur ce point : sauver la face est l'impératif catégorique en politique, l'obsession la mieux partagée, celle qui traverse tout le champ. Témoignage d'un ancien ministre :

> «En politique, tout est dominé par cette exigence absolue : sauver la face. Un ministre *ne peut* accepter de se trouver en position de faiblesse et donc de perdre sa

---

18. D. BEETHAM, *The Legitimation of Power*, Basingstoke et Londres, MacMillan, 1991.

légitimité. En effet, il risque alors de perdre le soutien de son équipe ; les gens iront voir ailleurs. Les soutiens au sein du parti sont fragiles et les concurrents attendent le moment. Au départ, le choix d'un ministre est toujours frappé d'une certaine illégitimité puisqu'il relève de la décision du président de parti et que certains qui se voyaient bien dans la fonction se trouvent écartés. Donc l'image est friable, il faut la sauvegarder. Perdre la face est la pire des choses. »

Les normes de la communication politique ne sont donc pas forcément celles qui régissent une libre discussion. Celle-ci suppose de s'ouvrir au doute, à la force propre des arguments échangés, à la froideur des faits. Dans celle-là, exprimer un doute équivaut à montrer sa faiblesse et s'incliner devant les arguments d'autrui revient à s'incliner devant autrui. Je force le trait, bien sûr, il n'empêche qu'il est bien rare d'entendre les mots « Oui, je me trompe, vous avez raison » dans les congrès ou les débats télévisés. L'hagiographie et l'autocélébration règnent en maître dans les brochures éditées par les partis. La disproportion est flagrante entre les critiques qui s'expriment dans les couloirs et l'unanimisme qui prévaut dans les réunions officielles : les mêmes qui vitupèrent durant la pause-café lèvent docilement leur bulletin de vote de retour en séance. Dans certains congrès du PRL, par exemple, quiconque est contre une proposition doit non seulement lever la main, mais encore justifier son opposition devant les dirigeants du parti et parfois plusieurs centaines de congressistes. Exercice périlleux auquel peu se risquent – seraient-ils nombreux, d'ailleurs, que la règle deviendrait matériellement inapplicable. Pour l'essentiel, l'éthique de la discussion chère à Habermas, fondée sur la libre argumentation et la norme de la vérité partagée, reste hors de portée.

« Le plus dur, dans ce milieu, c'est qu'énormément de gens sont trompés. Les gens sont utilisés et ils ne s'en rendent pas compte. Ils ne se rendent pas compte que toute cette chaleur humaine ne sert qu'à en faire des instruments. Quand on voit l'enthousiasme et la bonne volonté de tous ces gens au 1er Mai, c'est incroyable. En fait, ce sont des numéros, des pions. Même à un haut niveau, on est un pion. »

Dans leur majorité, les grands rassemblements collectifs remplissent la fonction essentielle de fabriquer du lien social, de l'appartenance et de l'unité. En règle générale, l'information qu'on y reçoit est très pauvre et la mise en débat à peu près inexistante. La démocratie s'y trouve mise en scène, représentée plutôt que pratiquée. La musique, les drapeaux, les couleurs, les applaudissements, les acclamations, les trémolos dans la voix, l'hommage aux militants, la figuration de l'unité fraternelle des barons, les invectives à l'adresse d'ennemis absents, l'insistance sur la nécessité de serrer les rangs, la préférence aux mots chargés d'évocation (responsabilité, liberté, générosité, engagement, confiance, dignité, etc.), l'annonce des lendemains qui chantent : tout cela sert à générer des émotions collectives, non point des arguments. On peut adhérer à une croyance par la raison ou par mimétisme social : les partis préfèrent le mimétisme. La vieille mécanique du charisme est usée, elle continue pourtant de fonctionner. La légitimation des dirigeants et l'adhésion à leur discours s'opèrent par l'émotion collective, l'unité mimétique des consciences – plutôt que par le dialogue et la confrontation des arguments.

Ces divers éléments permettent d'expliquer la précarité du libre débat au sein des partis. La contradiction y est souvent étouffée au nom des intérêts supérieurs, du danger d'étaler les dissensions, de la nécessité de défendre l'unité de vision pour favoriser l'unité d'action et l'adhésion collective. Réveiller les doutes, c'est réveiller le diable. Il reste qu'un autre modèle est possible, même s'il est fragile : cela suppose de se convaincre que les débats contradictoires, pourvu qu'ils soient régulés, n'altèrent nullement la marche du bateau mais témoignent au contraire de la liberté d'opinion et du respect mutuel qui règnent à bord. Dans plusieurs partis, le débat est d'ores et déjà posé ; des réformes sont en cours.

Du reste, j'ai parlé ici de *déficit* démocratique, non d'absence de démocratie. Si, de fait, la base était privée de toute influence, l'adhésion interne cesserait d'être une ressource stratégique et les acteurs politiques pourraient faire l'économie de l'épuisante séduction des militants, sections et fédérations. Au vu des efforts déployés, de la concurrence larvée des barons sur le plan local, de leur tendance à « noyauter » les structures en favorisant l'installation d'acteurs acquis à leur cause afin de verrouiller les équilibres internes, on serait même tenté de contester la thèse du déficit démocratique. Faut-il que les militants aient de l'importance pour que les dirigeants du parti s'en soucient à ce point !

En réalité, lesdits militants pèsent à peine plus lourd que les consommateurs dans une économie de marché et ne peuvent en tout cas influencer substantiellement la marche de leur parti. Essentiellement passifs, ils se limitent pour la plupart à applaudir, voter, intervenir dans l'un ou l'autre débat ponctuel, même si les dirigeants rivalisent de gratitude et de feinte humilité pour leur faire croire qu'ils sont en réalité aux commandes. « Mes chers amis, la victoire du parti sera d'abord la vôtre. Grâce à vous, si vous le décidez, nous irons au pouvoir pour appliquer notre programme ». Bien sûr, ce discours sert d'abord à préserver la fiction d'une volonté collective dont les barons ne seraient que les porte-parole. Bien sûr, les masques de circonstances tombent en même temps que le rideau, chacun des artistes s'interrogeant un instant sur sa prestation : ai-je été bon ? avant d'en revenir aux choses sérieuses, celles qui se décident loin des projecteurs – il n'est pas démontré, du reste, que les militants, dans leur majorité, viennent chercher autre chose dans les congrès qu'un bol de bouillon affectif ou l'opportunité de relations utiles.

Cela étant, le consommateur, dans une économie de marché, n'est pas sans pouvoir : il peut refuser d'acheter, ou acheter autre chose, ou gronder s'il perd confiance dans la qualité des produits qui sont mis en vente. Et de même, le militant peut bouder les congrès, applaudir plus ou moins mollement les orateurs, cesser de payer sa cotisation, soutenir un dirigeant plutôt qu'un autre, encourager ou dissuader son entourage de rejoindre le parti et d'apporter ses suffrages à tel ou tel. On comprend dans ces conditions pourquoi l'adhésion interne demeure une ressource précieuse dans un parti pourtant caractérisé par un déficit démocratique.

La politique n'est pas une méritocratie

Un parti politique n'est pas une organisation hiérarchique cohérente comme une entreprise ou une administration. Le supposer, c'est s'étonner sans fin du manque d'autorité d'un président de parti souvent plus proche d'un tenancier d'auberge espagnole que d'un grand patron du privé. C'est se condamner à ne rien comprendre à la disparité des courants et la cacophonie des discours, la tolérance à l'égard des francs-tireurs, la répugnance à exclure les brebis galeuses, l'impuissance à réprimer les luttes intestines, les abus ou l'alcoolisme notoire de l'un ou l'autre ministre. Un parti est une structure lâche, faiblement intégrée, qui rassemble et fait coexister les valeurs et conceptions les plus diverses et quelquefois les plus antinomiques. L'unité n'y est jamais acquise, toujours à réaffirmer contre les luttes de clans. Ce qui nous trompe, c'est la mise en scène perpétuelle de l'unité qui fait s'applaudir et s'embrasser publiquement les ennemis les plus acharnés. Et l'autre mise en scène, celle de l'autorité supérieure, qui vise à nous faire croire que le président tient son parti en main, veille à la stratégie, imprime le mouvement et contrôle les opérations.

Au modèle de la hiérarchie, il faut, je l'ai dit, préférer le modèle du réseau : le dirigeant d'un parti n'est qu'un nœud important dans un réseau complexe de relations et d'influences où l'ordre formel et militaire n'est guère praticable – si c'était le cas, Marie Arena (PS) ou Éric André (PRL), tous deux membres d'un gouvernement régional et soutenus par leur président de parti, fussent devenus bourgmestres de Binche ou d'Uccle sans coup férir. Or, les choses ne marchent pas comme cela ; l'autorité n'a qu'une portée limitée et l'on raconte par exemple qu'à la fin de sa présidence à la tête du parti socialiste, André Cools, pourtant connu pour son autoritarisme, sombrait dans l'amertume à force de s'épuiser en vain à contrôler les fédérations du PS. Agir en politique, ce n'est pas décider et ordonner, mais négocier, concéder, argumenter, inciter, persuader, marchander, manipuler. Il est facile d'imposer la soumission à un collaborateur de cabinet, par exemple en le menaçant de licenciement, très difficile en revanche de contraindre un bourgmestre récalcitrant ou un ministre qui fait 40 000 voix aux élections. Un ancien président de parti raconte :

> « Il est arrivé que je doive acheter, littéralement acheter, le vote d'un parlementaire de mon propre parti, également bourgmestre d'une commune importante de Wallonie. Il refusait obstinément, j'avais tout essayé. »

Il est une propriété des partis politiques qui, avant toute autre, explique à mon sens beaucoup de leur fonctionnement interne : l'absence de règles formelles régissant les carrières des membres, qu'il s'agisse de règles d'ancienneté, de compétence ou de mérite. C'est cette absence qui laisse le champ presque totalement libre aux luttes de pouvoir et d'influence et qui donne aux partis ce caractère de jungle impitoyable qui rebute quantité d'aspirants. Les trajectoires personnelles sont aléatoires, je veux dire qu'il est impossible, dans un parti, de stabiliser les aspirations personnelles en fonction de principes explicites, impossible donc de soumettre l'attribution des mandats à une conception de la justice en combinant explicitement les trois critères d'ancienneté, de compétence et de mérite, comme on le fait ou prétend le faire dans les entreprises et les administrations. Du reste, peut-on même parler de *promotion* dans un parti ? Il n'existe pas une pyramide composée de postes à pourvoir à partir de laquelle pourrait se concevoir une carrière verticale. Il y a des places sur des listes électorales, des mandats en nombre incertain selon que le parti est au pouvoir ou dans l'opposition et des postes électifs dans l'appareil. Et ces opportunités font l'objet d'âpres luttes entre les acteurs dominants.

> « Le plus dur, je trouve, c'est finalement de percer *à l'intérieur du parti*. Sur le plan affectif, on s'attaque à des camarades, parfois à des amis. Je les vois tous : ils sont obligés de se battre, d'écarter leurs rivaux. Au moment de la confection des listes, ça devient même franchement déplaisant. Les luttes entre personnes sont dures, moches et pénibles. Finalement, c'est bien pire que la vie au gouvernement parce que là, on y est arrivé enfin et on n'est pas seul, c'est la politique dans ce qu'elle a de classique. Cette lutte pour les places, même si elle existe dans d'autres organisations, est plus âpre, plus destructrice en politique. Quand j'étais à la tête du parti, c'est ce que j'ai trouvé de plus pénible, tous ces arbitrages entre personnes à réaliser. »

En même temps, ces arbitrages si pénibles sont la première source de pouvoir des dirigeants du parti : aussi longtemps que les acteurs politiques briguent des mandats, ils dépendent de ceux qui les attribuent, ils ont donc tout intérêt à ménager le président du parti et la petite coalition de barons qui l'entoure. En quelque sorte, c'est l'ambition de ses sujets qui donne au

74

président l'occasion d'être monarque et de contrecarrer les tendances qui poussent à la fragmentation du parti. Plus dévorante cette ambition, plus intense et douloureuse la dépendance des sujets, plus grande leur propension à avaler les couleuvres et supporter les humiliations sans claquer la porte. De ce point de vue, l'absence d'une position de repli – une assise communale, un poste dans une entreprise ou une administration, une fortune personnelle – est une source d'affaiblissement considérable pour l'acteur politique.

> « L'attitude des hommes politiques dépend de la manière dont ils sont arrivés au pouvoir mais aussi de leur plus ou moins grande dépendance économique. C'est un facteur qu'on ne cite pas toujours mais il est crucial. Celui qui a un parachute dorsal et un autre ventral peut toujours se dire : "Il me traite comme un chien, donc je lui dis merde !" Si vous êtes comme X, que vous n'avez aucune base de repli, alors vous n'êtes rien, vous devenez un pantin. C'est un facteur déterminant. Pourquoi croyez-vous que Y s'est laissé maltraiter par Z pendant quatre ans tout en le maudissant un peu partout ? Parce qu'il ne pouvait pas se permettre de lui envoyer son poing dans la figure – littéralement. C'est pourtant quelque chose qui lui aurait fait du bien ! »

Ce n'est pas dire que l'ancienneté, la compétence et le mérite n'ont aucun rôle dans les carrières, seulement qu'ils ne fondent aucune règle formelle régissant l'attribution des mandats et opposable aux décisions arbitraires. Je reviens sur un point déjà mentionné : ces critères ne jouent un rôle qu'autant qu'ils sont transformés en ressources de pouvoir. L'ancienneté, par exemple, apporte des avantages dans un parti : on hésitera d'autant plus à débarquer le « vieux serviteur » du parti qu'il est populaire auprès des militants et a tissé, avec le temps, un réseau d'alliés influents – mais elle ne donne *per se* aucun droit. Quant au critère de compétence requise par le poste à pourvoir –, il a peut-être encore moins d'importance que l'ancienneté. Sauf exception, les mandats sont moins attribués en fonction de la compétence que de la force des acteurs, les plus puissants s'adjugeant les postes les plus prestigieux, les autres devant se contenter de mandats moins convoités dans les conseils d'administration des parastataux et des intercommunales. C'est tellement vrai que le premier souci des ministres, lorsqu'ils entrent en fonction, est précisément de s'entourer d'experts susceptibles de pallier leurs lacunes. Le fait n'est guère contestable : le politicien le plus doué ne fait pas nécessairement le meilleur ministre. Les qualités requises pour accéder à une charge ministérielle ne sont pas celles qui permettent de l'assumer efficacement et l'on doit seulement espérer que ceux qui décident des nominations aient suffisamment d'intelligence et d'autonomie pour assurer, entre les unes et les autres qualités, une juste balance – ce n'est pas toujours le cas. Au demeurant, il faut dépasser cette illusion récurrente selon laquelle le pouvoir doit être confié à ceux qui savent[19]: que le pouvoir politique en vienne à se confondre avec une aristocratie du savoir et c'est la démocratie qui menace ruine.

En ouvrant grandes les portes du pouvoir brut et des luttes de clans, le manque de règles et l'absence d'une autorité forte investie d'un pouvoir de sanction ont pour conséquence d'*accroître la propension aux abus de pouvoir*. Cela se traduit par des humiliations en public ou en privé, l'exploitation de certains collaborateurs, la transgression régulière de la séparation des sphères publique et privée qui voit un ministre imposer des semaines de cinquante ou soixante heures à son équipe, convoquer des réunions le dimanche matin, obliger son chauffeur à l'accompagner, cinq ou six fois la semaine, dans ses pérégrinations nocturnes. Tel ministre *interdisait* à son chauffeur de lui

---

19. Ch. DELACAMPAGNE, *Le philosophe et le tyran*, Paris, P.U.F., 2000.

adresser la parole, tel autre passait toutes ses frustrations sur un collaborateur jusqu'à lui balancer son assiette à la figure, tel autre encore venait travailler à midi, s'absentait l'après-midi pour aller au cinéma et recevait ses visiteurs à onze heures ou minuit. Que de semblables abus s'observent également dans l'entreprise privée ne les rend pas moins choquants. En l'absence de règles formelles, le pouvoir semble parfois n'avoir plus d'autre limite que le pouvoir d'autrui.

> « La politique est l'art d'avaler les humiliations. Celui qui est doué, bon communicateur, charismatique, etc. *et* capable d'avaler les humiliations, celui-là fera carrière… »

> « L'abus de pouvoir est inévitable. Tout homme va toujours jusqu'au bout de son pouvoir. Moi aussi, ça m'est arrivé. On est tellement convaincu qu'on est le plus beau, le plus fort. On n'écoute plus, on veut avancer, avoir des résultats. Si je n'ai pas d'enfant et que j'ai tendance à me lever tôt, je décrète qu'il y a réunion à six heures du matin. C'est comme ça. Et ceux qui n'abusent pas, à la limite, c'est parce qu'ils n'ont pas de couilles. Parce qu'ils sont faibles. »

Le proche collaborateur d'un président de parti :

> « Les gens entrent chez lui en tremblant et ils en ressortent en tremblant. Les collègues autour de moi se liquéfient. Presque tous les jours, je me fais rabrouer, traiter comme un gamin. Le premier qui a cassé, c'est l'attaché de presse. Il lui téléphonait tout le temps, l'engueulait sans cesse. Si un dimanche à sept heures du matin, on entendait quelque chose sur une chaîne de radio et qu'il n'était pas au courant, il se mettait hors de lui. Après deux mois, l'attaché était devenu dépressif ; pourtant, c'était un type très solide au départ. »

Pour finir, la politique n'est pas non plus une méritocratie si l'on entend par là qu'elle serait fondée sur l'examen objectif du travail gouvernemental accompli. Les meilleurs ministres, ceux qui ont œuvré le plus efficacement, le plus courageusement, en faveur du bien public, ne partent qu'avec une toute petite longueur d'avance dans la course aux nominations ultérieures. Encore faut-il que ce mérite ait fait l'objet d'une reconnaissance publique : d'une percée dans les sondages et dans les médias, d'une reconnaissance des militants. Mais cela, précisément, est fort aléatoire. Comment prouver qu'une politique a été efficace ? Dans l'entreprise, on peut toujours faire référence à l'évolution des comptes de résultat. En politique, il est très difficile de mesurer le succès d'une action par rapport à son coût, difficile par suite d'évaluer l'action. Il n'existe guère d'instrument de mesure qui fasse l'unanimité (la mesure et son interprétation font elles-mêmes partie du jeu politique), donc très peu de garde-fous. Qui plus est, lorsque de telles évaluations sont possibles, elles sont nécessairement complexes : comment isoler précisément l'impact de la politique menée par rapport à la multiplicité des facteurs d'influence ? Les querelles d'interprétation sont inévitables : l'inflation zéro, l'unification monétaire, l'ouverture aux échanges internationaux, le renforcement de la surveillance policière sont-ils un bien ou un mal ? On peut disserter à l'infini… Qui plus est, ces évaluations prennent du temps, trop de temps pour pouvoir sanctionner un ministre en fin de législature. Inévitablement nuancées, elles n'intéressent guère les médias. Quant à l'électeur, il a tendance à confondre l'homme d'action avec l'homme des discours d'action, et à porter plus d'attention à ceux qui promettent qu'à ceux qui tiennent leurs promesses. Dixit un homme politique désabusé :

> « L'irrationalité du politique vient aussi de l'électeur lui-même. Le politique n'est finalement que le reflet de l'électeur auquel le politique ne cesse de se référer. Et cet

électeur est dominé par ses propres fantasmes. Il a envie d'aimer ou de détester, de s'indigner ou d'applaudir, non pas d'analyser les faits. Il faut bien comprendre cela : les hommes politiques sont là pour faire des voix, non pas pour bien gérer. C'est notre conscience professionnelle bien plus que notre intérêt personnel qui nous pousse à essayer parfois de bien gérer l'État ! Bien sûr, personne ne voudra jamais le reconnaître publiquement. »

Et le chef de cabinet d'un ancien ministre aujourd'hui dans l'opposition :

« J'ai très mal vécu ce qui s'est passé en 1999. On avait abattu un travail fantastique, vraiment, mais personne ne l'a reconnu et on a été sanctionné par l'électeur. Les gens n'ont pas fait la différence entre le Fédéral (la crise de la dioxine, etc.) et notre action à la Région. J'ai trouvé cela profondément injuste. Nous avions bien travaillé. Même l'opposition le reconnaissait en coulisses ! C'est ainsi qu'un parlementaire de l'opposition, devenu ministre aujourd'hui, nous a dit : "Je ne vois pas ce que je pourrais critiquer chez vous, je vais donc me contenter d'attaquer la politique régionale en général." Ce qui m'a encore plus écœuré, c'est que les successeurs se sont empressés de détricoter certaines politiques non parce qu'elles étaient mauvaises mais parce qu'ils ne pouvaient chausser trop visiblement les bottes du prédécesseur et apparaître comme les continuateurs d'une politique qu'ils avaient décriée. »

Des témoignages comme ceux-là sont légion en politique. La conscience y est partagée que nul mécanisme ne convertit automatiquement l'excellence gouvernementale en ressource politique : que des ministres méritants restent sur la touche tandis que de plus médiocres sont reconduits presque mécaniquement ; que nul réviseur politique ne viendra certifier le bilan et authentifier le travail accompli ; que les micros se tourneront, démocratie médiatique oblige, vers tous ceux qui ont intérêt à noircir le tableau ; que les ministres eux-mêmes seront de toute façon suspectés d'arranger les faits à leur avantage ; que la bonne et la mauvaise foi finiront par se mélanger indissolublement et qu'en définitive, l'électeur déterminera son vote en fonction d'un principe de plaisir autant que de réalité, une parole de compassion efficace pesant plus lourd que la réfection d'une autoroute. En bref, ce qui compte dans la carrière, ce sont les ressources. Convertir l'action gouvernementale en ressources politiques est le souci quotidien de tout ministre.

En conclusion

En l'absence de critères formels comme l'ancienneté, la compétence ou le mérite, les carrières politiques dépendent donc pour une part décisive des luttes d'influence et des rapports de force. La vie d'un parti en est marquée autour de la confection des listes, de la répartition des mandats et des positionnements dans l'appareil. Qui veut influencer le cours des choses doit en passer par là. En s'efforçant de s'adapter aux contraintes et aux opportunités de leur propre champ, les acteurs politiques ne sont pas différents des autres. Bien sûr, on les voudrait plus nobles et moins opportunistes, bien sûr, nous nous lassons des bruits et des fureurs qui montent interminablement des coulisses et viennent gâcher le spectacle sur scène. Le rêve nous hante d'une politique sans les petits jeux, d'un bien commun sans les calculs partisans, de l'intérêt général sans l'intérêt personnel. Autant installer les isoloirs sur la lune…

Au demeurant, ces contraintes n'ont rien d'extérieur aux citoyens que nous sommes. Nous contribuons tous à leur production sociale. Le rigorisme qui nous incline à juger sévèrement leurs moindres incartades n'a souvent d'égal que notre complaisance à justifier nos propres écarts. Il y a de gros bénéfices à noircir l'autorité. Le cynique s'offre une absolution gratuite : si vraiment les politiques sont « pourris », alors il peut l'être lui-même, et sans remords, en méprisant ses devoirs de citoyen, en trafiquant sa feuille d'impôt, en cherchant pistons et passe-droits...

Il est de mise de fustiger le clientélisme. L'accusation est justifiée mais partiale : on n'achète un électeur qu'autant qu'il est à vendre et l'on ne sait qui sent le plus la marée, de l'homme politique prêt à n'importe quoi pour faire des voix ou du cortège des courtisans, quémandeurs, qui grouillent autour de lui, l'enveloppant dans un monde artificiel et débilitant. Fonctionnaires, imprimeurs, publicistes, avocats, consultants, entrepreneurs, responsables d'association, affairistes de tous crins, traiteurs et marchands de vin, tous en quête d'un avantage : un emploi, une promotion dans l'administration, une commande, un contrat, une subvention, une protection, une recommandation, un privilège. On les voit partout : dans les permanences, les sections locales, les cocktails, les salles d'attente des cabinets, les amphithéâtres où se déroulent les congrès, partout où il est utile d'être vu, de se rappeler au bon souvenir des puissants, de se profiler comme sympathisant, comme adhérent, comme militant, comme compagnon de route. On parle de la rançon du pouvoir sans toujours s'aviser qu'elle est faite, cette rançon, d'une blessure mille fois rouverte : celle de découvrir derrière les marques de sympathie, les témoignages de soutien, la ferveur de l'engagement ou les protestations d'amitié, la lumière grise de l'intérêt personnel. Moi-même, alors directeur de cabinet, je me souviens qu'il me devenait difficile, sur la fin, d'accueillir un visiteur sans me demander : « Et celui-là, que vient-il chercher comme avantage ? »

En insistant sur l'omniprésence des stratégies politiques, je ne prétends *pas* que toute référence au bien public, baignée qu'elle est dans l'affairisme des carrières personnelles et des stratégies partisanes, finisse par sombrer corps et biens. Les idéologies, les projets de société, les accords de gouvernement, le contrôle des pairs et des opposants, la peur du scandale, la surveillance exercée par les médias, l'Inspection des finances et la Cour des comptes restent des balises importantes pour toute action gouvernementale. Je dis seulement qu'une démocratie forte est celle où la vertu paie mieux que la rouerie, l'action que les discours d'action, le sens de l'État que l'intérêt partisan, je veux dire une démocratie où existent des dispositifs suffisamment puissants pour convertir l'excellence gouvernementale en ressources politiques. Par exemple un contrôle parlementaire digne de ce nom – et pourquoi pas ? – protégé des pressions par le secret de *certains* votes ; une pratique d'évaluation systématique des politiques publiques ; une presse capable de dépasser l'événementiel pour tracer des bilans objectifs ; des organes de contrôle plus influents, dont les conclusions font l'objet de véritables débats publics ; une administration publique transparente et efficace ; la dénonciation systématique de toutes les formes de clientélisme ; et bien sûr une éducation à la citoyenneté. À défaut, les stratégies politiques prennent le pas sur la gouvernance et les moindres décisions ministérielles servent les intérêts personnels et partisans. Hélas ! la Belgique prend trop souvent les allures d'une particratie[20], je veux dire d'un régime où l'essentiel du pouvoir politique est aux mains des directions de partis et des ministres *en tant que* membres des partis, et où la gestion des affaires publiques est assurée par les cabinets sous le contrôle de la presse plus que du Parlement.

Des réformes du système électoral telles que la suppression de l'effet dévolutif de la case de tête ou l'élection du bourgmestre au suffrage universel auront pour effet de modifier tendanciellement l'importance relative des ressources politiques en faveur du travail de proximité et du rayonnement médiatique, et au détriment de la loyauté au parti. Dans la mesure où ces

---

20. *Cf.* D.-L. SEILER, *La politique comparée*, Paris, Armand Colin, 1982, pp. 75-76.

réformes contribuent à restaurer le sentiment qu'ont les électeurs d'influencer la vie politique par leurs votes, elles ont peut-être une utilité. On se tromperait fort, cependant, en leur conférant une valeur substantielle. Rien n'assure que le candidat, une fois parvenu aux affaires et songeant déjà à sa réélection, n'optera pas pour la démagogie, l'opportunisme et la recherche des coups médiatiques au détriment de la rigueur dans la gestion de la cité. On raisonne souvent comme si les réformes électorales concernaient seulement des candidats encore éloignés du pouvoir ; en réalité, elles concernent au premier chef les actuels mandataires, lesquels vont s'empresser de s'adapter aux nouvelles règles du jeu. Si donc, pour avoir des chances d'être réélu, le ministre se trouve obligé de délaisser son cabinet quatre jours par semaine pour aller faire les marchés, les kermesses et les bals, il n'hésitera guère à laisser s'amonceler les dossiers sur son bureau et reporter des réformes délicates, qui risquent d'altérer son image. Croire qu'on va résoudre le problème de la gouvernance politique en modifiant la loi électorale, c'est tomber dans une forme de pensée magique.

L'identité politique

J'ai décrit les stratégies qui conditionnent la carrière politique, les luttes visant à accéder et se maintenir au pouvoir. Sous cet angle, l'acteur politique apparaît rationnel si l'on entend par là qu'il veille dans ses actes et ses discours à défendre ses intérêts, c'est-à-dire à renforcer ses ressources politiques : recueillir l'adhésion des militants et le soutien des autorités du parti, affirmer sa présence dans les médias, conforter son assise locale, s'attirer un ou plusieurs mondes sociaux. La rationalité cesse d'être ici une simple hypothèse susceptible d'expliquer des conduites autrement incompréhensibles, elle est un fait empirique : l'acteur politique est *explicitement* rationnel, je veux dire qu'il ne se passe guère de jours où il ne participe à des échanges ou des réunions dans lesquels se pose la question de la marche à suivre. Faut-il accepter la politique proposée par un collègue du gouvernement ? Comment s'approprier une partie des bénéfices médiatiques d'une décision ? Comment vaincre les résistances d'un parti de la coalition ? Comment assurer une meilleure présence de notre courant dans les congrès du parti ? Vaut-il la peine d'organiser une conférence de presse sur tel ou tel thème ? Quel est l'intérêt de subventionner telle association ? Comment gagner les faveurs des sections locales dans telle sous-région ? Est-il utile de déjeuner avec tel journaliste ? De prendre la parole à telle inauguration ?

Cependant, la rationalité n'est pas tout. Les mêmes situations débouchant sur les mêmes stratégies, jour après jour, il est impossible qu'elles ne finissent par se déposer sous la forme d'habitudes, de rôles, de normes et de modes de raisonnement, sous la forme, autrement dit, d'un ensemble typique de manières d'agir, de raisonner et d'éprouver propres à un univers de travail – ce qu'on appelle une *identité professionnelle*. Notre personnalité n'est pas formée une fois pour toutes ; l'expérience prolongée du travail influence notre caractère, notre vision des choses, nos valeurs. De nombreux sociologues[21] rejoignent ici les psychologues de la cognition pour montrer qu'une conduite initialement réfléchie, en se répétant, tend à se routiniser, à s'inclure dans des règles d'action et d'interaction plus générales. Une activité professionnelle aussi intense et englobante que la politique n'offre pas seulement l'occasion d'exercer du pouvoir et de jouir de certains privilèges, mais encore l'opportunité d'être reconnu par les autres, d'exister publiquement et partant, de forger une certaine conception de soi.

On dépasse ici le champ étroit de l'analyse stratégique pour s'interroger sur les traits de caractère que la vie politique tend à souligner, les manières d'être et de raisonner qu'elle favorise, les passions typiques qu'elle fait naître, ce que j'appellerai les *tendances identitaires*. Les acteurs eux-mêmes l'expriment spontanément : on ne sort pas indemne d'une carrière politique – pas plus que d'aucune autre. On ne peut vivre dans ce milieu pendant dix ou vingt ans, douze à quinze heures par jour, en restant pareil à soi. Par une série de mécanismes finalement assez cohérents, le milieu politique affecte l'identité de ceux qui le composent.

Bien sûr, il est toujours périlleux de généraliser : un homme politique n'est pas l'autre et les tendances identitaires ne s'observent pas chez tous avec la même intensité. Le danger serait ici

---

21 Cl. DUBAR, *La socialisation. Construction des identités sociales et professionnelles*, Paris, Armand Colin, 1991 ; R. SAINSAULIEU, *L'identité au travail. Les effets culturels de l'organisation*, Paris, Presses de la Fondation Nationale des Sciences Politiques, 1977 ; *Sociologie de l'organisation et de l'entreprise*, Paris, Presses de la Fondation Nationale des Sciences Politiques, 1987 ; I. FRANCFORT, Fl. OSTY, R. SAINSAULIEU & M. UHALDE, *Les mondes sociaux de l'entreprise*, Paris, Desclée de Brouwer, 1995.

de sous-estimer grossièrement la diversité humaine. Loin de moi l'idée que les acteurs politiques se ressemblent sous tous les rapports ; tout aussi loin la supposition que la vie politique recrute un type de personnalité bien défini : narcissique, épris de gloire, avide de pouvoir, arriviste, que sais-je encore ? Les modes d'entrée en politique, je l'ai suggéré, sont multiples et contingents ; beaucoup y sont venus par hasard avant de contracter le virus et le simple spectacle que nous offrent ceux qui nous gouvernent suffit à nous convaincre de la variété des profils, des caractères et des tempéraments[22].

J'écarte donc la question de la personnalité d'origine pour me concentrer ici sur les *modes d'adaptation* des acteurs à ce milieu contraignant dans lequel ils se sont plongés avec des motivations diverses, au nombre desquelles une ambition d'ascension sociale, bien sûr, mais aussi un intérêt marqué pour la chose publique et l'espérance de changer la vie. Je m'interroge sur les *manières d'agir, de penser, d'éprouver* qu'un tel environnement ne peut manquer de favoriser chez ceux qui ont décidé d'en faire leur existence. Le fait saute aux yeux de quiconque y pénètre sans préparation : par-delà l'infinité des différences personnelles, il existe bel et bien quelque chose comme un *milieu* politique, avec ses normes propres, ses souffrances et ses plaisirs, ses valeurs et ses foyers d'attention, ses formes de complicité. Si concurrents soient-ils, les acteurs politiques ont conscience de participer à une même aventure. Tous ont connu la dureté des affrontements au sein de leur parti, la grisaille des médisances, des intrigues et des mensonges, la tristesse des meetings dans des salles de bistrot à moitié vide, l'injustice de la presse, la tension des débats télévisés, la solitude du pouvoir, l'angoisse des grandes négociations, la fatigue des campagnes électorales et des soirées passées dans les sections locales, l'anxiété au soir des élections, la vacuité des

---

22. À ce sujet, voir J.L. Payne, O.H. Woshinsky, E.P. Veblen, W.H. Coogan & G.E. Bigler, *op. cit.*

honneurs et la blessure des trahisons, et jusqu'à cette lassitude des muscles du visage lorsqu'on s'oblige à sourire tout le jour. Tout cela, on le comprend, ne peut se faire sans laisser des traces communes. Il existe une vérité de l'exercice du pouvoir politique qui tisse des liens invisibles en dessous des jalousies et des haines.

C'est si vrai que les tendances identitaires *n'ont rien d'inconscient pour les acteurs* : la plupart d'entre elles furent spontanément évoquées et exemplifiées dans les interviews. Elles ne semblent d'ailleurs pas propres à la vie politique mais à l'exercice du pouvoir à haut niveau[23]; on les observe aussi bien chez les dirigeants d'entreprise, à cette différence près que ceux-ci peuvent plus aisément objectiver leur performance en termes bilantaires en sorte qu'ils dépendent beaucoup moins de leur image publique, si attachés qu'ils y soient par ailleurs. Et cette différence est fondamentale : l'image publique d'un homme politique est son premier capital, le dénominateur commun à toutes ses ressources. Dans son rapport au parti, aux médias ou aux électeurs, sa priorité est toujours de *faire impression*, ce qui suppose de sauver la face en toute circonstance. Or, une image publique est fragile et éphémère, elle est une sorte de citadelle friable, et pour peu que l'acteur s'identifie à son image – ce qui est presque toujours le cas –, cette vulnérabilité devient celle de l'acteur lui-même : les coups portés à la personne publique ébranlent la personne privée, la forçant à se raidir et se défendre. Raison pour laquelle le narcissisme marqué des dirigeants politiques est toujours imprégné d'anxiété et de méfiance.

Le portrait que j'esquisse ici est loin d'être exhaustif. En particulier, j'ai choisi d'épingler les tendances les plus typiques des dirigeants politiques, négligeant les motivations plus générales de tout engagement politique comme l'intérêt pour la chose publique, le refus de la fatalité, l'espoir de changer la vie, *pour*

---

23. *Cf.* par exemple M. SPERBER, *Psychologie du pouvoir*, Paris, Odile Jacob, 1995.

me centrer exclusivement sur les modes d'adaptation à l'univers du pouvoir à haut niveau. En conséquence, le tableau d'ensemble paraîtra excessivement sombre, donc injuste. Il n'importe : l'objectif n'est pas ici de dresser le portrait fidèle – comment le serait-il jamais ? – des hommes et des femmes qui exercent le pouvoir politique, seulement de *comprendre la logique de formation de l'identité politique* : les raisons pour lesquelles la vie politique conduit à développer ces tendances-là plutôt que d'autres. Que ces hommes et ces femmes dépassent de beaucoup les personnages auxquels ils finissent par s'identifier, qu'ils conservent sous ce dehors une richesse irréductible, et qu'enfin d'autres modes de gouvernement soient possibles, qui s'accordent davantage à la dignité de leur fonction, à l'importance de leurs responsabilités et à leurs convictions profondes, cela ne fait guère de doute à mes yeux.

L'immersion cognitive

Il est classique de reprocher aux acteurs politiques de vivre dans une tour d'ivoire, à distance des vrais problèmes. Globalement, le reproche est injuste : il n'est guère de profession plus attentive aux réalités du monde. À l'instar des journalistes, les hommes politiques vivent en état de connexion permanente, rivés aux moindres fluctuations de l'actualité, traversant les classes et les milieux les plus divers, sautant sans transition d'une permanence sociale à un cercle huppé, d'un verre de bière à une coupe de champagne, de la dureté des petits problèmes à la légèreté des grands intérêts. Un cortège incroyablement bigarré défile chaque jour dans les cabinets ministériels. Ajoutez le fleuve de courrier qui charrie pétitions, dénonciations, appels à l'aide ; ajoutez la lecture effrénée de la presse quotidienne, les descentes sur le terrain, les relais multiples par où circulent les intérêts les plus variés, et vous saisissez l'un des attraits de la profession : l'ouverture «grand-angle» qu'elle offre sur les affaires du monde.

En un sens, donc, les hommes politiques vivent en prise directe et comptent parmi les meilleurs connaisseurs de la vie sociale. Il reste que toute immersion est une coupure aussi bien : en ouvrant sur un ordre de réalités, elle détourne l'attention d'autres possibles. C'est une chose d'être au courant, une autre de bien connaître. Il faut du temps et le temps manque ; il faut une disponibilité d'esprit lorsque les pensées, déjà, se précipitent vers la prochaine réunion ; il faut pour un instant oublier ses intérêts propres, son image, mais comment étouffer cette question qui ne cesse de renaître en soi : « Quel profit politique puis-je tirer de la situation ? »

> « On a toujours grappillé, dans la vie politique, des heures pour lire, des heures pour voir, des heures pour l'amitié... Autre chose est de pouvoir s'y vouer. Quand on voit les choses avec une serviette remplie de notes économiques et financières ou sociales, on ne les voit pas de la même manière[24]... »

En même temps qu'elle ouvre au monde, la vie politique détermine les foyers d'attention et les grilles d'interprétation. De même que le peintre n'examine le corps devant lui que dans la perspective du tableau qu'il réalise, que le chasseur ne remarque de la forêt que les signes du gibier, de même l'homme politique tend à ne prêter attention dans la réalité qu'à ce qui sert ou menace son projet politique, il finit par le réduire à un vaste réservoir d'opportunités de se faire a. i. m. e. r.

> « Sommes-nous dans une tour d'ivoire ? En un sens non et en un sens oui. Il y a tellement d'obligations qu'il est impossible de conserver une autre activité. Donc il s'ensuit une déformation : on rencontre beaucoup de gens mais l'attention est toujours portée vers les mêmes buts. »

---

24. Guy Spitaels dans *Le Soir* du 21 août 2000.

La vie politique est incroyablement prenante, aliénante, elle absorbe toute la vitalité de l'acteur, concentre l'essentiel de son attention et de sa réflexion.

« La plus grande souffrance du métier, c'est le temps que ça prend. Ça vous bouffe tout. Vous n'avez plus de loisir, plus le temps de lire, vous êtes plongé dans l'immédiateté, dans l'urgence perpétuelle. En un certain sens, vous devenez stupide. »

« Je me suis dit : ceux qui restent pendant dix ou quinze ans dans ce milieu finissent par être coupés de la réalité. Cela m'a vraiment marqué : on n'a plus de vie de famille. Et quand on est en famille, on continue d'être préoccupé et donc on reste absent. »

« C'est un métier de fou, avec une insécurité totale, et pour un salaire assez médiocre. Je comprends leurs problèmes existentiels. Leurs plus grands ennemis sont dans leur parti, ils sont obligés de passer un temps fou à cultiver leur base locale, par exemple Antoine Duquesne au Luxembourg, et en plus de cela, ils doivent assumer l'exécutif ! C'est tuant, c'est impossible. »

Une activité si intense a nécessairement des conséquences sur la vie privée. De fait, on mentionne beaucoup de désordres amoureux et familiaux ; les liens d'amour ou d'amitié se distendent, les familles se désagrègent, ce qui conduit paradoxalement l'acteur à s'investir d'autant plus intensément dans la politique. Certains réussissent à préserver l'unité familiale, mais non sans imposer de rudes concessions à leur conjoint et leurs enfants.

« Jean Gol m'a dit un jour : "Pour tenir le coup, soit les ministres boivent, soit ils bluffent, soit ils se tapent des femmes, soit ils font tout ça à la fois". »

« On se rend compte qu'il y a un enfermement qui s'opère, une sorte de coupure. On est grisé. Un monde extraordinaire défile chez vous, vous êtes entouré de flatteurs. C'est très destructeur sur le plan familial et amoureux. ça m'a coûté mon couple et ma famille. »

« Il y a énormément de problèmes familiaux. Une part importante du déséquilibre de certains hommes politiques vient de là. Je constate que beaucoup ont des problèmes familiaux qu'ils sont d'ailleurs obligés de cacher pour préserver la façade. Cela crée des blessures. Et certains se demandent à cinquante ou soixante ans si le jeu en valait la chandelle. Il y a aussi pas mal de problèmes de santé et d'alcoolisme : les rythmes de travail sont tellement éreintants qu'on s'affaiblit avec le temps. Il faut une santé exceptionnelle pour tenir le coup à ce niveau. »

Avec son cortège d'urgences perpétuelles, la vie politique tend à saturer l'esprit, elle devient une drogue dont la privation n'est pas facile à supporter.

« On se sent un peu vide. Il faut savoir que c'est une fonction dans laquelle des notes vous arrivent tout le temps ; le téléphone sonne sans cesse ; vous avez des rendez-vous qui se succèdent ; plein de gens vous sollicitent. Après, on a l'impression qu'on ne fait plus rien, qu'on ne sert plus à rien. C'est très étrange. Et très dur[25]. »

Toute immersion professionnelle est donc une immersion cognitive ; plus sont longues et intenses les journées de travail, plus l'acteur tend à centrer son attention sur les enjeux et les problèmes propres à la sphère professionnelle au détriment des

---

25. Gérard Deprez dans *Le Soir* du 28 août 2000.

autres domaines. À mesure de son investissement, il ajuste ses valeurs, ses préoccupations, son horizon temporel.

« Le problème du politique, c'est qu'il ne vit plus que dans le présent. Il y a un incroyable rétrécissement de son champ de vision. Un an, pour eux, c'est un siècle. Ils sont toujours dans une dynamique de l'urgence. Ils sont incapables de jeter un regard distancié sur les choses. »

Rares sont les politiques qui, dans leur jeunesse, se sentaient prédestinés. L'engagement dans la carrière est progressif : un vague intérêt pour la chose publique, une rencontre, une curiosité conduisent à un premier engagement : la personne rejoint une section, un cabinet ministériel, elle participe à des réunions, prend la parole, défend certaines idées, se découvre des talents d'orateur, fait l'expérience saisissante des applaudissements. Des opportunités se dessinent, encore vagues, qui la poussent à s'engager davantage. Un jour, on lui confie un mandat, un pouvoir de décision ; sa vie change, elle côtoie de nouveaux acteurs, développe des compétences, devine un champ de possibilités, prend conscience d'être le foyer d'une attention collective. Insensiblement, elle adapte ses valeurs à sa nouvelle vie, ajuste ses priorités, reporte à plus tard des projets de vie qu'elle caressait, néglige d'anciennes amitiés pour se consacrer aux enjeux du moment. L'investissement dans une sphère d'action a pour effet d'en repousser d'autres à l'arrière-plan ; chaque jour apporte son lot de problèmes et d'urgences ; la voici plongée dans d'âpres négociations, obligée de répondre à des journalistes impatients. Les pièges, les opportunités se multiplient, qui absorbent son esprit, et comme elle vit le nez dessus, elle a tendance à en exagérer l'importance. Un jour vient où les enjeux de la carrière et de la décision politiques la possèdent tout entière, lui composant une sorte d'obsession permanente – une obsession qui est sans doute la condition *sine qua non* de toute carrière politique parce que, seule, elle donne la rage de lutter et interdit de lâcher prise, et parce que les autres, moins possédés, la devinent et cèdent naturellement.

« Certains ne pourront jamais réussir en politique parce qu'ils sont incapables d'adhérer complètement, ils tiennent à préserver un équilibre dans leur vie. Ils ne peuvent se résigner à cette immersion totale dans un domaine, à cet engagement unidimensionnel. »

Les mêmes enjeux qui, de l'extérieur, paraissent secondaires et parfois dérisoires, acquièrent une importance vitale dans le feu de l'action. La vie politique colonisant l'essentiel de l'existence, depuis les petits déjeuners de travail jusqu'aux soirées dans les sections locales, débordant constamment sur les loisirs, elle conduit les acteurs *à dramatiser les enjeux politiques.*

« L'appétit de pouvoir s'exacerbe. C'est une mécanique qui se renforce constamment, il faut toujours plus d'excitation, c'est ça le grand moteur. »

« L'homme politique est un animal qui essaie de résister aux contraintes de son parti, aux contraintes du milieu, et à un moment donné, il lâche la bride et il succombe. Et alors il devient différent du candidat qu'on a connu. Il change. J'en ai connu énormément comme cela. »

« Tous ceux avec qui j'ai travaillé me semblent avoir résisté au lavage de cerveau. Ils continuaient d'aller au théâtre, au spectacle. C'est une question de temps et il faut être capable de dormir peu. Donc, beaucoup conservent une vie privée. Mais je reconnais qu'après un certain temps, les politiciens n'imaginent plus faire autre chose. Ils ont l'impression qu'il n'y a rien de mieux que la politique. On ne voit plus que ce pouvoir-là, on n'imagine pas en exercer un autre, on ne se voit dans aucune autre fonction. »

L'homme politique manque de recul, et cela pour plusieurs raisons. D'abord parce que son agenda ne lui laisse guère de temps pour l'introspection. Ensuite, il est pris dans le cercle du mimétisme : les autres fonctionnant à l'identique, leurs passions se renforcent les unes les autres. À cela s'ajoutent les contraintes de la compétition : qui prend de la hauteur et se laisse envahir par le dérisoire se condamne à la défaite. Enfin, une défaite, en politique, ne se réduit pas à une blessure intime, elle est toujours un événement public dans lequel l'acteur engage son image. Il y a plus qu'un fossé : un gouffre entre le fait de lâcher prise à l'entraînement et le fait de renoncer au combat sous les yeux de la multitude.

On le comprend donc, parce que la vie politique est prenante et parce que l'acteur s'y jette corps et biens, sans marchander ses heures, en y engageant non simplement son courage et son énergie, mais toute son image, *il subit des pressions identitaires fortes*. Le premier produit du travail politique, c'est l'homme politique lui-même.

Dans la suite, j'envisagerai trois grands types de tendances identitaires. Le premier concerne les répercussions du travail d'image auquel sont astreints les acteurs politiques : l'intensité du contrôle de soi, l'exigence de sauver la face et d'anticiper les effets des discours, l'identification progressive à l'image publique. Le deuxième a trait à la précarité du pouvoir et à l'âpreté des affrontements qui favorisent l'apprentissage d'une certaine dureté, un narcissisme blessé, une méfiance foncière, paranoïde, obsédée par l'allégeance et la loyauté. Le troisième s'intéresse aux conséquences de ce genre de vie dispersée dans des réseaux multiples et centrée sur la recherche du pouvoir : la tendance à privilégier une vision personnalisée du monde humain, le développement d'une intelligence intuitive, parfois obsessionnelle, des rapports de force, le brouillage des normes de l'interaction, enfin un cynisme vaguement compulsif qui peut s'interpréter comme une forme de défense, une manière de dépasser le décalage entre les discours et les pratiques.

Les tendances identitaires

L'image comme stratégie et comme croyance

L'inflation du contrôle de soi

Plus que d'autres, l'acteur politique est soumis à des champs de visibilité ; il a pleine conscience que son image publique est son premier capital, c'est pourquoi le jugement des autres devient son premier souci, le principe même du contrôle qu'il exerce sur ses propres paroles et conduites. L'agenda d'un homme politique le jette chaque jour sur de multiples scènes sur lesquelles il est condamné à *faire impression*, ce en quoi il partage le sort des artistes et d'ailleurs certains traits de caractère. Comme ces derniers, il suspend régulièrement sa vie au succès de ses prestations publiques, à ceci près qu'en moyenne, le travail politique comporte proportionnellement plus de représentations et moins de coulisses.

> « Il y a une forte exigence du contrôle de soi, qui résulte de la dépendance à l'image. On doit toujours se contrôler, faire attention à ce que l'on dit. On doit veiller à tout moment à ne pas transgresser les tabous. »

Cette exigence est d'autant plus contraignante que les champs de visibilité sont intenses, encombrés de normes et d'interdits, placés sous l'étroite surveillance des gendarmes du politiquement correct et des spécialistes des procès d'intention. On mesure mal la violence insidieuse des espaces publics aujourd'hui, les tabous et les chausse-trappes qui les encombrent. Les mêmes intellectuels, journalistes et politiciens qui vilipendent la langue de bois s'empressent de sanctionner quiconque s'aventure à l'abandonner. Parler vrai, *vraiment* vrai, est un exercice à haut risque, à peu près impraticable en politique.

«Par exemple, c'est un milieu qui a très peu le sens de l'ironie – et encore moins en Flandre. Aucun humour ! Je dois constamment me contrôler, moi qui viens d'une famille où l'ironie était une sorte de sport. J'observe qu'avec le temps, j'ai perdu cette capacité d'ironie. Ça passe très mal. Tu ne peux pas faire d'humour vis-à-vis du parti, des décisions, des problèmes sociaux. C'est tout de suite vécu comme de la subversion ou du mépris.»

Cette contrainte fondamentale, on s'en doute, requiert un apprentissage souvent long et difficile. La maîtrise de soi devient une seconde nature qui, chez les moins brillants, en vient à étouffer la première : dans son effort d'autoprésentation, l'acteur finit par perdre sa vérité ; ses moindres gestes sentent l'effort et la volonté, le privant de tout charisme (ce dernier requérant toujours la mise en spectacle de certaines vérités affectives). Les meilleurs, en revanche, évitent la négation de soi, ils apprennent à cultiver, donc à domestiquer leurs émotions, leur potentiel d'indignation, de colère, de compassion. Le grand art, en politique, n'est pas de simuler, mais de s'ouvrir à sa propre sensibilité pour mieux la soumettre au projet d'impressionner autrui.

La norme de la force

On l'a mentionné, le monde politique tient de la jungle plus que des salons ; la décision est affaire de pouvoir plus que de débat démocratique, les mots sont au service des rapports de force. Rien d'important ne s'obtient sans exercer une traction sur les chaînes et la première priorité est d'imposer le respect aux partenaires. Le monde politique est donc profondément travaillé par la *norme de la force* : il ne suffit pas d'être fort, il faut constamment le montrer, déborder d'assurance, ne rien céder qui s'apparente à une retraite, cacher soigneusement, donc refouler, toute faiblesse.

« Il ne faut jamais lâcher, tout recul se paie. Et la pitié ne joue jamais dans ce milieu. Les gens sont hypersensibles à ce genre de failles : toute faiblesse est immédiatement perçue et exploitée. »

« Le terrorisme marche bien en politique. Il faut constamment jouer du rapport de force. Ne serait-ce que pour éviter de passer pour un clown. Oui, il faut jouer des mécaniques pour être pris au sérieux. »

L'obsession de sauver la face

Rien donc, dans la vie politique, qui importe plus que de défendre son honneur, imposer le respect, éviter l'humiliation publique, en un mot : sauver la face. On comprend l'origine de cette obsession : l'image des acteurs politiques est leur premier capital, donc aussi leur point faible. La moindre défaite, pourvu qu'elle soit publique et médiatisée, est cause d'affaiblissement, elle ouvre une brèche par où l'adversaire peut s'engouffrer.

« La règle d'or : ne jamais perdre la face. C'est incroyable le nombre de choses, d'arrangements, de décisions ou de non-décisions qui sont prises dans ce seul but : sauver la face. »

Il est vrai, perdre la face est affaire de définition : ce que l'un vit comme déshonneur et humiliation, l'autre peut n'y voir que légitime concession, gêne passagère ou surprise désagréable. Qu'est-ce donc qui, pour un politique, vaut perte de face ? La réponse est simple, mais grosse de conséquence : *tout* ce qui est susceptible de revêtir cette signification aux yeux des autres. Un ministre ne peut se permettre de lâcher prise, même pour des enjeux mineurs, dès lors que l'affrontement est devenu l'objet de l'attention publique, raison pour laquelle la décision politique requiert toujours un minimum d'obscurité. Sous les feux des projecteurs, toute discussion tend à se muer en confrontation, les partenaires deviennent des rivaux et la moindre concession prend l'allure d'une défaite personnelle, sinon d'une trahison. J'ai connu des négociations linguistiques où les partenaires autour de la table reconnaissaient, *à titre personnel*, le dérisoire des enjeux sans pour autant se résoudre à la moindre concession substantielle, lesdits enjeux se trouvant monstrueusement amplifiés, dramatisés par l'action conjointe des médias et des parlementaires.

La parole gouvernée par ses effets : l'hypertrophie du perlocutoire

On conçoit qu'un message soit formé de deux composantes : il y a ce qui est dit – le contenu du discours – et ce qui est manifesté – l'état affectif exprimé (colère, joie, solennité, etc.). Une parole est d'autant plus forte qu'elle s'accompagne de l'expression affective idoine. Le président du parti s'avance à la tribune sous les applaudissements : «Sans votre soutien, mes amis, mes chers amis, le parti ne serait rien, ne pourrait rien…» Sa parole se charge d'une gratitude intense, s'entrecoupe de silences lourds d'émotion ; pour un peu des larmes lui viendraient ; la foule est conquise. Plus tard dans la journée, à l'abri de l'attention, l'homme redeviendra l'être cassant qu'endurent jour après jour ses collaborateurs. Est-ce à dire qu'il se contentait de simuler tout à l'heure ? Je crois impossible de simuler entièrement à vide : pour bien exprimer des émotions, il faut les éprouver, ne fût-ce que fugitivement. Le grand orateur a précisément cette capacité d'autosuggestion qui lui permet d'habiter affectivement ses paroles, et donc en un sens d'éprouver l'espace d'un instant ce qu'il dit, afin de trouver le ton juste, le « parler vrai ».

Mais une action de communication ne se réduit pas au seul message. Toute parole vise à produire un certain effet chez autrui, elle anticipe cet effet. Depuis le philosophe John Austin[26], on

---

26. J.-L. AUSTIN, *Quand dire, c'est faire*, Paris, Seuil, 1970 (trad. fr.).

appelle *acte perlocutoire* ou *perlocution* l'effet que l'on attend d'une parole, la réaction d'autrui que l'on cherche à susciter. Jour après jour, au travers de milliers d'épreuves, les hommes politiques apprennent à maîtriser cette fonction perlocutoire. Les plus habiles développent une sorte de sixième sens : une aptitude parfois étonnamment subtile à deviner ce que le public aspire à entendre, les cordes qu'il faut faire vibrer, la puissance et la résonance de certains mots, de certaines images. Le principe général pouvant s'énoncer comme suit : en toute circonstance, dire tout ce qui est susceptible de renforcer les ressources politiques et s'interdire les paroles qui pourraient les affaiblir, fût-ce au prix de la langue de bois, du mensonge par omission ou du mensonge tout court. En d'autres termes : plaire ou du moins s'abstenir de déplaire.

Cette fonction perlocutoire se décompose elle-même en trois dimensions étroitement liées. Pour toute parole énoncée, on peut en effet distinguer trois catégories d'effets anticipés, du plus élémentaire au plus subtil :

a) celui qui parle s'attend bien sûr à être compris ;

b) il s'attend ensuite à provoquer chez ses interlocuteurs un effet direct : convaincre, amuser, attendrir, etc. ;

c) il s'attend enfin à susciter chez ses interlocuteurs certaines *inférences* relatives à ce qu'il représente lui-même à leurs yeux : « Si X dit cela, cela signifie qu'il est courageux, compétent, intelligent, sûr de lui, bon socialiste, fidèle libéral, attaché au parti, loyal, impertinent, plutôt de droite, bien introduit, fidèle en amitié, désintéressé, etc. »

L'acteur politique, dans sa communication, doit réussir à exceller dans ces trois dimensions simultanément – peu en sont capables, mais tous s'y efforcent et développent une sorte d'*intuition perlocutoire*.

En toutes circonstances, il lui faut d'abord rester compréhensible, si nécessaire en simplifiant outrageusement son discours, en multipliant les redondances, les exemples, les anecdotes. Pas un politicien expérimenté qui n'ait appris, parfois douloureusement, cette règle élémentaire, d'autant plus absolue que les temps d'antenne n'autorisent guère l'exposé de raisonnements élaborés.

Il lui faut ensuite trouver les mots qui touchent le public, qui parlent au cœur au moins autant qu'à l'intellect – car c'est le cœur qui déclenche les applaudissements et qui pousse l'esprit hésitant à adhérer au discours.

Enfin, l'acteur politique ne peut se contenter d'être un faiseur d'émotions collectives. Encore faut-il qu'elles lui soient profitables dans ce travail incessant de présentation de soi qu'il réalise à l'occasion de *chaque* intervention publique. Le public ne se contente pas de vibrer : de tout ce que l'orateur lui donne à voir et à entendre, il tire certaines conclusions relatives à l'orateur lui-même, lesquelles peuvent lui être défavorables. Il faut projeter l'image de la compétence, de la force, de la maîtrise de soi, de la fiabilité, de l'humanité, de la modestie, de l'empathie, etc.

On le comprend donc, la communication politique induit un glissement de l'attention : du contenu des discours à leur effet sur les auditeurs. La recherche d'influence prime l'information, et ce glissement n'est pas pour rien dans le développement du cynisme. Il importe certes d'éclairer les auditeurs, mais d'abord de les caresser dans le sens du poil, de leur procurer du plaisir, de les séduire, les émouvoir, les subjuguer. Si le mensonge éhonté n'est guère fréquent en politique, la tentation démagogique, elle, est permanente.

La mise en scène de l'appartenance

Une forme particulière de promotion de soi concerne l'usage stratégique que font beaucoup d'acteurs de leur appartenance au parti. Entre ceux qui adhèrent à un parti parce qu'ils en partagent les idéaux et ceux qui partagent ces idéaux parce qu'ils appartiennent au parti, on trouve tous les degrés. Bien sûr, chacun préfère fonder ses actes et ses discours sur un fond d'adhésion désintéressée ; en pratique, toutefois, l'appartenance et l'intérêt se renforcent mutuellement dans une dialectique complexe.

Ce n'est point qu'il faille nier jusqu'au principe d'une adhésion désintéressée. Au contraire, tout engagement politique comporte une part d'irréflexion et s'enracine dans la richesse d'une biographie. Quant aux stratégies de carrière les plus cyniques, elles n'excluent en rien une appartenance et un attachement sincères au parti, irréductibles à tout calcul d'utilité. En pratique, le sentiment d'appartenance à une formation politique est une chose difficile à définir. Le sens commun nous porte à croire que toute adhésion à un parti est d'abord idéologique, le citoyen rejoignant la formation dont le programme s'ajuste le mieux à ses convictions profondes. Cette manière de voir les choses présente une énorme faille : elle suppose que le citoyen ait arrêté ses convictions *avant* d'adhérer au parti, ce qui est loin d'être la règle. L'adhésion et l'appartenance sont sociologiques plus souvent qu'intellectuelles, elles sont affaire de valeurs, mais aussi de conscience de classe, de style de vie, de transmission familiale et communautaire, de liens sociaux. C'est si vrai que la majorité des militants seraient en peine de citer dix points sur les centaines que comporte le programme de leur parti, lequel programme est d'ailleurs un pot-pourri d'où l'on peut extraire tout et n'importe quoi. Et dans les sections locales, on trouve des personnes beaucoup plus sensibles aux amitiés qu'elles peuvent y nouer, au plaisir d'agir ensemble, à l'envie de se rendre utiles dans leur quartier, leur commune, qu'à la doctrine du parti.

Il reste que sur le fond de cette appartenance affective et irréfléchie vient souvent se greffer une mise en scène, une *dramaturgie* de l'appartenance qui, elle, est plus clairement stratégique. La vie politique est dominée par la figure incontournable du militant désintéressé : nul qui aspire à faire carrière ne peut la négliger. C'est ainsi qu'on observe au sein des partis une lutte des classements, comme disait Bourdieu, lutte dont l'enjeu pour tous les prétendants est de se faire reconnaître comme vrai militant, aussi sincèrement dévoué à la cause qu'il est hostile aux formations concurrentes et dont la seule ambition est de servir le parti, non de se servir lui-même. Il faut voir le jeu des ambitions rentrées, des rivalités personnelles, des stratégies de carrière qui se cachent sous la logomachie de l'attachement au parti : « Je suis libéral depuis toujours », « Mon grand-père était déjà socialiste », « André Cools me disait souvent... », « À seize ans, j'avais ma carte », « Mes pensées vont d'abord à Jean Gol », « À l'école, je militais déjà », « je ne suis pas un converti de la dernière heure », « Je me suis toujours dévoué pour le parti ». L'appartenance est sentiment éprouvé *et* mise en scène. Et plus elle devient mise en scène, plus elle pollue le sentiment éprouvé, corrodant les ressorts mêmes de la militance.

La transformation des discours en croyances

Contrôle et promotion de soi, figuration de la force et l'assurance, maîtrise des effets du discours, mise en scène de l'appartenance : la vie politique se résumerait-elle à un théâtre d'illusions ? À vrai dire, nul n'assume publiquement un rôle *sans devenir progressivement ce qu'il montre*. Comme l'écrit Peter Berger[27] : « Le professeur posant un acte qui prétend exprimer une sagesse se sentira devenir un sage. Le prédicateur s'aperçoit qu'il finit par croire lui-même à ce qu'il prêche. Le soldat se sent un enthousiasme martial quand il revêt son uniforme. Dans chaque cas, même si les émotions ou l'attitude ont été présentes à l'acteur avant qu'il n'entre dans son rôle, celui-ci renforcera inévitablement ses sentiments antérieurs. »

Les acteurs qui finissent par accéder aux postes suprêmes traînent derrière eux un énorme passé de communication. Ils ont

---

27. P. BERGER, *Comprendre la sociologie*, Paris, Resma, 1973, pp. 137-138.

pris la parole des milliers de fois et se trouvent liés par tous ces discours, engagés profondément dans cette image publique qu'ils ont façonnée et qu'il n'est plus en leur pouvoir de modifier sensiblement. Ils ont conscience d'exister non pour un réseau localisé, mais pour la multitude. Inlassablement, ils ont évoqué les mêmes thèmes, redit les mêmes slogans sans disposer du temps nécessaire pour bien réfléchir à tous ces discours. La *répétition des mêmes discours* est une dimension fondamentale du métier politique.

> « Il y a une usure qui s'opère dont on ne se rend même pas compte. Un jour, je me revois à la télévision et je me suis dit : ma vieille, tu radotes ! C'est vrai que je radotais, je me répétais jusqu'à la caricature ! Je disais les mêmes mots, etc. »

> « L'exigence de redire cent et mille fois les mêmes choses fait partie du job. Les hommes politiques adorent parler en public, ils parlent tout le temps. Je n'ai jamais entendu un homme politique dire : "Je vais encore faire le même discours !" Bien sûr, à la longue, il y a une tendance à la simplification et la caricature. On se drogue de ses propres paroles. »

Or, parole et cognition sont intimement liées : qui prend la parole en public se trouve engagé par ses paroles et par le rôle qu'il adopte ce disant, il finit par croire à ce qu'il dit parce qu'il *est devenu* ce qu'il dit. La répétition des mêmes discours devant des auditoires innombrables a pour effet de conforter les acteurs politiques dans leurs convictions, devenant parfois les premières victimes de leur démagogie. Un jour, on prend position sans bien réfléchir, on défend par exemple la pratique généralisée du référendum ou le passage au scrutin majoritaire. Des journalistes relaient le propos, on revient sur le thème, on est invité à s'expliquer, à répondre aux contradicteurs : on a perdu jusqu'à la liberté de se raviser, sous peine de paraître léger et inconstant. La parole publique engage son auteur.

Il faut bien comprendre ce mécanisme de transformation chronique de la parole en croyance. L'orateur est le premier auditeur de ses paroles : à peine lancées dans l'espace, elles lui reviennent grossies des réactions de la salle, et comme validées par l'approbation populaire. On ne peut comprendre l'engagement politique et l'ancrage des convictions idéologiques sans partir de l'expérience forte, autohypnotique, de la parole en public. C'est elle, plus que toute autre, qui représente la véritable drogue.

> « Ce qui me manque le plus, je vais vous le dire : c'est de monter à la tribune et de répondre aux interpellations à la volée, en improvisant. Cela, c'était quelque chose... »

Quand un homme oscille entre l'être et le paraître, et quand le paraître plus que l'être lui ramène les ovations, alors il finit par perdre jusqu'au besoin de mentir, il convainc naturellement parce qu'il a lui-même dissipé ses doutes, parce qu'il adhère à ses paroles par les fibres essentielles de son être. Sans doute garde-t-il un noyau de lucidité, il sait bien qu'il ne pourra pas tenir ses promesses, mais ce savoir-là ne l'encombre aucunement tandis qu'il s'exprime à la tribune, tout occupé qu'il est de plaire à l'auditoire. Il croit en ce qu'il dit parce qu'il croit en ce qu'il montre, je veux dire qu'il devient son personnage, se regarde au travers des yeux de tous ces gens qui l'approuvent et l'applaudissent, et finit par se pénétrer de son rôle et de sa vocation. Il gagne en sincérité parce qu'il ajuste non ses paroles à ses croyances, mais ses croyances à ses paroles, et cette sincérité est la condition même de son leadership. Évoquant la percée médiatique de l'actuel ministre des Affaires étrangères, un ancien ministre, observateur attentif de la scène internationale, observe :

«Je suis vraiment intrigué par Louis Michel. Il est très malin. Haider, Pinochet, le Rwanda, Cuba, tout ça… Il a une forme de "compassionate conservatism" à la George Bush ; c'est d'autant plus fabuleux que ça ne coûte rien, il ne doit même pas aller pleurnicher chez son collègue du Budget ! S'agit-il d'un stratagème ou d'un véritable engagement ? À mon avis, c'est les deux. Les gens ne comprennent pas ça : on peut être pris au jeu et *devenir* sincère. On peut être réellement aspiré.»

Un narcissisme paranoïde

Le fait de vivre ainsi suspendu aux aléas de son image publique entraîne, on le voit, des conséquences pour la personne. Or, cette dépendance à l'image survient dans un contexte particulier caractérisé par une précarité du pouvoir, une rivalité chronique, une âpreté des luttes, toutes contraintes qui ne manquent pas, elles non plus, d'affecter l'identité politique.

De l'impatience à l'impuissance

L'expérience du pouvoir politique, j'y reviendrai, est toujours l'expérience d'une relative impuissance. Le ministre nouvellement promu arrive débordant de projets, il a conscience de porter les espoirs du grand nombre et d'avoir peu de temps devant lui ; et surtout, il se croit capable de réussir là où les autres ont échoué. Il a trop parlé pour ne pas y croire. Ensuite, il découvre la précarité de son pouvoir, les contraintes de la décision collective, la lenteur de l'administration, les pesanteurs légales, la rareté des ressources. Un fossé se creuse, qui ne cesse de s'élargir, entre ses espoirs et ses réalisations. Il commence par s'agacer des contretemps, presse ses collaborateurs, maudit l'administration, s'impatiente et s'exaspère à tout propos, conçoit une rancœur envers tous ceux qu'il juge responsables des retards et finit souvent par tomber dans une sorte d'autoritarisme capricieux à l'égard des membres de son cabinet. Les communiqués de presse doivent partir dans l'heure, les notes lui parvenir dans la journée, les plus épais rapports dans la semaine ; chacun est tenu de demeurer sur le pont, mobilisable selon son bon vouloir. À la bienveillance initiale succède une forme d'intolérance : une difficulté d'écouter, une perte d'empathie, une tendance à couper court aux objections, un vague mépris pour ceux qui ont du mal à tenir le rythme.

« Il y a une espèce d'impatience et d'autoritarisme qui apparaît. J'avais développé une sorte d'agressivité et même une exagération à l'égard de certaines personnes. J'en étais très conscient, j'aurais pu facilement glisser vers la méchanceté. »

« Après un an de participation au pouvoir, j'observe que mon ministre acquiert les comportements de tout homme politique. Ça se traduit par toute une série de petites choses. Par exemple, on a changé les bagnoles et il en a pris une grosse. Son ego est en train d'enfler, ça se traduit par des petits caprices, des marques d'impatience, des sautes d'humeur. Il se permet des choses qu'il ne se serait pas permises avant. De plus en plus souvent, je l'entends dire : "C'est moi le ministre", "C'est moi qui décide", etc. »

« Le plus frustrant pour les ministres, je pense, c'est de devoir composer alors qu'ils ont élaboré une idée, qu'ils ont un projet précis, une ligne politique et qu'ils sont obligés de remodeler le texte, de faire marche arrière, d'accepter des compromis. Cela, c'est la plus grande frustration. J'ai pu le constater avec mon ministre. La première année a été très dure : il voulait entrer dans l'ensemble de ses compétences et les choses n'allaient jamais assez vite. C'est une autre souffrance : leur impatience, le poids du temps. Du temps nécessaire entre l'idée et sa réalisation.»

Cependant, le temps passe, on dépasse la moitié de la législature et rien d'essentiel n'est encore engrangé. Même des problèmes mineurs restent sans solution. Chaque jour apporte son lot de lettres de protestations, de sollicitations, d'appels à l'aide auxquels il faut se contenter de répondre par un courrier standardisé : «Votre lettre a retenu toute mon attention, je charge les services compétents d'étudier votre demande», ensuite de quoi il ne reste qu'à transmettre copie pour suite utile à l'administration, le cabinet se trouvant dans l'incapacité matérielle de suivre ne fût-ce que le dixième des problèmes en suspens. C'est ainsi qu'à l'impatience chronique, teintée d'exaspération, vient progressivement s'ajouter un sentiment d'impuissance : la conscience d'une formidable disproportion entre l'ampleur des promesses électorales, des attentes suscitées, des problèmes en suspens, et l'étroitesse des réalisations possibles. Ce mélange d'impatience et d'impuissance s'observe, à des degrés divers, chez la plupart des décideurs politiques ; il conduit l'homme politique à recentrer son attention sur de plus petits enjeux qu'il a d'autant plus tendance à amplifier qu'il désespère de faire parler de lui. Faute des moyens nécessaires pour développer la société de la connaissance, garantir le multilinguisme ou développer significativement la culture, on voit par exemple les ministres de la Communauté française s'affronter sur les devoirs à domicile, la participation aux classes de neige, l'attribution d'une adresse électronique aux écoliers, la composition d'une commission de réflexion sur l'enseignement…

La souffrance de l'homme politique

L'omniprésence du rapport de force, provoque, à la longue, une lassitude nerveuse, une usure, voire une souffrance contre laquelle l'acteur politique doit se prémunir. On parle peu de la souffrance des hommes politiques, elle est pourtant réelle, même si éminemment variable d'une personne à l'autre ; simplement, la norme de la force, donc le danger d'affaiblir son image, interdit d'exprimer ne fût-ce qu'un gémissement. Et cette souffrance n'est pas la seule, d'autres viennent s'y ajouter qui font de la politique un des métiers les plus éprouvants : l'impuissance relative, l'omniprésence des jalousies et des méchancetés, la dureté des médias, le danger d'être pris comme bouc émissaire.

> « Le plus dur dans le travail politique, je trouve, ce sont les attaques qui surviennent chaque jour. Alors que les hommes politiques ont plutôt besoin d'être aimés, rassurés, admirés, c'est l'inverse qui se passe : les attaques n'arrêtent pas. Bien sûr, il arrive qu'ils montent à la tribune et reçoivent des honneurs et des applaudissements. Mais ce sont des moments éphémères. À peine redescendus, il y aura quelqu'un pour critiquer une décision qu'ils ont prise (ou qu'ils n'ont pas prise), pour critiquer l'action du gouvernement auquel ils participent, leur parti, etc. Même chose au Parlement où leur propre groupe parlementaire est composé de jaloux qui estiment que la place de ministre leur revient et où l'opposition multiplie les critiques les plus injustes et les coups bas. Ainsi, ils sont constamment exposés à des messages qui font mal. Ceux qui ne sont pas préparés à cela, qui ne viennent pas d'une famille de politiciens, ceux-là tombent de haut. »

Devant ces agressions, l'acteur politique n'a d'autre choix que de se raidir et se blinder. En même temps qu'il apprend à rendre les coups (« Ils veulent la guerre, ils vont l'avoir ! »), il s'endurcit pour mieux supporter ceux qu'on lui assène. Je doute que cette règle souffre d'exception ; la carrière politique passe nécessairement par l'apprentissage de la dureté.

« Quand on fait de la politique, on développe forcément un épiderme d'hippopotame. Celui qui est trop sensible ne doit pas faire de la politique. Cela dit, le monde des affaires est tout aussi impitoyable. Disons que si vous venez de milieux plus feutrés comme l'enseignement, l'administration ou le travail social, vous pouvez être désagréablement surpris. »

« Au début, je me demandais : "Ai-je l'étoffe, Ne suis-je pas trop gentil ? Ne dois-je pas être plus dur ? J'ai commencé à réagir. J'avais une approche trop sentimentale et ça, c'est vraiment fini ! »

« Pour survivre, il faut devenir dur et insensible. C'est une lutte permanente. La vie politique est incroyablement dure, ce doit être un des contextes professionnels les plus difficiles. Il devrait y avoir plus de respect pour les gens qui font ça. »

Le narcissisme blessé

Le narcissisme d'un ministre tire son aliment de la profusion des honneurs, de l'attention médiatique dont il est l'objet, du sentiment qu'il éprouve d'être au cœur des événements. Pas une semaine sans rencontrer des journalistes, sans passer à la télévision ou à la radio, et en tout cas sans faire parler de lui dans la presse. Pas une exposition, une conférence, un concert, un bal de quartier où ne lui soit réservée une place d'honneur ou une tribune et qui ne commence par une adresse particulière, un hommage ou des remerciements d'autant plus appuyés que l'institution est généreusement subsidiée. Autour de sa personne s'agitent en permanence des courtisans et des lécheurs de bottes. Dans les congrès du parti, la pratique du dithyrambe est parfois si manifeste qu'elle en devient grotesque et l'observateur a peine à croire que tant de gens puissent montrer tant de servilité et tant de ministres l'accepter comme un dû.

Comment douter de ce que ces caresses quotidiennes rejaillissent sur l'identité ? Si futile soit-elle, la gloire est une assuétude et l'homme politique finit par se retrouver dans l'heureuse formule d'André Gide : comme on lui demandait s'il n'était pas trop pénible d'être connu à ce point, donc importuné sans cesse, il répondit que ce qui est pénible quand on est connu, c'est le nombre de gens qui ne vous connaissent pas...

Cependant, toute célébrité n'entraîne pas une approbation. « Si mon image était ma vérité, je ne me fréquenterais pas moi-même », a dit un jour Christine Boutin, une députée française, évoquant l'ambivalence de ce sentiment que connaissent tous les hommes politiques : à la fois le plaisir de percer dans les médias *et* la douleur de ne pas se reconnaître dans cette image.

Tous les matins, le ministre commence par éplucher anxieusement la presse à la recherche de... lui-même : mesure-t-on l'étrangeté d'une telle pratique ? Au cœur de l'identité politique, on trouve une forte composante de narcissisme blessé, un mélange de vanité, d'anxiété, de susceptibilité.

> « Ils sont tellement entourés de lèche-culs que lorque quelqu'un leur résiste, ils le trouvent arrogant. »

> « Beaucoup acquièrent un ego énorme. Une susceptibilité qui se traduit par exemple par le fait d'être littéralement malades s'ils perdent un point dans le sondage de *La Libre Belgique*.

> « Ils attachent une importance folle à des enjeux symboliques dérisoires. Devenir ministre d'État, par exemple, une nomination qui ne rapporte absolument rien sinon l'assurance d'être enterré avec un drapeau belge et soixante paras au garde-à-vous ! »

Il est vrai, dans leur conduite au quotidien, les ministres se montrent souvent égocentriques, insoucieux de leurs collaborateurs, obsédés par leur image, futilement occupés d'enjeux symboliques, enclins à prendre leur supériorité statutaire pour une supériorité tout court, intellectuelle en particulier. On les voit tomber dans des formes d'aveuglement, d'entêtement suicidaire, qui s'expliquent par leur tendance à croire à leurs propres discours et par leur ombrageuse vanité, qui dissuade leur entourage de toute contradiction et les empêche eux-mêmes de jamais reconnaître qu'ils se sont fourvoyés. Pour autant, on se tromperait en réduisant ce narcissisme à un culte de soi béat et complaisant. Sous la couverture dorée des honneurs, les attaques sont quotidiennes, l'anxiété permanente. À certains égards, le sort d'un homme politique ressemble à celui d'un comédien qui, chaque soir, se raidirait en entendant fuser les sifflets et les quolibets au milieu des applaudissements, qui finirait par ne plus rien écouter d'autre et regagnerait sa loge, chaque soir, défait et ulcéré.

«La composante de narcissisme blessé est absolument inévitable. Je voyais cela chez X, par exemple, qui pouvait se mettre dans un état incroyable à la lecture d'un petit entrefilet dans un article que je ne trouvais pas particulièrement critique. Beaucoup cachent une énorme fragilité. Ils ne sont pas sûrs d'eux, c'est pourquoi ils doivent se draper dans des apparences. Un jour, j'étais haut fonctionnaire à l'époque, un journaliste de *La Libre* vient m'interroger et fait de moi un portrait très positif – je dirigeais l'administration et n'avais pas la moindre velléité de faire de la politique active. Tout de suite, le ministre m'adresse une lettre manuscrite de deux pages pour me reprocher d'avoir parlé aux journalistes. Sa lettre transpirait la jalousie ! Qu'est-ce que ça exprime, ce genre de réactions, sinon une incroyable fragilité ?»

Cette fragilité de l'homme politique, ses proches collaborateurs la décèlent vite, raison pour laquelle ils lui gardent estime et admiration, supportant avec patience ses caprices et ses foucades. Par mille fissures, ils discernent la fragilité sous la carapace, la brûlure de l'ambition et de l'inquiétude, les plaies à nu.

« Ils portent tous énormément de blessures personnelles, c'est pourquoi ils sont très sensibles aux petites attentions. Je le remarque. Par exemple, s'ils perdent un parent, ils sont très touchés par les marques d'affection. Eux si durs et si susceptibles, ils fondent facilement. C'est un curieux mélange de narcissisme et de vulnérabilité. *Moi je* en même temps que *aimez-moi.* »

Quant aux flatteries dont les ministres aiment à s'entourer, beaucoup y voient un mécanisme de compensation. Le témoignage de deux directeurs de cabinet :

« Je m'apercevais que le ministre cherchait refuge avec des gens qu'il aimait bien et qui lui balançaient des coups d'encensoir. Il aimait rencontrer des flagorneurs. La secrétaire pestait derrière lui et devant lui faisait tous ses caprices. Pour elle, c'était avilissant ! Pour le ministre, c'était une sorte de vitamine quotidienne qui lui était nécessaire pour supporter les rapports de force. C'est un métier très dur, donc on va puiser des vitamines auprès d'une cour autour de soi. »

« Face à toutes ces agressions, le ministre développe des mécanismes de compensation. C'est une des fonctions du cabinet qui est une mini-société de cour qui sert à le rassurer, le flatter et le consoler. C'est pourquoi il va lui-même avoir tendance à s'entourer de gens qui lui répètent combien ils l'aiment et l'admirent. »

Un troisième souligne quant à lui le danger que représente le cercle des flagorneurs :

> « Quand il est passé à la télé et revient au cabinet, il y a toujours des courtisans pour le flatter : "Monsieur le ministre, comme vous avez été bon !" Et le ministre le croit vraiment. Personne n'ose lui dire qu'il aurait dû dire autre chose, répondre autrement, qu'il s'est trompé dans le message. Son regard est tronqué par ce que lui dit son entourage, il vit dans une tour d'ivoire dont les murs sont formés par son entourage. »

De la méfiance à la paranoïa

Il n'est guère de décideurs politiques qui ne vivent avec la conscience aiguë de cette quadruple contrainte :

a) le nombre limité de mandats intéressants ;

b) l'âpreté de la concurrence pour la possession des ressources politiques ;

c) la fragilité des positions acquises ;

d) l'omniprésence des luttes d'influence au sein du parti.

Il n'en est guère non plus qui ne portent des blessures symboliques, qui n'aient essuyé des critiques injustes et infamantes, qui n'aient connu des tentatives de déstabilisation, qui ne redoutent une trahison ou un renversement d'alliance, qui ne pressentent les médisances qu'on répand derrière leur dos, qui ne devinent la flatterie sous les compliments, la froideur des intérêts sous la chaleur des sourires et des marques d'amitié, qui ne sachent enfin que les honneurs dont ils sont l'objet s'adressent à la seule fonction et que lorsqu'ils commenceront à perdre, ils perdront tout. Ainsi, l'homme politique vit dans la conscience de sa vulnérabilité, la méfiance permanente et l'anxiété du non-respect des accords et de la trahison. *Tous* les témoignages convergent pour repérer une telle tendance paranoïde.

« La paranoïa est extrêmement répandue. Il faut dire que c'est tellement difficile d'y arriver. On a tellement souqué qu'une fois dans la place, on relève le pont-levis, on place des sentinelles aux quatre coins et on se prépare à repousser les assauts. »

« J'ai observé cette méfiance parano chez *tous* les ministres que j'ai connus, à une exception près, qui va peut-être vous étonner : Guy Mathot. C'est le seul qui faisait vraiment confiance à ses collaborateurs. »

« C'est une jungle, ce milieu. La camaraderie des faux vicaires. La méfiance est omniprésente. C'est comme le milieu des renseignements pendant la guerre. On cherche toujours à recouper. Il me dit ça, mais... Et comme les flics, on interroge sur les détails : ça s'est passé où ? Qu'ont-ils proposé exactement ? »

« En politique, on a plus peur de ses amis que de ses ennemis. La méfiance est omniprésente. Dans les fonctions exécutives, il n'y a plus de distance au rôle. C'est l'affrontement quinze heures par jour, donc ça vire à la paranoïa. Et la méfiance est contagieuse, elle s'empare de tout le cabinet qui s'identifie à son ministre, donc la mécanique est prodigieusement démultipliée. »

« Il y a pas mal de paranos, mais de divers types : des paranos de l'image, des paranos de la sphère de compétence (ceux qui ne supportent pas qu'on empiète sur leur pré carré), des paranos de la loyauté... Mais je ne suis pas sûr que ce soit propre au monde politique, c'est plutôt une composante du pouvoir à haut niveau. »

Chacun a trop à perdre pour s'exprimer librement et préfère l'intrigue au choc frontal. La part de non-dit et d'hypocrisie, de désaveu tacite, de sanction implicite a quelque chose d'exaspérant ; le danger peut surgir à tout moment ; la lecture des clans et des luttes d'influence devient un souci permanent.

> « Ce que je trouve le plus dur en politique, c'est que tu dépends de clans énigmatiques, de rumeurs, de médisances et de calomnies que tu ne contrôles pas, dont parfois tu ignores tout. Parfois, on est écarté sans même savoir pourquoi, et personne ne te dit rien, il n'y a même pas une autorité à laquelle tu pourrais t'adresser. Il y a de quoi devenir fou. Quoi que tu fasses, tu te retrouves pris dans la logique des clans, des luttes de territoires et des conflits de compétences. »

Ainsi ne faut-il guère s'étonner que les amitiés, dans les sphères de la haute politique comme dans le monde des affaires, soient l'exception plus que la règle. L'amitié s'accommode mal des rivalités, des jalousies et du culte de soi. « Mon petit nombre d'amis, révèle Guy Spitaels[28], n'appartient pas au monde politique. » La confidence fait sursauter, venant de quelqu'un qui a voué son existence entière à la politique, et dans un parti attaché aux valeurs de solidarité. En trente ans, pas un ami ? Sans doute, la personnalité de l'ancien président du parti socialiste y est-elle pour quelque chose ; il reste que le fait est loin d'être atypique. L'exercice du pouvoir à haut niveau requiert des retranchements psychiques, des murailles de vigilance et de méfiance qui condamnent les dirigeants à la solitude affective en dépit – ou à cause – de l'intensité des rapports humains où ils se trouvent plongés quotidiennement.

> « Il n'y a pas de conseil gratuit en politique. Et plus on monte, plus les conseils sont intéressés. Dans les cabinets, c'est incroyable. C'est très dangereux pour un ministre de prendre un conseil ou un avis au premier degré, même

---

28. *Le Soir*, 21 août 2000.

116

celui de son chef de cabinet ! Il doit tout le temps décoder. À la fin, on ne croit plus en rien ni personne. En plus, le mensonge est omniprésent en politique, les politiciens mentent peu sur les grandes choses, mais énormément sur les petites. Alors, on peut comprendre leur tendance à s'appuyer sur l'avis de leur conjoint, de leur famille. Milquet, c'est son mari ; Maystadt c'étaient ses deux fils ; Deprez une de ses filles.»

L'obsession de la loyauté

De cette méfiance instinctive résulte une obsession de la loyauté – loyauté au parti, certes, mais avant tout loyauté au ministre. À un collaborateur brillant mais peu fiable, l'homme politique préférera neuf fois sur dix un serviteur plus limité, mais sûr et dévoué, sur lequel il sait pouvoir compter en toutes circonstances et qui ne risque pas de le trahir.

« Le sentiment de trahison est à fleur de peau. On est de plus en plus filtré, écrémé, condamné à prouver sa loyauté à mesure qu'on se rapproche du premier cercle.»

« C'est un milieu dominé par le manichéisme : ou tu es accepté ou tu es rejeté. Qui n'est pas avec moi est contre moi.»

Autour de chaque ministre, on trouve ainsi un noyau de fidèles et un groupe plus étendu qui aspire à le devenir. Des gens qui, pour diverses raisons, ont parié sur un homme et ont choisi de s'y tenir. Sur ces deux cercles pèse le fardeau de la loyauté et de la fidélité. Il leur faut donner des gages, apporter leur soutien sans condition, être présent dans les coups durs, éviter de s'afficher en compagnie des concurrents, s'interdire toute parole susceptible d'affaiblir le ministre et lui rapporter fidèlement les informations glanées sur ses concurrents. Alors, et alors seulement, ils ont des chances d'être récompensés. De tels rapports sont fragiles : les attentes réciproques sont trop élevées, chaque partie est presque condamnée, tôt ou tard, à décevoir l'autre. C'est pourquoi le sentiment d'*ingratitude* est une composante essentielle de la vie affective en politique. Il n'est sans doute pas un responsable politique qui n'éprouve par intermittences le sentiment d'être entouré d'ingrats.

> « Leur personnalité est étrange : tout tourne autour de la solitude et de l'ingratitude. »

Au-delà des rangées de fidèles et de sympathisants, s'étend le monde des partenaires de la coalition avec lesquels il s'agit d'entrer dans toutes sortes d'échanges, de concertations et de négociations. Ce n'est plus ici la loyauté à l'homme et au parti, mais la loyauté aux accords, le respect de la parole et de la confidentialité, en un mot la *fiabilité*, qui deviennent la condition, d'autant plus valorisée qu'elle est fragile, du pouvoir politique. Si précaire est la confiance, si fréquentes les petites trahisons, qu'on en arrive à se méfier de tout. Le respect de la confidentialité, par exemple, finit par apparaître comme un événement rare et précieux, et comme la condition du succès des négociations.

> « Lorsque nous avons mis la Fédération sur pied, nous avons réussi à maintenir le secret pendant trois mois, ce qui, je puis vous l'assurer, est une performance exceptionnelle. Nous étions au moins huit dans la confidence et rien n'a filtré. Il est vrai qu'on avait pris des gens de grande confiance. C'est toujours le même principe : un minimum de personnes dans la confidence et une confiance entre elles. C'est la clé du succès. »

L'étiquetage automatique

Dans ce climat de méfiance et de rivalité, il n'est pas surprenant d'observer le rôle des pratiques de qualification et de disqualification d'autrui. Chacun s'applique de fait à repérer les alliés et affaiblir les adversaires en inscrivant leur image dans une catégorie valorisante ou dévalorisante : « fidèle serviteur », « sympathisant », « proche de nos convictions », « non fiable », « trop fragile », « caractériel », « irréaliste », « carriériste », etc. Ces pratiques de classement sont inhérentes à tout groupement humain ; il est toutefois une pratique propre à la politique et monstrueusement développée en Belgique, je veux parler de l'*étiquetage* en termes de *couleurs politiques* : rouge, bleu, orange, vert, et quelques mélanges : rouge verdâtre, bleu orangé, etc.

Cet étiquetage fonctionne comme un système d'anticipation d'autrui – anticipation de ses convictions, de sa loyauté, de sa disponibilité, de son obéissance. Un ministre est amené à recevoir des milliers de personnes, promouvoir des fonctionnaires, nommer des représentants dans des dizaines d'organes, accorder des subventions à des dizaines ou des centaines d'associations. À travers cette myriade de microdécisions, il lui faut veiller à défendre sa couleur politique et à développer un réseau d'alliés. La question de la confiance se pose en permanence : À quels journalistes se confier ? À quels fonctionnaires confier certaines missions délicates ? À quel bureau privé confier une expertise juridique, un audit ou l'organisation d'un événement ? En bref, à qui s'adresser pour éviter que son interlocuteur ne s'empresse d'ameuter la presse ou de tuyauter les formations concurrentes ? De ce point de vue, le système des couleurs fonctionne comme un réducteur de méfiance, une sorte de table d'orientation pour éviter de s'égarer dans le dédale de la vie politique en cheminant le long des réseaux d'allégeance. En pratique, il s'appuie sur les fichiers des adhérents, mais aussi sur les lettres de soutien qui s'échangent entre responsables du parti, l'auto-affichage des préférences par les personnes elles-mêmes, leur présence bien visible aux rassemblements du parti, l'appartenance à un pilier, enfin leur biographie. Si une association sollicite une subvention, l'autorité commencera par tenter de l'étiqueter au regard de son discours, de son action et surtout de l'obédience idéologique et philosophique des membres de son conseil d'administration et de ses animateurs. Pour un fonctionnaire dépourvu de carte de parti, on ira jusqu'à se poser des questions sur ses études — a-t-il fait ses études à l'athénée ou au collège, à l'UCL ou à l'ULB? —, jusqu'à s'interroger sur l'activité politique de ses parents ou de son conjoint, sur son affiliation à telle organisation syndicale ou telle mutuelle. En bref, à le rattacher à un pilier. Et cela en toute bonne foi, sans même s'aviser de la singularité de cette pratique de classement, l'irrespect de la vie privée dont elle procède, et surtout sans s'interroger sur la légitimité des décisions politiques qu'il est possible de fonder sur une telle pratique.

> « L'étiquetage, ça c'est vraiment un trait choquant de notre milieu. Et ça semble typiquement belge. Certains qui refusent de porter une étiquette paient pour cela. Chez nous, c'est vraiment exacerbé. On doit être de quelque part sinon on n'est rien. »

L'imputation d'une couleur a acquis, dans la vie politique belge, l'automaticité d'un réflexe conditionné à mesure du développement de la particratie. Bien sûr, elle est une insulte à l'intelligence, une forme de racisme démocratique qui consiste à ranger les individus dans quelques tiroirs sociopolitiques et à les réduire à ce rangement, à dissoudre dans une poignée de catégories grossières la richesse d'une trajectoire personnelle, la complexité d'un positionnement politique ou les incertitudes d'une option philosophique. Je reviendrai plus loin sur l'étiquetage en évoquant la question de la politisation de l'administration. Il m'importe seulement ici d'en souligner le rôle dans la formation de l'identité politique et les rapports manifestes qu'il entretient avec l'obsession de la loyauté.

Stratégisme et brouillage éthique

Le troisième type de tendances identitaires concerne davantage le genre de conception que les acteurs développent à la faveur de leur immersion dans l'infinité des réseaux d'influence et de marchandage, leur tendance à décoder les moindres échanges en termes de rapports de force et à glisser vers un cynisme typique de la haute politique.

La personnalisation du monde

En politique, on l'a dit, la rareté des postes ministériels[29], l'intensité de la concurrence et l'absence de règles régissant la carrière définissent un univers où la dépendance à l'autre, singulièrement la dépendance aux puissants, est fortement marquée et pèse lourd sur les acteurs. La contrainte interpersonnelle domine toute la vie politique, elle condamne les acteurs à investir massivement dans les stratégies d'alliance et de promotion de soi, elle les conduit donc à poser spontanément les problèmes en termes relationnels. Pour percer et pour se maintenir, on dépend de l'amitié, de l'estime et en tout cas du soutien du président de parti et des autres barons, et l'on doit constamment se protéger des rivaux au sein du parti. Et pour agir en tant que ministre, il faut requérir l'assentiment et la participation de tous ceux qui, pour une raison ou une autre, influencent la prise de décision et sa mise en œuvre. Il en résulte une tendance forte, paradoxale pour des gestionnaires publics, à lire la réalité au travers du prisme des rapports entre acteurs. J'en veux pour preuve l'intérêt que montrent la plupart pour les informations personnalisées : les ragots,

---

29. Rareté toute relative en Belgique…

les petits secrets éventés, tout ce qui est susceptible d'éclairer les motivations d'un rival, de l'affaiblir ou le discréditer. C'est ainsi qu'aux rapports de la Banque nationale, beaucoup préfèrent la lecture des journaux satiriques et des chroniques mondaines et accordent plus d'attention à la nomination d'un fonctionnaire qu'à l'évolution des chiffres sur la pauvreté.

De l'intelligence politique au stratégisme

On comprend dans ces conditions que la pratique politique favorise l'éclosion d'une forme spécifique de vivacité d'esprit propice à l'intelligence des rapports de force, des ressources et des positions, des manœuvres possibles, des bons coups à jouer, des effets d'annonce. Largement intuitive, cette rationalité suppose une perpétuelle réserve affective, une barrière instinctive de vigilance et de méfiance, un esprit aux aguets, tapi derrière ses moindres paroles, cherchant à devancer l'événement, soupesant les conjectures, toutes qualités qui rendent l'homme politique difficile à appréhender.

> « Un type comme X n'a pas survécu. Pourquoi ? Parce qu'il prenait le temps de réfléchir, d'analyser. Quand on lui proposait quelque chose, il disait qu'il allait d'abord interroger l'administration. Y, c'est autre chose : il avait du flair, il sentait l'ouverture. Immédiatement, il demandait un communiqué de presse et c'était parti. »

Un haut fonctionnaire européen, évoquant les hommes politiques belges qu'il a l'occasion de côtoyer, émet cette remarque :

> « Les politiciens belges, sitôt qu'on leur parle de projets, vont chercher instinctivement où sont les intérêts et les rapports de force, les espaces de compromis et de marchandage. »

À présent, cette intelligence finit par déboucher sur une maladie : le *stratégisme*, lorsque la rationalité politique devient une forme compulsive d'interprétation, lorsque donc l'acteur politique n'aperçoit plus autour de lui que rapports de force, intérêts personnels et machinations, prêtant à ses partenaires les intentions qu'il sent naître en lui-même, accueillant tout conseil, tout acte apparemment désintéressé par une interrogation sceptique : « Qu'est-ce que ça cache ? Quel est son intérêt ? » Le hasard des affinités et la gratuité des sentiments cessent d'appartenir à sa vision du monde : deux collègues attablés au restaurant ne peuvent que manigancer quelque chose, et un haut fonctionnaire qu'on voit sortir du cabinet d'un de ses collègues ministres apporte la preuve automatique de sa déloyauté.

> « Je suis frappé de voir la manière dont les personnes qui se lancent dans la politique peuvent *régresser*. Ils perdent leur liberté de parole, et rapidement de penser. Comme si leur cerveau était cadenassé. Des gens que j'ai connus auparavant ne sont plus du tout les mêmes, ils se mettent à ne plus analyser les problèmes qu'au travers du prisme des rapports de force entre partis, etc. »

À ce stade, les bases de confiance inhérentes à l'action collective commencent à s'effondrer et l'on finit par douter de tout, des promesses, des chiffres, des contrats, et par transporter d'une réunion à l'autre le sombre pressentiment d'un danger omniprésent : celui de « se faire entuber » – une expression très usitée dans le monde politique. Rien ne survient plus par hasard : sous le chaos d'événements disjoints, on croit sans cesse deviner les manœuvres subtiles de l'adversaire que l'on se propose de contrer par une manœuvre encore plus subtile, tout cela ne conduisant qu'à renforcer les barrières de méfiance entre acteurs et entraînant une formidable déperdition d'énergie.

« L'homme politique a l'impression que ses collègues ne songent qu'à lui faire du mal. Il voit des intentions cachées, des machinations partout. Si son collègue est passé deux fois à la télé, c'est que lui-même est en disgrâce, en voie d'être lâché, que quelque chose se trame, un changement d'alliances, etc. Il a donc énormément d'anxiétés. Et c'est une machine qui s'auto-alimente : les gens doivent tellement se battre pour y arriver qu'ils s'imaginent toujours que les autres ont les mêmes motivations et pensent aux mêmes procédés. Et on inflige souvent aux autres ce qu'on subit soi-même, c'est bien connu. Ils ont l'impression que personne ne leur a fait de cadeaux, donc ils ne voient pas pourquoi eux-mêmes en feraient. »

Le brouillage éthique

En règle générale, les problèmes de conscience agitent peu les acteurs politiques. Sous le double couvercle de la légalité qu'il faut bien respecter et de l'intérêt général, c'est-à-dire en gros de l'accord de gouvernement, la question se pose assez rarement de la morale et de l'élégance des pratiques. Il semble tacitement admis que, sous l'épaisseur du double couvercle, tous les coups sont permis. Un parti mobilise ses relations dans l'administration pour se faire transmettre copie des factures de voyage d'un ministre et les confier à un journaliste. Un autre cache soigneusement l'appartenance politique d'une candidate pour obtenir sa nomination. Un fonctionnaire fait l'objet de menaces détournées dans l'attribution d'un marché public. Un journaliste qui a pris position en faveur d'un ministre se voit accusé par d'autres d'avoir été acheté. Et ainsi de suite.

Par là, je n'entends pas que les acteurs soient dépourvus de scrupules, seulement qu'ils sont plongés dans une ambiance polluée en permanence par le jeu des intérêts personnels et partisans. Cette ambiance délétère qu'on observe dans la plupart des cabinets jette les plus influençables sur la pente qui mène de la loyauté à la complicité. Elle conduit à ces petites turpitudes, ces médiocrités qui corrompent le travail politique et font s'enfuir les plus idéalistes : les coups fourrés, les promesses non tenues, la sombre jubilation à l'annonce des déboires d'un rival, le machiavélisme foireux, la divulgation d'informations confidentielles pour gagner les bonnes grâces des journalistes, les discrètes manipulations des marchés publics, l'arrosage sélectif d'associations amies et surtout les gaspillages choquants qui s'opèrent dans les cabinets : train de vie, voitures de luxe, grands restaurants, menus détournements, remplacement à grands frais du mobilier, voyages payés aux journalistes en échange d'une couverture médiatique, etc.

« Il y a plein d'exemples où ils foulent allègrement les règles. Je prends l'exemple du chef de cabinet de X qui a littéralement vidé les caisses et creusé un trou avant de partir. C'est incroyable de faire pareilles dépenses, il a fallu un an pour tout rééquilibrer. C'est une forme de sauvagerie. Tous les coups sont permis avant les élections. Par exemple, le parti a fait nommer toute une kyrielle de gens dans d'innombrables commissions juste avant les élections. Les voitures partaient en catastrophe et les chauffeurs allaient eux-mêmes glisser les nominations dans les boîtes aux lettres. Et tout cela dans l'impunité. Comme si tout était permis. »

« Je reconnais que le pouvoir peut engendrer des comportements dangereux, une tendance à s'y croire. L'habitude du confort du pouvoir. Et donc la tendance à en abuser un peu partout. À se créer une sorte de statut de citoyen privilégié. À glisser peu à peu du pouvoir à l'abus de pouvoir. Depuis que je suis devenu ministre, je fais attention, j'ai davantage pris conscience de cette responsabilité. »

« Il est clair qu'il y a une enflure du moi et qu'ils finissent par croire que tout leur est permis. L'honnêteté, qu'est-ce que c'est ? On met à la porte une femme qui a volé deux kilos de café dans le cabinet alors qu'un homme politique va trouver normal d'envoyer son chauffeur chercher sa femme et ses enfants à la mer. Ou même d'acheter aux frais du cabinet une robe à sa femme qui est mécontente parce qu'elle ne le voit plus – j'ai vu cela. Ou de faire transformer son bureau pour un demi-million. C'est vraiment une chose étonnante : ils sont persuadés que tout cela leur est dû. Toute leur vie finit par ne plus rien leur coûter, ils mangent au restaurant, ils ont oublié ce que c'est de chercher une place de parking ou de remplir soi-même son réservoir, ils se font payer leurs livres, leurs déplacements… Ils n'arrêtent pas de parler de valeurs et de projets politiques, et ils ne s'interrogent même pas sur ces choses toutes simples ! Ils n'ont même plus conscience d'un conflit de valeurs possible. »

Cette *déréalisation de l'argent*, qui s'étend aux collaborateurs du ministre et qui s'observe jusques et y compris dans les cabinets de partis qui professent la doctrine de « l'État modeste », m'a personnellement choqué. Sans méconnaître les efforts de parcimonie qui s'observent çà et là, force est de reconnaître la permanence du problème : l'argent public cesse d'être l'argent de quiconque, il semble couler d'une source infinie dont les vannes sont commandées, en toute légalité, par des décisions budgétaires. Que représentent quelques millions en plus ou en moins au regard du budget de l'État ? Dans ces conditions, à quoi bon lésiner ? Insensiblement, la découverte de cette profusion potentielle conduit les collaborateurs du ministre à se découvrir des goûts de luxe ; la proportion grandit des déplacements en première classe comme grandissent le montant des factures d'hôtel et de restaurant, les frais de réception, la qualité du mobilier et des équipements, le nombre de GSM... Les voyages ministériels, en particulier, donnent lieu à des dépenses déraisonnables. En plus de ses collaborateurs, le ministre invite généralement des journalistes à l'accompagner, tous frais payés, en sorte que le coût du moindre déplacement outre-mer en vient facilement à dépasser les 25 000 euros, sans que cela fasse jamais débat.

Une autre manifestation caractéristique du brouillage éthique est le phénomène des *âmes damnées*.

> «Les âmes damnées sont une constante du pouvoir. Pas même du pouvoir politique mais du pouvoir en général. J'en ai connu pas mal. Généralement, ce genre de personnage est détesté par l'entourage. C'est le genre de type qui sait que son ministre est pédé, qu'il a rendez-vous avec sa maîtresse ou avec un homme d'affaires un peu véreux, qui arrange les rendez-vous sans moufter et qui ferme sa gueule.»

Dans l'entourage de beaucoup d'hommes politiques, on trouve l'un ou l'autre serviteur trop zélé, porteur de valises et exécuteur des basses œuvres. Chez ces personnes, l'obéissance et la loyauté ont cessé d'être des normes pour devenir des passions troubles, dans lesquelles l'intérêt bien compris se mélange à la dépendance charismatique et au plaisir d'accéder à l'intimité d'un grand homme, fût-ce par une porte détournée. Certaines fidélités ne se prouvent qu'en acceptant de franchir avec son maître les frontières de l'honnêteté et de la morale – donc en faisant le sacrifice de l'estime de soi. Il m'est arrivé de sursauter en entendant des collaborateurs du ministre m'expliquer fièrement qu'ils étaient prêts à *tout* pour lui et que *tout* devait être subordonné à sa réussite – et je me souviens de leur surprise et leur perplexité en m'entendant répliquer qu'une pareille soumission, plutôt qu'une vertu, m'apparaissait au contraire comme une humiliation personnelle aussi bien qu'une menace pour la démocratie. J'imagine que c'est avec le même étonnement que des responsables politiques ont appris leur inculpation, voici quelques années. Dépassant la partialité du jugement populaire et l'objectivité des dossiers à charge et des sentences prononcées, il vaudrait la peine de reconstituer l'ambiance des cabinets et des états-majors, la chaîne des influences, la prégnance des appartenances et des loyautés qui ont fini par éroder, chez certains, le sens moral et l'esprit des lois.

Le cynisme comme défense

Finalement, la vie politique conduit presque inexorablement au *cynisme* et à la *dérision* à mesure que chacun prend conscience du décalage permanent entre l'angélisme des discours à l'adresse de l'opinion publique et la réalité des pratiques. Les mêmes valeurs de solidarité, de respect de la personne humaine, de liberté sont exaltées *ad nauseam* dans les discours – et foulées au pied dans la réalité des rapports humains. Les mêmes calculs d'intérêt rougeoient inlassablement sous les manteaux de la vertu et finissent par brûler l'étoffe. Ce cynisme, qui n'est bien sûr nullement spécifique à la vie politique, se comprend comme un mécanisme de défense, une sorte d'adaptation à l'expérience répétée de la rupture des paroles et des actions.

> «On n'a pas le droit de montrer le moindre signe de faiblesse. Le jour où l'homme politique en montre un, c'est qu'un ressort est cassé. C'est normal, finalement, que les gens se réfugient dans le cynisme et la dérision. C'est d'ailleurs mon cas. On a besoin de dérision pour se soutenir. C'est une protection. Il faut en rire, sinon on en pleurerait. Herman Van Rompuy disait toujours : "Un moment de honte est vite passé." Moi, je répète souvent : "Courage et abnégation." On le fait et voilà tout. On n'aime pas trop mais on le fait.»

> «Quand je dirigeais le cabinet, j'avais le sentiment profond du dérisoire de tout cela. Surtout quand j'allais au

Parlement et que je voyais trois ou quatre élus installés en train de bavarder, de donner leurs coups de fil ou de lire leur journal. Et le ministre monte à la tribune, délivre son discours et s'en va. Et tout le monde fait semblant – ou ne fait même pas semblant... Avec le temps, on devient madré, on les connaît, les parlementaires, on décode leurs interventions. Celui-là, il réclame quelque chose pour sa commune, on va lui donner ça pour qu'il se tienne tranquille... On fait de la langue de bois, des jeux de rôles. Quand je lis Mazarin, j'ai l'impression qu'on fait exactement la même chose aujourd'hui, la télé en plus. »

Réaction de défense, le cynisme finit par devenir une norme sociale, une manière d'élégance, une composante de l'*esthétique* politique. Il évoque quelque chose de viril, de lucide et de désabusé qui le rend fascinant. Puis, il excuse par avance les égoïsmes personnels, la lutte des places, le cumul des mandats, le népotisme. Si tout le monde le fait...

En conclusion

Voici donc, trop brièvement esquissées, les composantes de l'identité politique telles qu'elles apparaissent aux acteurs eux-mêmes. Ces derniers portent en eux, parfois profondément, les contradictions du système politique auquel ils participent. Je le répète, il s'agit bien de *tendances* et non de traits de personnalité. Assurément, les acteurs politiques varient à l'infini et résistent à toutes les caricatures – au nombre desquelles figurerait cette analyse si on prétendait l'appliquer mécaniquement. Je me borne à défendre la thèse que la majorité des responsables politiques présentent, à des degrés divers, la plupart de ces tendances, lesquelles constituent des modes d'adaptation aux contraintes de la vie politique. J'ajoute que certaines tendances qui n'ont pas directement trait à l'image médiatique, par exemple l'étiquetage automatique, le stratégisme, le brouillage éthique et le cynisme, s'observent dans l'entourage des ministres aussi bien que chez ces derniers.

Je l'ai signalé, le tableau est incomplet, il épingle les dimensions les plus *problématiques* en négligeant des traits plus nobles, comme la passion pour la chose publique et l'espoir de changer les choses. Encore une fois, ce qu'il faut garder à l'esprit, c'est la *logique d'émergence* de ces tendances, le fait qu'elles constituent des formes compréhensibles d'adaptation aux contraintes de la vie politique – des modes de survie en quelque sorte. Les acteurs politiques *ont des raisons* de réagir comme ils le font – ce qui n'entraîne pas qu'ils *aient raison*.

Ce n'est pas tout. Ces propriétés qui *émergent* de la réalité des pratiques de conquête et d'exercice du pouvoir ont naturellement un *effet en retour*. Nous n'avons pas affaire à une simple relation de cause à effet, mais à un ensemble de rétroactions complexes. À l'évidence, l'obsession de sauver la face, la méfiance, l'étiquetage, le stratégisme influencent la formation des enjeux et des stratégies, les rapports au sein des gouvernements et entre cabinets, la nature des concertations et des négociations et finalement les processus de décision.

Nous sommes ainsi conduits à enrichir le modèle des stratégies à deux étages présenté au chapitre précédent en lui ajoutant une boucle de rétroaction.

Issue des contraintes et des stratégies, l'identité déborde la sphère des calculs et des intérêts, elle représente la trace du passé dans les dispositions des acteurs. À chaque instant, ceux-ci s'élancent vers le futur en partant de ce que le passé a fait d'eux. Dans la définition des problèmes comme dans la recherche des solutions, ils appliquent les manières d'agir et de penser qu'ils ont développées au fil du temps. Développer une « nouvelle culture politique » supposerait de briser cette rétro-action...

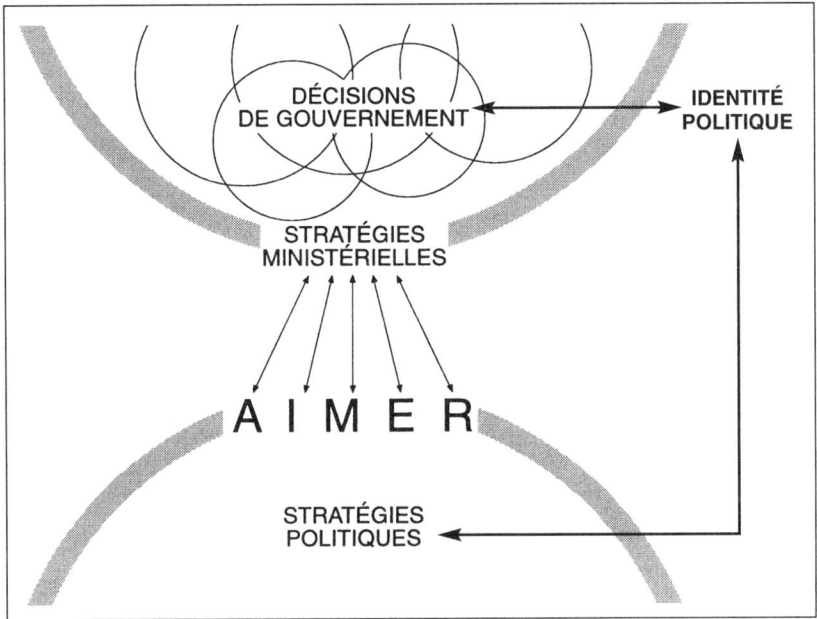

DÉCISIONS
DE GOUVERNEMENT

IDENTITÉ
POLITIQUE

STRATÉGIES
MINISTÉRIELLES

A I M E R

STRATÉGIES
POLITIQUES

131

Le travail ministériel : les barrières de la complexité

Je viens de décrire les stratégies proprement politiques, celles qui conditionnent l'accès et le maintien au pouvoir, et les manières d'agir et de penser qu'une telle existence tend à favoriser. Nous abordons à présent l'examen du travail ministériel, c'est-à-dire des stratégies de l'acteur *en tant que* ministre soucieux de gouverner : de promulguer des textes de lois, de mettre en œuvre des réformes, de faire passer des projets. Nous avons vu le caractère contingent et précaire du pouvoir politique, la fragilité des positions, la diversité des luttes et des ressources pour conquérir le pouvoir et s'y maintenir. On pourrait croire que ce genre d'analyse perd son utilité du jour où l'acteur reçoit l'investiture. Devenu ministre, il disposerait d'une *autorité*, il pourrait donc abandonner les jeux d'influence, les pressions et les marchandages au profit du pouvoir formel de décision. À présent, la puissance lui serait donnée, non plus à conquérir. Au faîte de la hiérarchie, il conviendrait certes qu'il écoute, consulte, soupèse, mais une fois sa position arrêtée, il lui suffirait d'ordonner.

Les choses ne se passent pas ainsi. Le pouvoir ministériel n'est finalement pas plus stable que le pouvoir politique, et à peine moins précaire. Le pouvoir officiellement délégué n'est pas le vrai pouvoir, seulement sa représentation. « Le pouvoir véritable, quelles que soient les clauses, écrit justement Alain, est conquis et sans cesse conservé par une continuelle négociation et persuasion. C'est alors que l'on apprend la politique ; c'est par cette pratique que l'on s'élève et que l'on se maintient[30]. » Au combat pour le pouvoir vient s'ajouter le combat pour l'exercer. Et ce dernier n'est pas moins implacable. Lui aussi suppose de mobi-

---

30. ALAIN, *Propos sur les pouvoirs*, Paris, Gallimard, 1985, p. 124.

133

liser en permanence des ressources stratégiques dans des jeux multiples. Lui aussi est âpre, mouvant, usant, souvent médiocre.

Devant cette débauche d'énergie, certains sont trop pressés de s'exclamer : faut-il qu'ils soient possédés par la passion du pouvoir pour s'épuiser de la sorte ! Raisonnement trop sommaire : assurément, les ministres, dans leur action, n'oublient jamais l'intérêt de leur parti ni leur intérêt propre. Il reste que l'essentiel de leur combat consiste bel et bien à influencer des décisions qui concernent le bien public. Dans l'univers du stratégisme et du cynisme continuent de s'affronter des conceptions du bien et du mal, de la justice et de l'injustice, simplement ces conceptions sont profondément travaillées par les intérêts politiques. La leçon de Machiavel n'a rien perdu de sa pertinence : le bien public n'est rien de spontané, mais toujours l'issue d'un affrontement ; la vertu habite la fin plus que les moyens. Faute de prendre les armes et d'engager résolument la lutte, le Prince le plus vertueux n'évitera ni l'impuissance ni la destruction. Libre à chacun de garder les mains propres, mais qu'il n'espère pas changer le monde de surcroît.

Quand nous parlons d'« autorité », nous évoquons trois types de ressources :

a) le pouvoir d'édicter des règles ;

b) le pouvoir de commander une structure administrative ;

c) la légitimité, c'est-à-dire le fait que les deux pouvoirs précités sont reconnus et acceptés par ceux sur lesquels ils s'exercent.

Un ministre peut proposer au Parlement des projets de loi, de décret ou d'ordonnance et prendre lui-même des arrêtés ministériels. Il a le pouvoir de donner des instructions à son cabinet et son administration. Il possède enfin une légitimité en ce sens que sa position de ministre et les pouvoirs qui y sont attachés lui sont conférés par une assemblée démocratique conformément à des dispositions légales. Détenteur de l'autorité suprême, le ministre n'aurait donc plus qu'à l'exercer – telle est la supposition.

Or, ce qui frappe lorsqu'on étudie la réalité du travail ministériel, c'est l'étroitesse, l'instabilité et la fragilité de cette autorité. Les trois ressources évoquées sont bien moins déterminantes qu'on l'imagine. En pratique, la décision politique en Belgique est très largement collégiale, c'est-à-dire que chaque ministre dépend, pour faire passer ses dossiers, de l'assentiment des partenaires de la coalition, lesquels sont en même temps des concurrents et n'ont par conséquent aucun intérêt politique à laisser trop de latitude à leur collègue. De plus, le ministre est soumis aux pressions multiples des groupes d'intérêt, mais aussi aux pressions de son administration, de son parti, voire de son propre cabinet. Et la plupart de ses décisions sont subordonnées à l'avis ou à l'approbation d'instances multiples : Conseil d'État, Inspection des finances, conseils consultatifs, etc. Enfin, la légitimité dont il est revêtu s'avère une tunique en lambeaux. Il découvre que ses moindres décisions sont scrutées, contestées, entravées par mille opposants auxquels les médias ouvrent généreusement leurs portes, requérant de sa part une perpétuelle vigilance. Il découvre qu'un projet politique n'a d'autre force que celle des acteurs qui le défendent et que, pour s'imposer à ses collègues du gouvernement, il va lui falloir actionner d'autres leviers que l'autorité, par exemple tenter de les persuader, bloquer leurs dossiers en représailles, mobiliser la presse et l'opinion, filtrer l'information, recourir à des experts, s'abriter derrière d'autres organes, pratiquer le fait accompli.

> « Il y a quatorze ans, lorsque j'ai commencé à m'investir en politique, raconte Luc Barbé, directeur de cabinet d'Olivier Deleuze, je croyais que quand tu étais ministre, tu décidais, tu demandais à l'administration de rédiger un décret, et voilà, c'était fait.[31] »

---

31. *Imagine*, juillet-août 2001.

Bien sûr, rien n'est plus faux. L'autorité ministérielle, pas plus qu'aucune autre, ne confère une puissance en soi, indépendamment d'une série de médiations sociales. Pour promouvoir un projet qui lui tient à cœur, le ministre doit le négocier avec ses collègues du gouvernement, avec les parlementaires lorsqu'un vote du Parlement est requis, avec les groupes d'intérêt concernés, avec d'autres décideurs (régionaux, communaux, etc.), avec l'administration qui doit confectionner le dossier et mettre en œuvre le projet... La décision est *endossée* et *incarnée* par un homme, mais elle résulte de la *mise en réseau* d'une multitude d'acteurs qui, tous à leur niveau, possèdent une parcelle de pouvoir et peuvent résister. Ainsi le ministre n'a-t-il d'autre choix que de s'immerger dans ce travail de réseau parfois très exigeant.

Dans les chapitres qui suivent, je sors donc des caves – les stratégies de conquête du pouvoir et l'identité des acteurs – pour examiner les étages supérieurs de l'édifice : la machinerie de la décision ministérielle. Ces caves, pour autant, il nous faudra constamment les garder à l'esprit. Devenu ministre, je l'ai dit, l'acteur ne cesse pas de raisonner politiquement. Et cela pour plusieurs raisons. D'abord parce qu'il cherche, à travers son action ministérielle, à renforcer sa position politique. Ensuite parce qu'il lui arrive de devoir mobiliser ses ressources politiques pour faire passer des décisions impopulaires auprès des médias, auprès de certains groupes sociaux et auprès de son parti. Enfin, parce qu'il suppose naturellement que ses partenaires du gouvernement poursuivent des stratégies semblables, qu'il leur prête les mêmes mobiles et interprète leurs paroles et leurs actions dans les mêmes termes. Les stratégies politiques deviennent des grilles d'interprétation. Ceci doit être bien compris : la rationalité politique n'est pas seulement une manière d'agir, mais encore *une façon d'analyser l'action des autres*. Dans chaque partenaire, l'homme politique voit un autre lui-même et ajuste ses conduites en conséquence : il perd jusqu'à la capacité de baisser sa garde. Bien sûr, ce stratégisme n'est pas sans affecter profondément les relations entre les acteurs.

Je conserve donc la logique à deux niveaux : les stratégies proprement politiques d'accession et de maintien au pouvoir d'une part, les stratégies de gouvernement d'autre part, les premières encadrant et conditionnant en permanence les secondes, à la fois concrètement et cognitivement.

Le ministre au cœur d'un système complexe

À l'instar de toute fonction d'autorité à haut niveau, le travail ministériel[32] est soumis à trois contraintes fondamentales : la complexité, l'interdépendance et l'incertitude. Le problème général que rencontre un ministre qui entre en fonction peut se schématiser comme suit :

1. La *complexité* des dossiers, c'est-à-dire leur ampleur, leur technicité et leur nombre, dépasse très largement les compétences et les ressources d'attention et de réflexion d'un ministre, lequel n'a d'autre choix que de déléguer à ses collaborateurs une part essentielle du travail de conception, de contrôle et même de négociation.

2. L'*interdépendance* des décisions s'observe dans la plupart des projets de quelque importance. Chaque partenaire de la coalition au pouvoir disposant d'un droit de veto sur les projets des autres, la plupart des décisions sont soumises à négociation et parfois marchandage. Cette interdépendance s'étend bien au-delà du Conseil des ministres : selon la nature des projets, d'autres acteurs sont susceptibles d'en conditionner la réalisation et doivent être inclus dans la concertation : les parlementaires, l'administration, les autres niveaux de pouvoir, les

---

32. Il est peu de recherches sur le travail ministériel proprement dit. Signalons par exemple : J. FOURNIER, *Le travail gouvernemental*, Paris, Presses de la Fondation Nationale des Sciences Politiques & Dalloz, 1987.

groupes de pression, les autorités du parti, l'invraisemblable kyrielle de commissions et conseils consultatifs, etc., chacun pouvant bloquer, retarder, compliquer l'avancement des dossiers. Il en résulte une charge considérable de concertation et de négociation.

3. En théorie, on devrait pouvoir réduire cette charge de coordination : a) en définissant à l'avance le programme gouvernemental en sorte que chaque ministre, dans la mesure où il s'inscrit dans ce programme, n'a plus besoin de négocier avec ses collègues ; b) si nécessaire, en redéfinissant chaque année ce programme à l'occasion de la discussion du budget ; c) en recourant pour le surplus à l'arbitrage du Premier ministre ou, dans les Régions et les Communautés, du ministre-président. En pratique, malheureusement, l'accord de gouvernement et l'accord budgétaire annuel restent des cadres très généraux pour l'action gouvernementale et laissent subsister une incertitude importante. Et le régime de coalition pratiqué en Belgique ne confère au ministre aucune autorité formelle sur ses collègues. Ce dernier n'est jamais qu'un pair parmi ses pairs et ne peut donc, comme c'est le cas en France, trancher arbitrairement un différend ou transmettre aux ministres des directives relatives à leurs compétences. En bref, la contrainte de l'*incertitude* pèse durement sur le travail ministériel et elle doit être absorbée au quotidien par les acteurs eux-mêmes.

La combinaison de ces trois contraintes de la complexité, de l'interdépendance et de l'incertitude a cinq conséquences majeures.

4. Elle entraîne *une charge intense de communication en face à face* entre les ministres (et leurs collaborateurs) dans la recherche négociée des accords et des compromis. Il n'y a pas le choix, sinon de s'affronter et de s'arranger entre acteurs. Or, pour toutes sortes de raisons, la communication entre les ministres est précaire et limitée. La recherche négociée d'un consensus rencontre d'évidentes limites, ne fût-ce que l'impatience des acteurs, leur méfiance et le manque de temps. Force est donc

de remplacer le consensus par le pouvoir : faute d'arriver à ses fins par la persuasion, il reste donc à essayer la force.

5. De fait, la combinaison de la complexité, l'interdépendance et l'incertitude conduit à des *rapports de force et des jeux de pouvoir permanents*, chacun cherchant à mobiliser ses ressources afin d'influencer les dossiers des partenaires et soustraire ses propres dossiers à l'influence des autres, au risque d'un enlisement généralisé dans la conflictualité.

6. L'omniprésence des jeux de pouvoir entraîne à son tour toute une série de dysfonctions liées à la montée de la méfiance entre les partenaires, à l'obsession d'être roulé, aux vertiges du stratégisme et du donnant-donnant. La pauvreté de la communication entre des ministres obsédés par la peur de perdre la face vient encore affaiblir la qualité de la coordination au sein du gouvernement. À force de rationalité cynique, les acteurs engendrent une *irrationalité chronique*.

7. La conjonction des trois contraintes de la complexité, de l'interdépendance et de l'incertitude impose aussi de *travailler en réseau* plutôt que hiérarchiquement : il s'agit d'absorber la charge de coordination en s'impliquant dans une incroyable diversité de relations interpersonnelles dans lesquelles s'échangent des informations, des dons, des pressions, des influences, des contraintes diverses.

8. Enfin, le travail en réseau et les trafics d'influence qui s'y opèrent forment un obstacle rédhibitoire à la légitimation de l'action politique. Le grand public n'a guère envie de pénétrer ces arcanes, il est rebuté par cette complexité et préfère deviner des grenouillages là où commence l'opacité. Son modèle est celui de la hiérarchie et du volontarisme : à ses yeux, le ministre est placé au faîte de la pyramide du pouvoir plutôt qu'au cœur d'un réseau d'influences, il lui suffit de donner des ordres à son administration pour changer le monde ; et tout défaut d'action indique forcément un « manque de volonté politique ». L'acteur politique se trouve donc confronté à un *problème de légitimation :* il ne peut

qu'exceptionnellement, et devant des auditoires spécialisés, justifier ses décisions en évoquant la constellation des influences et des marchandages qui ont conduit aux dites décisions. La complexité n'est rien qui se vende aisément : ni les médias ni les militants ne sont preneurs. Il n'a donc d'autre choix, pour légitimer ses décisions, que de *substituer dans ses discours le modèle hiérarchique au modèle du réseau*, ou encore, ce qui revient au même, le modèle du volontarisme et de la responsabilité personnelle au modèle de l'émergence – en défendant stoïquement des décisions qu'il n'aurait jamais prises lui-même, eût-il été libre de ses choix, ou en reportant sur d'autres la responsabilité de son inaction. Ce travail de construction et d'attribution de la responsabilité est une composante essentielle de l'activité ministérielle.

Le raisonnement ci-dessus ne conduit pas à dénier aux acteurs politiques toute responsabilité : pour paraphraser Marx, ce sont bien les acteurs qui font l'histoire ; simplement, cette histoire, ils la font sur la base de conditions qu'ils n'ont pas choisies et dont ils héritent pour une bonne part : le régime de coalition, la séparation de l'exécutif et du législatif, la multiplication des niveaux de pouvoir en Belgique, le pouvoir propre et l'inertie de l'administration, etc. Pour comprendre leurs actions et leurs discours, il importe de les replacer en situation, de reconstituer les contraintes qu'ils rencontrent au quotidien en nous gardant de la tentation permanente de les élever de leur statut d'*acteurs parmi d'autres* à celui de *boucs émissaires* – une promotion qu'eux-mêmes ne détestent pas nécessairement.

La contrainte de la complexité

Hormis lorsqu'il est « abonné » à un poste déterminé – comme ce fut le cas de Philippe Maystadt aux Finances –, le ministre qui entre en charge connaît mal les compétences qui lui sont échues. Il se retrouve soudain confronté à des dossiers dont l'ampleur et la technicité le dépassent : certains dossiers sont en gestation depuis des mois ou des années et remontent soudain de l'administration ; d'autres sont hérités de la législature précédente, en attente d'une décision ; d'autres encore doivent être lancés d'urgence, conformément à l'accord de gouvernement ; d'autres enfin, très nombreux, sortent de son champ de compétences et lui sont soumis pour accord par ses collègues de la coalition. On le comprend, les ressources d'attention, de réflexion et de compétence dont dispose un ministre, fût-il expert, sont sans commune mesure avec la complexité des dossiers, d'autant qu'il ne peut y consacrer qu'un temps très limité, le travail proprement politique continuant d'occuper une part importante de ses journées : rapport aux militants, à la direction du parti, aux médias, à son terreau local, aux groupes sociaux qu'il s'efforce de représenter.

> «Cela demande un énorme travail de préparation, explique Isabelle Durand, parce qu'on traite des dossiers très différents d'affaires étrangères, européennes, d'intégration sociale, d'asile, de licences UMTS, d'aviation… Tous les dossiers sont d'une grande complexité et, pour moi, la préparation est extrêmement difficile. Je ne parviendrai évidemment jamais à les maîtriser dans leur ensemble[33].»

Cette complexité, qui varie bien sûr selon les dossiers, est d'ordre technologique, administratif, budgétaire, économique et financier, mais peut-être avant tout juridique : l'inflation du droit affecte en profondeur le travail ministériel et finit quelquefois par l'étouffer. Entre 1986 et 1996, la Belgique a produit plus de 18 500 textes légaux, soit une moyenne de cinq nouveaux textes par jour ! Le travail d'un gouvernement est constamment encombré de polémiques juridiques et les meilleures intentions butent sur la profusion et parfois l'incohérence des législations, raison pour laquelle les ministres sont généralement d'excellents clients pour les cabinets de juristes.

---

33. *Imagine*, juillet-août 2001.

Un exemple parmi d'autres : la planification du sol et l'urbanisme en Région bruxelloise. Plusieurs générations de responsables politiques ont fini par engendrer une hiérarchie incroyablement complexe de plans, certains n'ayant que valeur indicative mais pouvant comporter des dispositions réglementaires, d'autres n'ayant que valeur réglementaire : l'Ordonnance organique de la Planification et de l'Urbanisme, le Plan Régional de Développement, les Plans Communaux de Développement, le Plan Régional d'Affectation du Sol, les Plans Particuliers d'Affectation du Sol, le Règlement Régional d'Urbanisme et les Règlements Communaux d'Urbanisme, autant de corpus juridiques dont l'adoption, l'actualisation, la reconduction sont régies, de surcroît, par des règles différentes, incluant ou non des enquêtes publiques. Ajoutez encore à cela la législation sur les permis d'environnement et celle sur la protection du patrimoine, ajoutez aussi le fait que cet édifice imposant ne se trouve pas sous le contrôle d'une administration unique et cohérente mais de plusieurs entités régionales (l'Administration de l'Aménagement du Territoire et du Logement, l'Institut Bruxellois pour la Gestion de l'Environnement, la Commission des Monuments et Sites) et de dix-neuf services communaux, qu'une kyrielle de commissions et d'associations sont actives dans le domaine et prêtes à faire entendre leur voix, comme la Commission Régionale de Développement et Inter-Environnement, et l'on comprend qu'un ministre hésite à proposer des changements législatifs et qu'un promoteur soit tenté d'aller voir ailleurs…

Devant cette complexité, le ministre n'a donc d'autre choix que de déléguer l'essentiel du travail de conception, de contrôle et même de négociation et de s'appuyer, dans ses réunions avec les autres ministres et la presse, sur des notes de synthèse et des discours préparés à l'avance. Un Conseil des ministres normal suppose de passer en revue cinquante ou soixante dossiers, quelquefois plus de cent. Même si tous ne sont pas d'une égale complexité, il est impossible de s'asseoir à la table du Conseil en possédant une connaissance détaillée de chacun d'eux – et pas même des siens propres. Et les ministres n'ont pas été choisis pour leurs compétences techniques mais d'abord pour leurs qualités politiques.

Avant d'accéder à l'ordre du jour du gouvernement, la plupart des dossiers ont fait l'objet de nombreuses réunions avec l'administration, d'échanges entre collaborateurs au sein du cabinet, avec des parlementaires et quelquefois les autorités du parti, enfin de réunions entre les cabinets des divers ministres qui composent la coalition – ce qu'on appelle des *intercabinets*. Beaucoup de choses ont été discutées, des corrections et aménagements apportés, des contraintes intégrées, dont le ministre n'a souvent qu'une vague idée – d'autant plus vague que son agenda est chargé et qu'il est lui-même peu compétent ou répugne à s'immerger de longues heures dans l'étude des dossiers. Le ministre se fonde donc, pour intervenir en Conseil ou répondre aux objections de ses collègues, sur des notes critiques que lui préparent ses collaborateurs et sur un briefing que lui fait son directeur de cabinet avant la réunion. Ne pouvant tout contrôler, il est bien forcé de faire confiance à son équipe, au risque d'être mal informé, sinon manipulé : je reviendrai sur cette tendance des collaborateurs à entretenir la conflictualité entre membres de la coalition par des notes mordantes qui, s'il les suivait à la lettre, pousseraient le ministre à bloquer chaque semaine la moitié des dossiers introduits par ses collègues ; je reviendrai aussi sur leur tendance à promouvoir leur propre intérêt ou celui du groupe qu'ils représentent dans le traitement qu'ils font des dossiers. Quoi qu'il en soit, les ministres travaillent par conséquent en situation d'ignorance relative et de synthèses partielles et souvent partiales. Il y aurait une belle étude à faire sur le contenu et la forme de toutes ces notes sur lesquelles reposent, finalement, l'essentiel des discussions gouvernementales. Le plus souvent, elles contiennent un bref résumé du dossier et surtout un commentaire critique portant, non sur la qualité intrinsèque du dossier mais sur sa dimension «politique», le mot «politique» *renvoyant ici, neuf fois sur dix, aux enjeux en termes de positionnement des acteurs et des partis.* Dans ces notes, on trouve donc des phrases du genre : «Il faut tuer ce projet car il permettrait aux libéraux de pénétrer le secteur associatif», «Cette mesure ne fera pas plaisir à nos bourgmestres», «Si on accepte ça, les médias vont nous tomber dessus», «Le ministre Untel cherche à arroser sa commune», «La décision va permettre aux socialistes de renforcer leur image auprès des commerçants», «Encore un cadeau aux catholiques», etc. En d'autres termes, on voit la logique des caves remonter systématiquement aux étages, chaque dossier faisant l'objet d'un décryptage «politique». Aux critères de bonne gestion viennent s'ajouter, ou se substituer, des critères de positionnement politique : comment se faire a. i. m. e. r. ou empêcher que les autres se fassent a. i. m. e. r. Il va sans dire que les ministres se montrent spontanément plus perspicaces et d'ailleurs plus attentifs à cette dimension politique des dossiers. Et malheur aux collaborateurs qui en restent au niveau technique de l'analyse, ceux-là n'entrent jamais dans le premier cercle...

Cette distinction entre les compétences techniques et les compétences politiques n'est donc nullement abstraite ; elle est opérée au quotidien par les acteurs eux-mêmes. Deux types de critères, deux formes de raisonnement. Certains ministres sont connus pour être de piètres techniciens mais de vieux renards habiles à débusquer le profit politique qu'ils peuvent tirer de la moindre négociation ; d'autres au contraire, pourtant plus brillants intellectuellement, présentent des dossiers solides dont ils possèdent une maîtrise remarquable, mais ils ont du mal à en tirer un profit politique – mieux eût valu, sans doute, qu'ils se destinent à l'entreprise.

Les négociations ministérielles s'effectuent donc en situation d'ignorance relative. Les ministres les plus anxieux et les moins expérimentés restent rivés à leurs notes, les autres prennent les choses avec plus de détachement. Certains préfèrent reporter les points plutôt que d'improviser en séance, au risque de perdre pied ; d'autres au contraire, parce qu'ils connaissent la matière, acceptent d'aménager certaines décisions en séance. Le constat peut paraître irrespectueux : les collaborateurs du ministre ont clairement conscience des limites cognitives et informationnelles de leur « patron », ils n'ignorent pas que ce dernier n'a pu consacrer que deux heures à l'examen de dossiers dont la simple lecture prendrait deux jours et qu'il est de toute façon rétif à certaines matières. En répondant à ses questions impatientes, ils se sont aperçus qu'il ne comprend pas certains dossiers et ne montre aucune envie d'entrer dans les détails. « Résumons, résumons ! » En le voyant partir au Conseil ou à la réunion du *kern* (qui précède le Conseil et rassemble le ministre et les vice-Premiers), les bras chargés d'épais dossiers – ou suivi d'un portefaix, généralement son chauffeur – ils croisent les doigts, espérant qu'il ne commettra pas de bourde. Par bonheur, beaucoup de ministres sont de brillants esprits et des témoignages comme celui de ce directeur de cabinet ne sont finalement pas trop fréquents :

> « Je vous donne l'exemple de la réforme XYZ. Cette réforme, mon parti y tenait, elle figurait en bonne place dans notre programme. J'entame les réunions intercabinets, on arrive finalement à un accord sauf sur quelques points importants qu'il faudrait trancher en Conseil des ministres. Je mets tout ça par écrit, je bétonne la note et je commence à expliquer tout cela au ministre la veille du Conseil. Ça ne va pas trop. Il me dit qu'il va étudier tout cela durant la soirée et qu'on se revoit le lendemain avant le Conseil. Le matin du grand jour, je m'aperçois qu'il n'a rien, mais alors rien compris ! Les autres partis pouvaient l'avoir comme ils voulaient, d'ailleurs c'est toujours comme

ça, ils le savent bien et ils en profitent. Je pressens la catastrophe. Mais qu'est-ce que vous voulez, je ne peux quand même pas y aller à sa place au Conseil ! Finalement, je suis obligé de lui demander en partant : "Surtout, ne décidez rien ! Je préfère que vous renvoyiez le dossier aux directeurs de cabinet !" »

Bien sûr, peu de ministres accepteraient de reconnaître cette situation d'incompétence relative, pourtant inévitable ; ils préfèrent entretenir le mythe de l'omniscience qui continue de hanter la plupart des formes d'autorité. Reste que les discussions en Conseil des ministres prennent parfois un tour inattendu, de grandes décisions passant sans le moindre débat et des points de détail soulevant des discussions sans fin. Le témoignage d'un directeur de cabinet qui, en sa qualité de secrétaire du Conseil, assiste à toutes les séances :

« Le principe de Peter s'applique ici comme ailleurs. Un Conseil des ministres dure environ deux heures. On serait bien étonné de savoir à quoi ils consacrent ces deux heures ! Par exemple trois minutes sur un investissement de deux milliards et trois quarts d'heure à discuter de la désignation d'un attaché commercial à Bangkok. La différence, c'est qu'ils ont l'impression de bien maîtriser le deuxième point et pas le premier. »

Il arrive que des directeurs de cabinet décident délibérément de poursuivre la négociation d'un dossier difficile à leur niveau et d'en retarder sa remontée vers le Conseil, jugeant les ministres incapables de décider en connaissance de cause, soit parce que le dossier est trop technique, soit parce que les détails sont très importants et que les ministres ne veulent pas y entrer. En règle générale, ces derniers sont prêts à discuter des objectifs, mais ils répugnent à entrer dans une réflexion sur les moyens.

«De cela ils veulent bien discuter : des finalités. Moi, je veux un parc, moi, je veux rénover une place, moi, je veux un tunnel. L'administration ou le cabinet réagit en disant : "Si vous voulez un tunnel, il va falloir engager des agents supplémentaires, il va falloir amender la législation, etc." Et ça, ça les embête. Le mythe veut que puisque les ministres l'ont décidé, c'est fait. "Ne venez pas m'embêter avec ces problèmes de mandats, d'expertises, de procédures de recrutement, etc. Je ne peux rien faire avec ça, c'est impossible à vendre à l'opinion publique, ce genre de détails !" Or, quelquefois les détails sont importants. Alors ça crée une paralysie dans la mesure où des accords politiques sont nécessaires. Par exemple, ils sont d'accord pour créer un parastatal mais ils ne veulent pas discuter de la proportion de francophones et de néerlandophones. Donc, ça bloque. Et comme c'est délicat, ils n'osent pas non plus donner mandat à leurs directeurs de cabinet pour prendre la décision à leur place.»

De fait, le diable est souvent dans les détails et il arrive que les ministres n'aient pas le choix, sinon de pénétrer la matière : la formule de calcul de la dotation aux communes avantage subtilement certaines entités au détriment des autres, les critères d'un appel d'offre sont définis de manière à privilégier une entreprise, le calendrier des rénovations de voiries fait la part belle aux amis politiques, et ainsi de suite. En règle générale, ces dossiers-là prennent plus de temps et font l'objet de va-et-vient entre le Conseil des ministres et les intercabinets. Il arrive aussi que les directeurs de cabinet, à l'issue du Conseil des ministres, se téléphonent les uns aux autres pour tenter de comprendre ce qui a été réellement décidé, les versions variant d'un ministre à l'autre ! «Mon ministre m'a dit qu'ils avaient décidé de... – Ah bon ? Le mien m'a dit au contraire que...» Force est alors de se tourner vers le directeur de cabinet du Premier ministre ou du ministre-président qui fait fonction de secrétaire du Conseil des ministres.

La contrainte de l'interdépendance

Décrivant son expérience très récente du gouvernement wallon, Marcel Detienne, ministre écolo, explique :

> « J'avais la vision d'un parlementaire, je voyais ce qui sortait des gouvernements, ce que la presse en disait. J'avais plus le sentiment que chaque ministre avait une poche de pouvoir sur laquelle il régnait en maître absolu et je pensais qu'il n'avait pas grand-chose à dire sur ce que les autres faisaient. Or, le gouvernement a un rôle généraliste qui fait en sorte que je dois me reconnaître dans ce que fait un collègue ministre[34]. »

Le ministre fait ainsi deux constats : a) la contrainte fondamentale de l'interdépendance dans le travail ministériel ; b) le fait que même des parlementaires peuvent se faire une représentation tronquée du travail ministériel – que dire alors du grand public ?

L'interdépendance dans la décision politique est une contrainte pénible et dispendieuse. Pour une décision d'une certaine ampleur, le nombre d'acteurs qui, par leur pouvoir politique, leur influence, sont susceptibles d'affecter le processus est souvent considérable. L'expérience est habituelle : après de longues discussions, des acteurs parviennent à un accord pour découvrir ensuite que d'autres disposent d'une capacité de résistance et s'opposent à l'accord, imposant de nouvelles négociations qui débouchent sur un nouvel accord dont la réalisation exigera la participation d'autres acteurs encore dont il s'agit

---

34. *Imagine,* juillet-août 2001.

d'obtenir l'adhésion, et ainsi de suite. En politique, la décision n'est pas un acte ponctuel, elle est un processus complexe qui met aux prises un ensemble évolutif d'acteurs et d'enjeux. Je le répète, nous sommes ici en présence d'une logique de réseau plutôt que hiérarchique, raison pour laquelle rares sont les chefs d'entreprise qui réussissent en politique. Trop habitués à surplomber des pyramides, croyant pouvoir appliquer à la décision politique les principes du management, ils s'enlisent dans ces ramifications changeantes, ces jeux d'alliances qui se font et se défont. Une chose est la complexité technique, une autre la complexité politique.

L'exemple récent des accords dits de la Saint-Polycarpe illustre bien cette logique du processus, même si toutes les décisions politiques, par bonheur, n'atteignent pas ce degré de complexité. À l'origine, deux types de revendications. Côté francophone : le refinancement de l'enseignement ; côté flamand : l'élargissement des compétences communautaires et régionales au détriment de l'État fédéral, donc des avancées en faveur de l'autonomie politique et fiscale. Dès après les élections communales de l'automne 2001, les ministres fédéraux se décident à ouvrir le jeu. Les ministres des gouvernements fédéral, régionaux et communautaires tombent d'accord sur les grandes lignes d'un compromis qu'ils traduisent en textes de loi en janvier 2001. C'est ce qu'on appellera désormais les accords de la Saint-Polycarpe. Épuisé par son énième marathon nocturne – une spécialité belge –, le ministre savoure son succès et l'on croit l'affaire conclue. Si l'on inclut la Volksunie qui partage le pouvoir en Flandre avec le SP et le VLD, les partis de la coalition représentent deux tiers des voix : la proportion nécessaire pour faire passer les accords au Parlement. C'est compter sans la branche FDF de la fédération PRL FDF MCC qui clame son opposition à la régionalisation de la loi communale, une mesure qui menace d'affaiblir les communes à facilités de la périphérie bruxelloise : les deux députés FDF annoncent qu'ils s'opposeront à l'accord. Quant à la Volksunie, elle se déchire en réunion de bureau et cinq de ses sept députés annoncent eux aussi leur défection. Pour satisfaire la VU, on décide alors de déplacer la négociation vers Bruxelles où les partis flamands réclament depuis des années un renforcement de leur présence parlementaire. Les mêmes partis flamands en profitent pour élever leurs prétentions et exigent un échevin garanti dans chacune des dix-neuf communes. Dans le même temps s'opère une négociation discrète entre le président du VLD et le président de la Volksunie qui débouche sur un accord conditionnel qui renforce encore la régionalisation des compétences. Après la période de flottement liée à la transmission du texte des accords au Conseil d'État, la négociation reprend de plus belle. La pression s'accroît sur le groupe de travail bruxellois présidé par Daniel Ducarme et le débat s'anime au sein même du FDF où l'on évoque la perspective de devoir quitter le gouvernement bruxellois. Les accords du Lombard, qui ont notamment pour effet de renforcer la présence flamande dans l'hémicycle bruxellois, ne satisfont certains acteurs que pour en mécontenter d'autres. La crise perdurant, le syndicat de l'enseignement catholique décide de mettre la pression sur le PSC afin qu'il vote les accords malgré son statut de parti d'opposition. Insensiblement, le front de la négociation se déplace à présent vers la Communauté Wallonie-Bruxelles pour déboucher sur les accords dits de la Saint-Boniface, par lesquels le PSC obtient de ses collègues francophones des garanties en matière de financement de l'enseignement catholique qu'il n'avait jamais obtenues lorsqu'il était au pouvoir ! Il arrache aussi aux Flamands une vieille revendication francophone : la ratification de la convention-cadre sur la protection des minorités nationales en Europe. Dans la foulée, le Fédéral appuie également la candidature de Jean-Pol Poncelet, ex-ministre PSC, à l'Agence Spatiale Européenne ! Le 28 juin, alors que tout semble terminé, le ministre bruxellois Jos Chabert, seul ministre CVP, est forcé de suivre la ligne d'opposition dure suivie par son parti durant toutes les négociations, et refuse de donner mandat au ministre des Affaires étrangères afin qu'il fasse ratifier la fameuse convention-cadre. Deux mois plus tard, des recours contre les accords du Lombard, la régionalisation de la loi communale et la désignation des ministres bruxellois sont déposés devant la Cour d'arbitrage et en janvier 2002, le FDF continue de s'opposer aux accords du Lombard...

On le voit, le front de la négociation s'est déplacé de la Commission parlementaire au Gouvernement fédéral, ensuite à l'ensemble des gouvernements et au sein des partis, avant de se déplacer vers le niveau bruxellois, puis finalement vers la Communauté Wallonie-Bruxelles et le PSC pour finir à la Chambre! On a fini par lier entre eux des dossiers qui n'avaient *a priori* rien à voir, qui, dans certains cas, demeuraient en suspens depuis de longues années et que les acteurs ont remis à l'ordre du jour, chacun tirant l'essentiel de son pouvoir de sa capacité à bloquer la décision finale. L'ensemble de ce processus entre-laçant les exigences et les chantages est devenu progressive-ment illisible. Les accords ont *émergé* au sens où nul n'eût pu prévoir au départ sur quoi on allait déboucher, ni dresser la liste des acteurs concernés, ni même celle des thèmes à débattre. Se sont ainsi trouvés liés par le hasard des rapports de dépendance : le refinancement des Communautés, l'autonomie fiscale, les transferts de compétences (agriculture, commerce extérieur, coopération au développement...), la régionalisation de la loi communale, le refinancement de la Région bruxelloise et des assemblées communautaires (Cocof et VGC), l'accroissement du nombre de députés bruxellois, la présence renforcée d'éche-vins flamands dans les communes bruxelloises, les dispositions visant à éviter que le Vlaams Blok paralyse jamais Bruxelles, le rééchelonnement des dettes contractées avant 1989 par les écoles libres, la revalorisation des subventions de fonctionnement et de financement des bâtiments, une place à l'Agence Spatiale Européenne, et bien d'autres choses encore.

Comment expliquer cet accroissement spectaculaire de l'interdépendance ? Comment expliquer qu'elle finisse par s'étendre ainsi dans des réseaux si vastes ? Cela tient d'abord à la multiplication prodigieuse, en Belgique, des niveaux de pouvoir et des centres de décision politique. Sans même tenir compte du niveau européen : une Chambre, un Sénat et un gouvernement fédéral, deux Communautés et deux assemblées communautaires, dix provinces pourvues chacune d'un conseil provincial et d'une députation permanente, trois ou quatre gouvernements régionaux, avec leurs assemblées, et à Bruxelles, trois commissions communautaires en sus, une foule d'organismes d'intérêt public, d'entreprises publiques, d'organismes consultatifs, des communes dont nombre de bourgmestres siègent dans les différentes assemblées, plus de cent quarante intercommunales rien qu'en Wallonie. Et pour chapeauter l'ensemble, pas loin de soixante ministres et secrétaires d'État – chacun pourvu d'un cabinet richement doté –, deux fois plus qu'en France qui compte six fois plus d'habitants... Le temps est loin où les ministres nationaux gouvernaient la Belgique en étroite concertation avec le patronat et les deux grandes organisations syndicales[35] !

Pour une part, cette complexification institutionnelle résulte presque mécaniquement des évolutions sociales et économiques ; pour une autre part, elle est le prix qu'il a fallu payer pour la pacification communautaire ; mais pour une autre encore, elle provient de l'inflation de la particratie, toujours à la recherche de mandats pour satisfaire les appétits des élus, de nouveaux points de chute pour les interminables cohortes qui transitent par les cabinets. À l'évidence, la logique qui a présidé par exemple à la distribution des mandats ministériels à la

---

35. *Cf.* J. Meynaud, J. Ladriere & Fr. Perin, *op. cit.*

Communauté Wallonie-Bruxelles et à la Région wallonne après les élections du 13 juin n'est en rien liée au découpage logique des compétences, mais bien aux personnes à placer et au respect d'une proportion «équitable» entre partis dès lors que le PS et le PRL avaient choisi de convier Ecolo à la table des négociations. C'est ainsi qu'à la Communauté Wallonie-Bruxelles, la proportion initiale (calculée en fonction du nombre de sièges) prescrivait deux PS, deux PRL et un Ecolo. Les écologistes craignant que leur ministre ne soit trop isolé, ont exigé deux postes ministériels, ce qui a conduit le PS et le PRL à en réclamer chacun trois – de façon absurde. On est ainsi arrivé à un exécutif ne comportant pas moins de huit ministres à temps plein (avec autant de cabinets ministériels) là où l'exécutif précédent, compte tenu des doubles casquettes Région-Communauté, fonctionnait avec moitié moins de ressources ministérielles et donc de cabinets. Une ministre comme Nicole Maréchal, par exemple, qui est en charge de l'Aide à la jeunesse, n'a guère plus de compétences qu'un directeur d'administration...

La multiplication des ministres conduit nécessairement à faire éclater les compétences et à exacerber les problèmes de coordination dès lors que chaque ministre, condamné qu'il est à faire parler de lui, défend d'autant plus jalousement son «bac à sable» et cherche vaille que vaille à rentabiliser ses maigres prérogatives. Elle conduit aussi à une centralisation politique des décisions au détriment des administrations dans la mesure où, les ministres et leurs cabinets disposant de plus de temps, ils tendent spontanément à s'approprier des responsabilités jusqu'alors déléguées aux fonctionnaires.

À cette logique de la fragmentation politique, il convient d'en ajouter deux autres : la multiplication des conseils consultatifs et des commissions d'avis auxquelles le pouvoir politique n'a cessé de déléguer une partie de son pouvoir durant ces dernières années et derrière lesquelles il a pris l'habitude de se retrancher pour légitimer ses décisions ; et bien sûr la multipli-

cation des lobbies de toutes sortes : économiques, environne-
mentaux, humanitaires, citoyens.

En première analyse, on imagine que cette multiplication des
centres de décision a pour principal effet de fragmenter le
pouvoir, chaque ministre voyant ses prérogatives considérablement réduites – et s'accrochant donc avec d'autant plus de
vigueur à ce qui lui reste. En réalité, elle a un deuxième effet
tout aussi massif : elle tend à réduire la part de régulation hiérarchique au profit de la régulation de réseau ; je veux dire
qu'elle réduit la proportion des décisions sur lesquelles le
ministre dispose d'une *autorité* au profit des décisions sur lesquelles il n'exerce plus qu'une *influence*. Un exemple : par le passé,
la politique de mobilité dépendait d'un ministre national ;
aujourd'hui, elle dépend d'un ministre national et de trois
ministres régionaux. Anciennement, donc, la mise en œuvre
d'une mesure générale comme le changement du Code de la
route ou la construction d'un RER eût été décidée centralement ;
aujourd'hui, elle dépend de rapports complexes entre quatre
centres de décision politique entre lesquels n'existe aucun lien
de subordination (en plus de la SNCB qualifiée justement
d'« État dans l'État »). À l'exercice de l'autorité se substitue la
négociation entre égaux. Il est possible qu'un tel processus de
décision prenne mieux en compte les spécificités locales, mais
ce qui est clair en tout cas, c'est qu'il alourdit considérablement
l'interdépendance et la charge de coordination. L'enseignement,
le tourisme, la culture, les politiques de l'emploi, le logement,
la santé, l'économie, l'aménagement du territoire, les relations
internationales, la mobilité sont autant de compétences assumées par plusieurs niveaux de pouvoir entre lesquels, par conséquent, devrait s'opérer une coordination régulière et efficace –
ce qui n'est presque jamais le cas. Le directeur du Botanique,
pour citer un exemple, dépend de cinq ministres différents : l'un
pour les jardins, le deuxième pour la musique, le troisième pour
les centres culturels, le quatrième pour l'enseignement artistique

supérieur et le cinquième pour les académies! Imagine-t-on que ces cinq ministres se réunissent ne fût-ce qu'une fois l'an pour harmoniser leurs politiques à l'égard de cette institution culturelle ?

Autre exemple : la planification des chantiers en voirie dans une ville comme Bruxelles. Soit la rénovation d'un carrefour important. Certaines voiries sont gérées par la Région, d'autres par les communes. Avec un peu de malchance, le chantier affecte les unes et les autres et requiert donc une coordination étroite entre les responsables régionaux et les responsables d'une ou plusieurs communes. Comme il n'existe pas de police régionale, la gestion de la circulation durant tout le temps du chantier dépendra des zones de police au niveau communal. Dans la mesure où le chantier affecte le sous-sol (les câbles de téléphone et d'électricité, les tuyaux de gaz, les arrivées d'eau), il implique une concertation avec différentes sociétés d'utilité publique comme Belgacom, la CIBE, le CRTC, INTERLEC, SIBELGAZ, etc. Et comme il touche également aux transports en commun, il concerne directement la STIB. Au niveau du gouvernement régional, les compétences Travaux publics, Mobilité, Transports publics (incluant la tutelle sur la STIB) et Urbanisme peuvent aisément être distribuées entre trois ou quatre ministres différents, chacun jaloux de ses prérogatives et chapeautant des services au sein du ministère entre lesquels n'existe qu'une concertation très relative. Mesure-t-on la charge de coordination pour la mise en œuvre harmonieuse d'un chantier banal ?

Troisième exemple : la politique de stationnement dont certains aspects continuent de dépendre du Code de la route, lequel demeure une compétence fédérale. C'est ainsi que de nombreux bourgmestres, dans les grandes villes, réclament depuis dix ou vingt ans des mesures aussi simples que la possibilité de réglementer le stationnement dans les zones bleues en dehors des jours ouvrables, la possibilité de délivrer des cartes de riverains ou d'utiliser des sabots pour immobiliser des véhicules garés en infraction. À défaut, ils se retrouvent contraints à agir dans l'illégalité.

À la multiplication des acteurs publics vient s'ajouter, je l'ai dit, la prolifération des organes de concertation et des groupes d'intérêt: depuis les organisations syndicales et les mutuelles jusqu'aux innombrables conseils consultatifs (Conseil central de l'économie, Conseil national du travail, Conseil économique et social, Conseil de l'éducation et de la formation, etc.), commissions de tous types et jusqu'aux associations influentes comme Inter-Environnement, la Ligue des droits de l'homme ou le Centre pour l'égalité des chances, ou encore les entreprises et les fédérations, les associations de commerçants, les comités de quartier, tous contre-pouvoirs que l'acteur politique craint de s'aliéner.

Enfin, on doit encore ajouter le poids des régulations internes aux partis. Un parti politique étend ses racines profondément dans la société et quelle que soit la politique suivie par un ministre, elle a des chances d'affecter certains membres du parti à d'autres niveaux de pouvoir: une commune dont le bourgmestre est de la même couleur politique, un organisme d'intérêt public présidé par un élu, des fonctionnaires politisés, des associations sympathisantes, etc. C'est ainsi qu'un ministre, dans le cadre de ses fonctions, est régulièrement approché par des « amis politiques » concernés à quelque titre par les politiques mises en œuvre. S'il veut préserver sa position au sein du parti, en particulier les ressources d'adhésion interne qu'il contrôle, le ministre ne peut ignorer les intérêt de ces acteurs.

On le comprend, un acteur politique qui veut s'investir dans un changement d'importance n'a d'autre choix que de s'immerger dans un travail d'influence long et difficile, de chercher à noyauter ou du moins à faire pression sur les divers centres de décision concernés en sorte d'assurer la convergence d'une constellation d'acteurs aux intérêts parfois très disparates. La déperdition d'énergie est considérable, elle conduit à des retards chroniques, à des incohérences et des échecs à la mesure du nombre de centres de décision – je veux dire, neuf fois sur dix, de centres de blocage – qui sont concernés. Songeons à ces dossiers qu'on ne cesse d'évoquer encore et toujours, sans jamais déboucher sur la moindre décision comme, à Bruxelles, le tunnel Josaphat ou l'extension des bâtiments du Parlement européen.

Un magnifique exemple de gâchis, digne de Kafka : le projet « Musiccity » d'installation d'une cité de la musique dans les anciens bâtiments de Tour et Taxis. En 1992, la Ville de Bruxelles donne son accord de principe. Après de nombreuses enquêtes publiques et commissions de concertation, les autorités délivrent un permis d'urbanisme. En 1997, après une longue étude d'incidence, l'Institut Bruxellois pour la Gestion de l'Environnement délivre un permis d'environnement. En 1998, un second permis d'urbanisme est accordé. Le 6 mars 1998, *La Libre Belgique* titre : « Une nouvelle voie pour Tour et Taxis » et « Un projet ambitieux pour l'Europe ». Le 14 avril, *Le Soir* : « Musiccity : ce permis est le bon ! » Le même journal, le 17 juillet : « Bruxelles aura sa cité de la musique. » Les 15-16 janvier 2000 : « Musiccity enfin sur les rails ? » Le 10 février 2000 : « Les fausses notes s'accumulent. » Le 23 mars 2000 : « Le permis pour Musiccity vient d'expirer. » Et les 12-13 mai 2001 : « Le glas de Musiccity. » Près de dix années d'atermoiements pour enterrer finalement un projet original, dix années de négociations, de marchandages, de recours en justice et de savants blocages en pure perte, chacun utilisant les arcanes d'une législation touffue pour contrarier le projet. Des sommes considérables englouties dans des études de toutes sortes, des plans d'architecte, des batailles juridiques. Des investisseurs privés dégoûtés. Et finalement l'accablante conclusion que tout projet d'envergure sera désormais condamné à s'enliser dans de pareils marécages politico-juridiques, faute d'une autorité suffisamment forte pour opérer les arbitrages et transcender la fragmentation du pouvoir.

L'interdépendance au sein du gouvernement

Plutôt que le sommet d'une pyramide, un ministre est donc un nœud essentiel dans des réseaux d'interdépendances complexes qui dépassent la sphère du gouvernement, de l'administration et même des partis pour s'étendre à divers acteurs économiques, institutionnels et médiatiques. Il reste que la première interdépendance que rencontre le ministre au quotidien, celle qui l'affecte le plus directement et qui conditionne l'organisation du travail dans son cabinet, est la contrainte de la collégialité au sein du gouvernement, chaque ministre disposant d'une sorte de droit de veto sur les propositions de ses collègues. Bien sûr, il existe toujours des plages d'autonomie, précisément délimitées par les arrêtés de délégation, qui font qu'un ministre peut prendre certaines décisions sans en référer à ses collègues. Il reste qu'on est surpris par l'étroitesse de ces plages, donc par le nombre de décisions relativement mineures qui remontent jusqu'au Conseil des ministres – tout ministre pouvant de surcroît évoquer une affaire relevant d'une compétence déléguée à l'un de ses collègues. Dans le système belge, chaque ministre dépend donc fortement de ses collègues. Cette dépendance est inhérente au régime de coalition, mais elle résulte aussi des arrêtés de délégation que les gouvernements adoptent en début de législature. Il suffirait d'accroître sensiblement les marges de délégation pour relâcher l'interdépendance. Or, c'est précisément ce à quoi se refusent les partis, profondément attachés à cette faculté de contrôler et d'infléchir en permanence l'action des partenaires. La norme veut que chaque ministre soit cosolidaire de la politique du gouvernement, qu'il endosse le bilan général et s'abstienne de critiquer publiquement l'action de ses collègues. Bien sûr, il y a loin de la norme à la réalité et les transgressions sont nombreuses ; elles restent malgré tout des transgressions. Je veux dire que la norme continue en gros de s'appliquer et ce n'est pas un hasard si les critiques et avertissements sont ordinairement formulés par les présidents de parti ou du moins des acteurs extérieurs au gouvernement – ainsi les critiques répétées de Philippe Defeyt (Ecolo) à l'égard du Premier ministre, de Luc Coene, son directeur de cabinet et du ministre Rik Daems ; celles d'Elio Di Rupo à l'encontre du ministre de la Justice Marc Verwilghen ou encore celles sempiternellement adressées aux ministres libéraux du gouvernement bruxellois par Philippe Moureaux, président de la fédération bruxelloise du PS.

L'organisation du travail au sein du gouvernement est une réponse plus ou moins logique à cette contrainte de l'interdépendance. Le plus souvent, les dossiers importants commencent par être présentés et discutés lors de réunions qui rassemblent les collaborateurs des divers cabinets. Selon les cas, ils sont ensuite discutés et négociés entre directeurs de cabinet avant d'être inscrits à l'ordre du jour du Conseil des ministres. S'il est vrai que les divers gouvernements ne travaillent pas tous exactement de la même façon, on peut néanmoins schématiser le déroulement général des activités comme suit. Chaque ministre adresse aux services du Premier ministre ou du ministre-président les points qu'il veut voir inscrits à l'ordre du jour du Conseil de la semaine suivante. Les dossiers parviennent aux cabinets en fin de semaine et sont examinés durant le week-end. Le lundi, chaque cabinet arrête sa position relativement à chacun des dossiers présentés par les partenaires : soit l'accord est donné sans condition et le dossier ne fera même pas l'objet d'une évocation en Conseil des ministres, soit l'accord est donné sous réserve de l'une ou l'autre correction, soit encore le cabinet demande de poursuivre la négociation. Ensuite, deux voies sont possibles : les dossiers sont traités en *kern* par les chefs de file de la coalition (Fédéral et Région wallonne), ou en «prégouvernement» par les directeurs de cabinet (Région bruxelloise et Communauté française) avant de passer en Conseil des ministres. Même s'ils semblent s'exclure mutuellement, ces deux dispositifs n'ont pas exactement la même fonction.

Le *kern* sert avant tout à limiter la contrainte de l'interdépendance. Deux jours avant le Conseil des ministres, les vice-Premiers ministres des divers partis de la coalition (en Région wallonne, les chefs de file) se réunissent avec le ministre pour prendre position sur les dossiers importants et il est admis tacitement que les ministres s'abstiennent d'intervenir sur les dossiers des collègues ; en sorte que le Conseil des ministres qui a lieu deux jours plus tard finit par se réduire à une chambre d'entérinement. Bien sûr, le vice-Premier qui participe au *kern* prend soin de s'entretenir au préalable avec ses collègues de la même famille politique afin d'éviter de les désavouer et de se trouver lui-même en porte-à-faux. En réintroduisant la discipline de parti dans la décision gouvernementale, le système du *kenr* permet d'alléger la règle de collégialité au nom de laquelle, finalement, n'importe quel ministre franc-tireur pourrait bloquer n'importe quel dossier sous n'importe quel prétexte, au risque de représailles conduisant au blocage de l'ensemble du gouvernement. Une telle hypothèse est loin d'être un cas d'école, elle est survenue à plusieurs reprises dans l'histoire des exécutifs bruxellois, wallon et communautaire. Deux témoignages édifiants évoquent un passé pas si lointain :

> « C'était le règne du donnant donnant perpétuel et des accords en paquets. On faisait tout le temps des paquets. C'est pour ça qu'à la fin, je ne supportais plus la situation en Communauté française. Le ministre X était infernal. Celui-là, c'était un être d'une pure ignominie. Il pouvait vous regarder dans le blanc des yeux et vous montrer un téléphone rouge en vous disant : "Ce téléphone est bleu." Le cynisme absolu ! Pendant un an, il a bloqué le gouvernement de la Communauté française. Plus rien ne passait ! La Communauté filait vers la faillite et il s'en foutait ! »

> « Lorsque j'étais ministre au fédéral, mon président de parti à l'époque était X. J'étais aux Communications avec

la SNCB, la Sabena et l'aide aux chantiers navals dans mes attributions. Et ces chantiers navals étaient bien sûr du côté flamand. Alors que les dossiers avaient été correctement ficelés, prêts à être approuvés, mon président me téléphone pour me demander de tout bloquer, le temps que d'autres négociations aient lieu à d'autres niveaux. Je me souviens que j'avais fait traîner une subvention pour Boelwerf. Je bloquais les choses depuis un mois, les Flamands étaient très énervés et moi, j'étais à bout. Je me souviens avoir téléphoné à mon président qui se trouvait à la Côte d'Azur. "Écoute, je ne peux plus tenir! Ce n'est pas vraiment correct!" "Eh bien, m'a-t-il dit sur un ton glacial, tu n'as pas le choix, tu dois encore tenir!" J'ai vécu assez durement ce genre d'interférences du parti. »

On se souviendra aussi de l'affaire du parking de l'immeuble D3 du Parlement européen en 1997, lorsque après avoir autorisé les promoteurs à construire un bâtiment comportant 2322 places de parking en souterrain et après que la Ville de Bruxelles eut délivré un permis permettant leur utilisation, le ministre Rufin Grijp, seul contre tous ses collègues, s'est opposé pendant de longs mois à l'occupation de ces emplacements par les fonctionnaires sans que quiconque soit en mesure d'arracher son accord.

Le *prégouvernement*, quant à lui, répond plutôt à la nécessité de réduire la complexité et la conflictualité des dossiers avant leur passage en Conseil des ministres. En pratique, les directeurs de cabinet se réunissent le mardi ; ils examinent collectivement les points à l'ordre du jour du Conseil du jeudi, apportent des corrections éventuelles et optent soit pour :

a) l'accord, auquel cas les ministres n'ont même plus besoin d'en discuter en Conseil ;

b) le renvoi au Conseil, s'ils estiment que le dossier présente un problème politique et doit être discuté par les ministres ;

c) le report à un Conseil ultérieur, le dossier n'étant pas mûr et appelant de nouvelles réunions intercabinets et des aménagements substantiels ;

d) si le dossier présente un caractère d'urgence, la poursuite de la négociation en intercabinet en vue de finaliser le dossier pour le jour du Conseil des ministres.

Ce faisant, les directeurs de cabinet assument un rôle de filtrage et de déminage important. En absorbant à leur niveau un ensemble de tensions et de concessions, ils protègent en quelque sorte leurs ministres et libèrent leur attention pour la concentrer sur les problèmes véritables. Ils permettent également de réduire sensiblement la longueur des Conseils qui ne durent le plus souvent qu'une ou deux heures. Un directeur de cabinet confirme :

> « Mon ministre était explicite à ce sujet. Il me disait : un pré-gouvernement, ça doit servir à me protéger, à me permettre de rester en bons termes avec les autres ministres. C'est à ça que vous servez, vous, les directeurs de cabinet : vous servez à préserver les conditions d'un débat politique entre nous. Si on commence à se disputer pour tout, c'est fichu. »

Ainsi les ministres se trouvent-ils enchaînés les uns aux autres dans la décision politique. De là, bien sûr, le fardeau des pressions, des marchandages et des tensions qui font le quotidien d'un gouvernement. Une nouvelle fois, on serait tenté de s'exclamer : « À quoi bon ces querelles d'épiciers ? ! Plutôt que d'avaler des couleuvres chaque semaine, n'est-il pas mieux de claquer la porte ? » Rompre la relation, casser la chaîne, telle est effectivement la limite de toute interdépendance, le recours ultime vers lequel un collectif d' « intellectuels[36] » ne cesse *de facto* de pousser le parti Ecolo, accusé de dévoyer la cause de la gauche

---

36. Parmi lesquels Claude Demelenne, Anne-Marie Appelmans, Manuel Abramowicz, Mario Gotto, etc.

alternative par son soutien complice au gouvernement arc-en-ciel. Cependant, les conseilleurs ne sont pas les payeurs et l'objurgation est plus facile à lancer dans un journal qu'à réaliser concrètement. D'abord, il faut comprendre qu'un ministre qui refuse d'avaler les couleuvres que lui tendent ses collègues du gouvernement ne peut démissionner facilement. S'il le fait à titre personnel, en manière de protestation, il place son parti dans une situation intenable. Le retentissement médiatique aura pour effet de donner aux couleuvres qu'il refuse d'avaler les dimensions d'un boa. L'affaire doit être grave puisque le ministre démissionne : comment son parti pourrait-il alors courber l'échine en se bornant à lui désigner un successeur ? Et qui consentirait à avaler des boas ? Neuf fois sur dix, il n'y a donc guère le choix : c'est le parti tout entier qui doit se retirer du gouvernement au prix d'une lourde crise politique et, dans la mesure où la coalition restante a perdu sa majorité, de longues et difficiles tractations avec une formation politique de rechange, laquelle ne manquera pas d'exiger d'être associée aux autres niveaux de pouvoir. Le divorce à un niveau risque d'entraîner l'éviction de la formation politique aux autres niveaux. Pour avoir rejeté, disons, la politique d'asile menée par le gouvernement arc-en-ciel, un parti perdrait le bénéfice des avancées multiples réalisées par ses collègues de la même formation aux divers niveaux de pouvoir. D'un seul coup, il faudrait faire exploser des équipes péniblement mises en place et renvoyer abruptement des centaines de personnes.

Il y a plus : comme l'a reconnu avec une pointe de fatalisme Isabelle Durant, « pour gouverner autrement, il faut d'abord gouverner tout court[37] ». Les contempteurs sous-estiment fréquemment la précarité du pouvoir ministériel, la complexité des processus administratifs, les lourdeurs de l'administration, et par voie de conséquence les bénéfices d'apprentissage inestimables

---

37. *Imagine*, juillet-août 2001.

de toute expérience gouvernementale – bénéfices non simplement pour les ministres mais également pour la cohorte de conseillers et d'attachés amenés à se frotter aux réalités du pouvoir, à former des réseaux et à développer des relais dans l'appareil d'État.

Tout cela, une formation politique est d'autant plus rétive à l'abandonner sur un coup de tête qu'elle n'est nullement assurée de récolter le moindre bénéfice électoral pour prix de son intransigeance, l'électeur nourrissant une méfiance instinctive pour les fauteurs de trouble. Il est bien vrai que la participation des Verts aux divers niveaux de pouvoir – à l'exception de la Région bruxelloise – s'apparente à une cure de modestie. Mais personne, qui connaît les contraintes du système politique belge, ne peut s'en étonner.

On le comprend donc, les chaînes qui relient les ministres les uns aux autres dans les bagnes dorés des gouvernements sont difficiles à rompre. Être ministre, *c'est* être enchaîné. Force est donc pour chacun de s'en accommoder en cherchant le moyen de tirer sur les chaînes avec suffisamment de force pour attirer les autres dans la direction où il souhaite aller lui-même.

L'incertitude des décisions

Le modèle hiérarchique, je le répète, nous induit en erreur lorsque nous réfléchissons à la gouvernance politique ; il nous pousse à supposer que le ministre détient une autorité sur ses collègues du gouvernement et qu'il incarne une volonté collective cohérente. En réalité, ce dernier n'exerce en Belgique un pouvoir formel que sur le *processus* et non sur la *substance* des décisions, de sorte que s'il s'avisait de donner un ordre à l'un de ses collègues, il se trouverait aussitôt durement rembarré. Assurément, il est différentes manières d'animer une équipe : Wilfried Martens, par exemple, se bornait souvent à présider de longues réunions en laissant le consensus émerger spontanément tandis que Jean-Luc Dehaene s'investissait davantage dans le processus de décision, lançait des idées, faisait des propositions, pesait sur la conclusion des accords. Il reste que, si actif et influent soit-il, le Premier ministre tire sa légitimité du fait même qu'il se garde d'exercer la moindre autorité sur ses pairs, qu'il anime l'équipe gouvernementale dans le respect de chacun des partenaires et défend honnêtement toutes les décisions de son gouvernement, fussent-elles éloignées de ses conceptions. Au contraire des membres d'un comité de direction d'une entreprise, les ministres n'ont personne au-dessus d'eux vers qui se tourner pour arbitrer leurs différends et transcender les conflits d'intérêt – sinon, dans une mesure très limitée, les présidents de parti – et ils sont condamnés à s'accommoder de ces huis clos éternellement conflictuels que sont les réunions hebdomadaires du *kern* et du Conseil des ministres.

Outre le recours à l'autorité, la règle formelle et le contrat sont d'autres moyens de réduire l'incertitude des décisions, donc la charge de coordination et de concertation. Un gouvernement travaille toujours dans le cadre d'un accord longuement et durement négocié au sortir des élections : une sorte de contrat passé entre les partenaires de la coalition. En prenant ses fonctions, chaque ministre a donc un programme à réaliser. On pourrait supposer qu'aussi longtemps qu'il colle à ce programme, le ministre échappe au fardeau de la négociation. Au vrai, on est très loin du compte, et cela pour différentes raisons. En pratique, les accords de gouvernement sont très généraux, ils ont été négociés dans l'urgence et souvent l'improvisation. Ils esquissent un cadre sans préciser le détail des actions à entreprendre et sont inévitablement sujets à interprétation. Très sagement, les négociateurs des divers partis se sont contentés d'y glisser leurs priorités, d'y apposer leur empreinte, en abandonnant à l'équipe gouvernementale le soin de négocier au fur et à mesure le détail des actions à mettre en œuvre en fonction des moyens budgétaires disponibles. Et beaucoup de problèmes imprévus surgissent en cours de législature qui appellent des réponses politiques. Le gouvernement arc-en-ciel est, à cet égard, un exemple du genre.

Ensuite, si l'accord de gouvernement énumère un très grand nombre d'actions à entreprendre, il n'impose que rarement des délais de réalisation : s'il est malaisé pour un ministre de lancer un projet non conforme à l'accord, il lui est assez facile en revanche de jouer l'inertie en s'asseyant *de facto* sur certains dossiers pourtant explicitement stipulés. Qui plus est, l'accord de gouvernement n'a pas pour seule fonction de baliser les politiques : il est aussi un instrument de communication et de légitimation destiné à convaincre les militants d'approuver la participation. Certaines résolutions sont des vœux pieux que les négociateurs s'accordaient à juger irréalisables, mais qu'ils ont accepté d'inclure à la demande pressante d'un parti soucieux de sauver la face et de ménager ses troupes. Comme directeur de cabinet, je me souviens avoir fait sourire mes collègues lorsque je protestais contre le retard de tel ou tel point de l'accord de gouvernement. En substance, leur message était à peu près celui-ci : «Ne feins pas d'ignorer les conditions dans lesquelles cet accord a été conçu. Tu sais bien que certains points étaient destinés à la galerie et que d'autres sont des objectifs à long terme, pour l'heure non finançables. Si l'on prétend suivre l'accord à la lettre, alors commençons par doubler les impôts et les effectifs de l'administration !»

Mais l'essentiel n'est même pas là : un accord de gouvernement résulte d'une configuration de rapports de force à un moment précis. Cette configuration peut changer en cours de législature et certains partenaires profiter de leur position de force pour imposer de nouveaux dossiers. Le témoignage ci-dessous brille par son réalisme – ou son cynisme, comme on voudra.

«Dans le secteur privé, les choses sont plus simples. Il existe une rationalité élémentaire : la survie et l'argent.

Donc, c'est assez clair. En politique, il n'en va pas ainsi. C'est pourquoi tout dépend du rapport de force. Ça se passe comme les contrats avec les Japonais : on passe un contrat dont les stipulations dépendent du rapport de force au moment de la passation du contrat. Si ce rapport de force n'évolue pas, le contrat sera respecté. Si au contraire les positions évoluent, le contrat ne sera pas respecté. C'est la même chose en politique. Les clauses du contrat se modifient à mesure de l'évolution des rapports de force. On joue aux échecs mais en changeant constamment le poids des pièces, les règles, etc. "On avait convenu de vous laisser tel poste mais maintenant la situation a changé, vous êtes en difficulté, nous avons gagné les élections, etc., et donc ce poste, je le reprends. J'avale ma signature et voilà tout !" Ça se passe tout le temps comme ça ! C'est pourquoi les déclarations gouvernementales, c'est assez bidon ! Onkelinx veut faire passer un projet qui ne figure pas dans l'accord de gouvernement ; eh bien, il lui suffira d'attendre que les libéraux aient un dossier important à faire passer, on globalise et on impose sa volonté. C'est aussi vrai avec les arrêtés de délégation. J'en ai vu, des ministres, dont l'autonomie se rétrécissait au fil du temps. Il ne faut même pas modifier le texte de l'arrêté. Il suffit de bloquer les dossiers du gars en le sommant de venir au gouvernement avec des points qui, normalement, entrent dans son domaine de délégation. »

Enfin, l'accord de gouvernement est généralement négocié sans estimation précise du coût de chaque mesure au regard des ressources disponibles, lesquelles dépendent de facteurs exogènes malaisément prévisibles, comme les rentrées fiscales. C'est ainsi que chaque année, lors de la négociation budgétaire, des ministres se voient refuser les crédits nécessaires à la réalisation de projets pourtant inclus dans l'accord de gouvernement. Dans cet arbitrage inévitable entre les priorités politiques, les rapports de force du moment sont une fois encore déterminants.

L'impact de l'accord de gouvernement sur la réduction de l'incertitude est d'autant plus limité que les réseaux d'interdépendance s'étendent bien au-delà du système formé par le gouvernement et les cabinets. Le politique est immergé dans ces réseaux plutôt qu'il ne les surplombe et l'on n'en finirait pas d'énumérer les catégories d'acteurs susceptibles d'opposer des résistances ou de formuler des exigences qui appellent une réaction des ministres. Dans la suite, j'évoque les quatre principales. Chacune d'elles, j'en suis conscient, mériterait un ouvrage.

Les parlementaires

Dans leur grande majorité, les ministres ont derrière eux une carrière parlementaire et nul ne conteste la légitimité du contrôle démocratique qui s'exerce sur les exécutifs. En deçà de l'idéal normatif, cependant, les jugements qui s'expriment sous cape sont globalement négatifs. C'est peu dire que les ministres et leurs collaborateurs tiennent en piètre estime l'activité parlementaire : la plupart la jugent ennuyeuse, inefficace et parfois dérisoire, les critiques se faisant plus virulentes lorsqu'elles concernent les assemblées régionales, manifestement surdimensionnées au regard des matières à traiter. Aux yeux des décideurs, les divers parlements sont loin d'assumer correctement leur rôle.

> « Avec le Parlement, mes rapports sont très bons, je les connais depuis quinze ans. Cela dit, depuis que je suis ministre, je suis sans doute plus déçu qu'avant par la fonction parlementaire. Il y a trop de désintérêt des parlementaires pour leur mandat. L'absentéisme règne scandaleusement, y compris en commissions où on peut dire que s'opère le véritable travail, les pires à cet égard étant les parlementaires du PRL. Il est vrai qu'il y a moins

de projets emballants qui vont au Parlement. Mais bon, on ne va pas en inventer pour le plaisir. Ils pourraient faire des propositions. C'est vraiment une source de déception pour moi. »

« Pour les séances du Parlement, j'ai organisé un tour de rôle parmi mes collaborateurs ; chacun s'y colle à son tour et il me fait signe s'il y a un problème. Mais c'est franchement pelant et il n'en ressort pas grand-chose. »

« Il faut se rendre compte de ce que ça représente comme perte de temps pour les exécutifs. Déjà, le niveau moyen des parlementaires pose question. Et ils sont tellement éloignés des problèmes que leur avis est rarement pertinent. En même temps, ils cherchent tous à se faire remarquer et les ministres perdent un temps fou là-bas. Et les débats en commission : d'abord, ce ne sont pas des débats, chacun vient avec son petit discours, sa volonté de défendre sa petite circonscription, sa position d'intérêt. C'est de l'occupationnel ! Et pendant tout ce temps, les ministres ne travaillent pas avec leur cabinet, leur administration... Le rôle du Parlement est important... parce qu'il bouffe du temps ! »

« Pour moi, le municipalisme risque d'être l'échec de la Région bruxelloise. (...) Je parle non seulement des ministres mais également des parlementaires qui ont eu beaucoup plus à cœur de défendre leur commune que de développer une vision régionale globale. Quand vous entendez des bourgmestres qui viennent interpeller au Parlement sur des cas concrets qui se sont passés dans leur commune en matière d'urbanisme ou de sécurité, quand vous constatez que des députés-échevins se rendent en commission du budget uniquement quand on débat de subsides qui pourraient être octroyés à leur commune, je me dis qu'on est en train de rater complètement le fait régional[38]. »

Les critiques concernent en vrac l'absentéisme, la vacuité des débats, le niveau moyen des députés, les effets de manche à la tribune, la pesanteur des rituels, l'omniprésence des intérêts locaux, en particulier municipaux, qui empêche le Parlement de jouer pleinement son rôle, la réduction des parlementaires au rôle de presse-boutons, la méconnaissance des dossiers, enfin le mythe absurde de l'omniscience du ministre qui veut que ce dernier soit en état de répondre presque sur-le-champ à n'importe quelle question dans ses compétences, ce qui oblige les collaborateurs et l'administration à assurer de fastidieuses permanences et préparer fiévreusement les réponses les plus variées. « Comment expliquez-vous, Monsieur le ministre, la panne de métro du 12 février ? » « D'où vient que telle association ait vu son subside diminuer de 10 % ? » « Le ministre peut-il nous rappeler la législation sur l'utilisation de l'eau de pluie ? » « Où en est la collecte de piles dans notre Région ? »

À travers ces critiques s'exprime un malaise qui porte au centre même de notre système démocratique et mériterait un débat public digne de ce nom. À l'évidence, le pouvoir d'initiative a quitté pour l'essentiel l'enceinte parlementaire et les journalistes ne s'y trompent pas qui désertent les séances publiques. Les députés apparaissent globalement soumis à la discipline du parti, éternellement placés devant le fait accompli, réduits à des amendements cosmétiques et quelquefois tenus dans l'ignorance par des gouvernements qui craignent — non sans raison — les polémiques artificielles dans lesquelles peuvent tomber des parlementaires en mal d'attention médiatique.

---

38. Évelyne Huytebroeck, *Le Soir,* 20 juin 2000.

« Il se passe peu de chose au Parlement bruxellois. Les députés essaient de montrer qu'ils décident, qu'ils agissent, alors qu'ils ne décident rien de tout. Ils vivent ça très mal. Il y a notamment des chefs de groupe qui sont incroyablement frustrés. »

« Un jour, un collègue du gouvernement est venu me trouver : "J'apprends que tu réponds beaucoup trop longuement aux questions parlementaires. Ne fais pas ça, c'est imprudent. Tu dois en dire le moins possible !" Jean-Luc Dehaene poussait cette stratégie jusqu'au paroxysme, il fallait en permanence se cacher des regards extérieurs. Moins on en disait, mieux c'était. Moi, je dois dire que j'aimais bien intégrer les parlementaires dans ma démarche. »

Il n'en reste pas moins que le Parlement contrôle des incertitudes importantes pour le travail ministériel. Les textes législatifs y sont transmis pour être débattus, amendés et finalement approuvés. Des accords parfois longuement et péniblement ficelés en gouvernement risquent d'être détricotés, édulcorés, détournés de leur finalité première, retardés pour des raisons multiples. Il incombe donc aux divers ministres d'assurer le relais avec les parlementaires de leur famille politique, de les tenir suffisamment informés, voire de les impliquer dans certaines décisions, non seulement parce que ces parlementaires contrôlent la décision finale et sont susceptibles d'introduire des amendements inopportuns, mais aussi parce qu'ils disposent d'une marge d'influence au sein du parti et qu'il est préférable de conserver leur soutien. Dans tous les cabinets, par conséquent, on s'efforce d'organiser des rencontres et des échanges, même si le fossé semble aller en grandissant. De ce point de vue, les ministres flamands bruxellois sont vraisemblablement ceux qui, en Belgique, prennent le plus de soin à maintenir une concertation régulière avec leurs parlementaires. L'explication est

simple, elle tient au rapport de force : les parlementaires flamands sont peu nombreux en Région bruxelloise, leur avis pèse
donc d'autant plus lourd. Du côté francophone, le désaccord
d'un député n'a pas grande importance : il s'en trouvera toujours
assez pour voter. En revanche, côté flamand, dans la mesure où
chaque parti compte tout au plus deux députés, ces derniers ont
un poids énorme et peuvent bloquer l'ensemble du processus.
Il en résulte une qualité de concertation qui ne trouve pas son
pendant chez les francophones.

Le parti

Dans tous les partis s'organise une concertation entre les
ministres et les autorités du parti. C'est incontestablement au
PS que cette pratique est la plus systématique et contraignante
et au PRL qu'elle est la plus faible. Selon les partis et les situations, elle rassemble autour des autorités du parti les ministres
seuls, les ministres et chefs de groupe, certains députés, les
directeurs de cabinet, certains membres de l'administration, etc.
Chez Ecolo, secrétaires fédéraux, ministres, chefs de groupe,
représentants du service de presse et du service politique se
réunissent chaque semaine dans les réunions appelées MPM
(Mouvement, Parti, Ministres). Même s'ils vivent parfois cette
concertation comme une ingérence fastidieuse, la plupart des
ministres en reconnaissent la nécessité et s'y plient de bonne
grâce. Ils savent qu'ils ont besoin du soutien des autorités du
parti et ne pourraient survivre longtemps à une divergence fondamentale avec ces dernières. Dans les cabinets ministériels des
Verts, il arrive même que l'on regrette d'être trop peu épaulé
par le parti, trop souvent livré à soi-même, la formation des
cabinets ayant eu pour effet de vider le parti d'une part de ses
forces vives.

« Le secrétariat fédéral ne nous contrôle pas, il se trouve
d'ailleurs dans l'incapacité de le faire. Les meilleurs des

permanents du parti se trouvent désormais dans les cabinets. Le parti ne fait pas le poids, ce que je regrette personnellement. On aimerait bien avoir un parti plus fort, sur lequel on puisse s'appuyer. Mais ce n'est pas le cas.»

D'une manière générale, l'ambivalence est cependant clairement perceptible, non seulement parce que les ministres sont spontanément jaloux de leur autonomie, mais encore parce qu'ils sont conscients des risques permanents de pollution de l'action gouvernementale par les intérêts locaux et particratiques et du danger pour eux d'être écartelés entre la loyauté au gouvernement et la loyauté au parti, également parce qu'ils craignent toujours de perdre un avantage médiatique en fournissant à leurs collègues et néanmoins concurrents des informations qui risquent de passer aussitôt chez les journalistes. «J'ai déjà menacé de fermer le robinet de l'information parce qu'il y avait des fuites dans la presse» explique José Daras, évoquant la concertation avec les parlementaires écolos[39]. Entre la raison du parti et la raison du ministre, il existe souvent bien plus que des fissures! Le témoignage d'un directeur de cabinet:

«Dans ces réunions au parti, je me trouve dans une situation inconfortable. D'une part, je devrais jouer le jeu du parti, d'autre part je dois jouer la carte de mon ministre. On est obligé de se taire sur certaines choses parce que le président s'en emparerait et le mettrait sur la place publique! Il l'a déjà fait. Non seulement les interventions du parti n'apportent aucune valeur ajoutée mais davantage, elles sont même une entrave, une complication inutile. Trop souvent se mêlent des considérations qui n'ont rien à voir avec l'intérêt du gouvernement. Le plus souvent, je m'assieds purement et simplement sur ce qu'ils

---

39. *Imagine*, juillet-août 2001.

disent. Mais en agissant de la sorte, on se grille facilement au sein du parti. Donc, je dois faire attention. »

Et ceux de deux anciens ministres :

« À l'époque, je travaillais au cabinet comme conseiller.
Souvent, il fallait passer par le boulevard de l'Empereur
avant même de proposer quelque chose au ministre ! »

« J'avais la RTBF dans mes attributions et le président agissait directement sur elle via le commissaire représentant
l'exécutif de la Communauté française. Certaines décisions ont ainsi été prises sans du tout passer par moi ! »

Les partis politiques sont de formidables relais d'intérêts particuliers ou corporatistes. Si l'on excepte la phase de formation
des gouvernements, les grandes crises gouvernementales qui
requièrent l'arbitrage des présidents des partis et le soutien plus
général que les autorités du parti apportent à leurs ministres,
force est de constater que l'intrusion des partis dans l'action
quotidienne des gouvernements est rarement utile.

La force d'un gouvernement tient d'abord à la force politique
des ministres qui le composent. S'ils sont capables de contrôler leurs parlementaires et disposent d'appuis solides au sein de
leur parti, c'est la décision gouvernementale elle-même qui s'en
trouve sécurisée. Au contraire, si certains ministres doivent
constamment demander l'aval du parti avant de prendre position et qu'ils essuient des frondes de leur groupe parlementaire,
les moindres décisions risquent d'être remises en question et la
mécanique va se gripper rapidement. Certains citent l'exemple
d'un ministre bruxellois qui interrompt le Conseil des ministres
pour appeler son président de fédération et demander ses instructions...

« Une condition d'efficacité essentielle du gouvernement
est que les vice-Premiers aient suffisamment de pouvoir

sur leurs collègues ministres du même parti et au sein de leur parti en général. Quand Moureaux était au gouvernement, on savait que lorsqu'il disait quelque chose, c'était le parti qui parlait. Au SP, il y a eu Claes puis Tobback. Il est clair que ces deux hommes avaient un tel pouvoir dans leur parti qu'ils n'avaient pas besoin de s'y référer constamment. Ça facilitait grandement les choses.»

Si le gouvernement arc-en-ciel réussit à survivre à la succession des crises et des affrontements nocturnes, c'est avant tout parce qu'il compte en son sein la plupart des acteurs dominants des divers partis de la majorité, ce qui réduit très sensiblement le risque de décisions contestées par les parlementaires et les partis. Il en résulte que les présidents de parti ne jouent plus, actuellement, le rôle qu'ils assumaient au temps de Guy Spitaels et Gérard Deprez et c'est sans doute une chose heureuse : précieux dans les situations de crise, l'interventionnisme des partis devient un obstacle en vitesse de croisière, écartelant les décideurs entre la raison gestionnaire et la raison particratique.

Les groupes de pression

Organisations syndicales, mutuelles, entreprises privées, fédérations professionnelles, chambres de commerce, associations de tous genres, ONG, comités de quartier comptent parmi les acteurs les plus actifs dans l'entourage des cabinets et des administrations. Pour une part, cette activité de lobbying joue un rôle utile[40]: elle contribue à clarifier les préoccupations de certaines classes de citoyens, elle éclaire les décideurs sur les conséquences possibles de leurs décisions, elle attire leur attention sur certains problèmes et elle enrichit leur base d'informa-

---

40. *Cf.* Ch. E. LINDBLOM, *The Policy-Making Process*, Londres, Prentice-Hall, 1980 ; Y. MENY & J.-Cl. THOENIG, *Politiques publiques*, Paris, PUF, 1989.

tion en les ouvrant à d'autres « sons de cloche » que ceux de l'administration.

Les lobbies mobilisent toute une palette de ressources pour influencer la décision politique, notamment l'expertise et la persuasion. C'est ainsi qu'un ministre reçoit de très nombreux rapports et mémorandums, souvent riches et détaillés, destinés à le sensibiliser à la situation d'un secteur d'activités, l'utilité d'une opération immobilière, la colère des commerçants d'une artère, la nécessité de préserver un espace vert. De même est-il amené, avec ses proches collaborateurs, à recevoir un nombre impressionnant de délégations défendant les intérêts des groupes les plus divers, des plus informels aux plus institutionnalisés. Le ministre reçoit également d'innombrables invitations afin de le sensibiliser aux intérêts de groupes spécifiques. Bien sûr, les lobbies ne se contentent pas d'influencer la décision politique en contribuant par leurs arguments et leurs analyses à la connaissance des problèmes et au débat public. Ils cherchent à peser plus directement sur le ministre, par exemple en le menaçant d'une grève ou d'une manifestation, en menant une offensive médiatique, en contribuant financièrement à sa campagne, en courtisant simultanément les autorités de son parti, voire en s'assurant un relais efficace parmi les membres de son propre cabinet, comme l'illustre l'anecdote suivante, rapportée par un directeur de cabinet :

> « J'ai découvert peu à peu tout un tissu de relations entre les membres du cabinet et le monde extérieur : entreprises, enseignants, secteur associatif, etc. Il est simplement impossible de gérer toutes ces relations. Tu demandes à quelqu'un de ne plus s'occuper de l'interface avec, disons, un groupe d'intérêt du secteur social et tu découvres que sorti par la porte, le groupe d'intérêt revient par la fenêtre, mais de façon plus occulte. En fait, certains collaborateurs cherchent en permanence à se faire bien voir du groupe

d'intérêt qu'ils représentent au sein du cabinet. (…) Je me souviens d'une réunion : j'allais devoir trancher un problème difficile. Il y avait des pressions multiples. J'hésitais entre l'option A et l'option B. J'en informe mon plus proche collaborateur. "Je te consulte pour éclairer mon point de vue." Il devine dans la conversation que je penche personnellement pour l'option B. Dans l'heure, j'avais cinq ou six coups de fil de personnes influentes cherchant à me dissuader de choisir B ! Et c'était pourtant mon plus proche collaborateur ! Je me suis fort énervé : "Alors toi aussi, tu es pourri !" Comme tel, le corporatisme ne me dérange pas ; les gens représentent divers milieux, c'est inévitable. Mais là, j'avais perçu que mon collaborateur n'agissait plus dans l'intérêt du ministre mais dans celui du groupe en question et qu'il pensait surtout à son propre avenir. Un cabinet, c'est un croisement infernal d'intérêts. »

L'activisme des groupes de pression est une dimension très ordinaire de l'action politique. S'il remplit, comme je l'ai dit, des fonctions utiles, il entraîne également des dysfonctions manifestes. Certaines sont souvent citées : le lobbying tend à subordonner la décision politique à des intérêts spécifiques et il introduit une inégalité de fait entre les groupes disposant de ressources d'influence et ceux qui en sont dépourvus. Mais surtout, il exerce une pression presque invincible en faveur de *la récurrence des circuits d'allocation des ressources publiques*, récurrence qui ronge littéralement l'action politique et la conduit à l'impuissance. Sitôt qu'une association, un théâtre, un journal, un musée, un club de sport reçoit un subside, il se mue presque mécaniquement en un groupe de pression attaché à la reconduction du subside, toute menace en la matière donnant lieu à une dénonciation publique. Quel que soit le secteur, la remise en cause d'un subside, *même au profit d'une autre entité du même secteur*, transforme aussitôt le ministre en ennemi, les médias s'empressant de relayer la complainte des « ayants droit ». Les ministres reculant presque systématiquement devant une telle perspective, il en résulte une récurrence généralisée des lignes budgétaires et la neutralisation massive de l'essence même du pouvoir politique : le pouvoir d'orienter la redistribution des ressources.

L'administration

Cela dit, on aurait grand tort de réduire le lobbying à une pression exercée sur l'*État* par des acteurs *privés*. L'État n'a rien d'unitaire et de monolithique : *il est lui-même une vaste constellation de groupes d'intérêt*. Les administrations publiques, les organismes d'intérêt public, les entreprises publiques exercent de constantes pressions pour le maintien ou le renforcement des ressources en leur faveur ; ils adressent eux aussi des mémorandums aux ministres, envoient des délégations, multiplient les formes de pression et de chantage par l'entremise des partis, des hauts fonctionnaires, des organisations syndicales, des médias. L'opposition du bien public et des intérêts privés ne se superpose *pas* à l'opposition de l'État et de la société civile et rien n'est plus trompeur que ces dualismes abstraits qui opposent la Puissance publique et le Marché comme l'intérêt général et l'agrégation des égoïsmes, la sphère du droit et le règne de l'intérêt privé, la raison collective et la raison individuelle. Ce genre de manichéisme ne peut que faire sourire quiconque est familier des corporatismes, des luttes de places, de l'affrontement des intérêts personnels qui ébranlent en permanence les grandes machineries de l'État.

Ce n'est pas ici le lieu d'une étude approfondie de la fonction publique belge et je me bornerai à analyser la nature de la *dépendance* des ministres aux administrations qu'ils sont censés commander. Cette analyse, si ramassée soit-elle, il importe de l'aborder avec les précautions qu'impose un domaine polémique et idéologique s'il en est. Il est bien vrai que les administrations fédérales, communautaires et régionales, les organismes d'intérêt public, les entreprises publiques varient infiniment selon leur statut, leur taille, leur histoire, leur organisation propre et la nature des services qu'elles assurent à la collectivité, la qualité des fonctionnaires qui les dirigent, la motivation et la compétence des agents qui les composent. Il est également vrai qu'on trouve partout des fonctionnaires remarquables qui tiennent, pour ainsi dire, à bout de bras les services dont ils ont la charge tandis que d'autres ont atteint leur niveau d'incompétence et profitent des protections statutaires pour s'aménager une sinécure. Et de même, on trouve des ministres soucieux de collaborer avec l'administration, d'écouter et de valoriser les fonctionnaires, de les associer aux décisions, tandis que d'autres se cuirassent de méfiance et de mépris et tendent à se replier sur leur cabinet. De toute évidence, il est donc périlleux de généraliser.

Il reste que le jugement porté par les responsables politiques sur l'administration est globalement négatif, les critiques se faisant particulièrement virulentes en Communauté française et en Région wallonne. Ces critiques, remarquons-le, s'observent dans *tous* les partis, elles résultent essentiellement de l'expérience concrète et seulement marginalement des conceptions idéologiques ou de la désinformation pratiquée par certains collaborateurs des ministres. Le traumatisme – le mot n'est sans doute pas trop fort – qu'elles révèlent s'exprime clairement. Quatre citations parmi beaucoup d'autres :

« Les rapports avec l'administration, on les vit assez mal. Surtout avec les bastions socialistes où c'est le choc frontal. Pour Écolo, c'est un peu un traumatisme. »

« Quant à l'administration, c'est un vrai désastre. Le Conseil de direction fait… soixante personnes ! Il y a soixante rangs 15, 16 et 17. Une incroyable dilution de responsabilités. Tout le monde se renvoie la balle. Dès

179

que tu veux quelque chose, ta demande met une semaine à parvenir à son destinataire.»

« Il faut commencer par moderniser l'administration, sinon ça ne marchera pas. Je suis forcé de reconnaître que s'il n'y avait pas les impulsions du cabinet, ça n'avancerait pas. Livrée à elle-même, l'administration est le plus souvent inerte, incapable de s'autoréformer, de générer des projets. Elle refuse de se remettre en cause elle-même.»

«La stabilité des directeurs généraux pose vraiment problème. Le combat est par trop inégal : l'administration reste, le cabinet part. Tu peux t'agiter comme tu veux. Il règne dans l'administration un cynisme énorme. L'obéissance est de façade, non de fond. Je vois par exemple que depuis qu'un ministre PRL est arrivé, le directeur général PRL a ressorti toute une série de projets que nous avions tenté d'initier et pour lesquels l'administration avait toujours fait barrage ! C'est terrible. L'administration fait vraiment partie du problème.»

Les causes de ce malaise sont multiples. L'emprise du statut et de la bureaucratie, l'effet délétère de la politisation, le rôle des syndicats dans la fonction publique, le démantèlement inhérent à la fédéralisation du pays, la crise des finances publiques, l'absence d'élite administrative, la démotivation et le sentiment d'impunité des agents : tous ces facteurs conjuguent assurément leurs effets.

Cette faiblesse, rares sont pourtant les hommes politiques qui osent la dénoncer publiquement alors qu'ils ne cessent de la déplorer en coulisse : c'est que les agents des services publics représentent près de neuf cent mille électeurs en Belgique et qu'il est exclu de s'aliéner un pareil réservoir. Qu'un acteur s'aventure à déplorer les rigidités du statut, le corporatisme des syndicats, les effets pervers de la sécurité d'emploi, il s'en trouvera toujours un autre pour profiter de l'aubaine et se poser en défenseur de la profession humiliée. La préférence revient donc à la langue de bois. Excédé par les rigidités du statut qui l'empêchent de réformer une administration en pleine crise, un ministre finit par s'exclamer en comité restreint : « Merde alors ! Vive l'entreprise privée… » Avant d'ajouter ironiquement : « Bien sûr, je ne pourrais pas dire ça publiquement… » Le témoignage d'un directeur de cabinet :

> « Nous hésitons à attaquer de front la SNCB ou l'administration : c'est un tel vivier électoral. Certains des acteurs, notamment syndicaux, qui bloquent le système comptent parmi nos adhérents ou nos sympathisants. Ce serait dur de se profiler sur ces questions. C'est une question de *realpolitik*. Il y aurait un débat idéologique très fort à mener sur ces questions, mais disons que c'est un objectif à… vingt-cinq ans. Pas question de faire ce cadeau au PS. »

Et celui d'un ancien secrétaire général :

> « C'est bien simple, je pourrais vous en parler pendant des heures. Je me souviens d'un directeur général qui vendait dans ses services les raisins et les chicons qu'il cultivait dans ses serres. D'autres ne venaient pas travailler pendant Roland-Garros. L'alcoolisme faisait des ravages. Un jour, n'y tenant plus, je suis allé voir le ministre-président qui m'a dit : "À quoi bon réagir ? Cela va nous attirer des ennuis. Fermons les yeux." Je vais vous dire : j'en suis venu à mépriser les ministres pour cette raison, à mépriser leur faiblesse et parfois leur lâcheté. »

Cette dernière citation nous rappelle utilement l'emboîtement complexe des responsabilités. Les ministres sont victimes de l'inertie d'un système dont leur inertie même a permis l'émergence, ils sont devenus les otages d'une administration qu'ils n'ont eux-mêmes cessé de prendre en otage. C'est pourquoi les jugements des fonctionnaires à l'égard du pouvoir politique sont symétriquement teintés d'amertume ou de colère ; le jeu est profondément bloqué et il faut l'entêtement, la témérité, la brutalité d'un Vandenbossche pour enfoncer plus qu'un coin symbolique dans la machine de L'État. Une administration est un héritage, une sédimentation complexe de réglementations et de traditions ; cet héritage, il n'entre dans le pouvoir d'aucun ministre de le réformer plus que superficiellement, à l'exception – très partielle – des ministres de la fonction publique. S'il est vrai qu'un haut fonctionnaire ne peut pas, *en principe*, s'opposer aux instructions d'un ministre aussi longtemps qu'elles restent dans la légalité, il dispose d'un large éventail de possibilités de résistance : il peut invoquer le manque de temps, de moyens humains ou matériels, de compétences ; il peut se réfugier derrière certaines règles, évoquer des difficultés techniques ou juridiques, transmettre des projets bâclés, ou tout simplement s'abstenir de réagir, tout cela *sans que le ministre dispose d'un quelconque pouvoir de sanction.*

> « L'impunité et l'irresponsabilité, je reconnais qu'elles s'observent dans les cabinets : d'accord pour faire notre *mea culpa*. Mais elles s'observent tout autant dans l'administration. J'ai vu des fonctionnaires faire des coups par dépit ou par engagement politique. Par exemple, une dame s'est vengée d'avoir été exclue d'un train de promotions en bloquant le dossier d'un ministre. C'était vraiment du sabotage et on ne pouvait rien faire d'autre que de continuer à bloquer sa promotion. Même un rappel à l'ordre n'était pas possible ! »

Ainsi, il ne suffit pas d'ordonner pour obtenir : encore faut-il convaincre – ou contourner l'obstacle : a) en assumant certaines tâches au niveau du cabinet ou en les confiant à des experts extérieurs ; b) en détachant certains fonctionnaires (de préférence de la couleur politique idoine) afin de renforcer l'équipe du ministre ; c) en profitant des relais dont disposent ces fonctionnaires dans l'administration ; d) en essayant de nommer des personnes de confiance au sein de l'administration.

On le comprend, la relation du politique à l'administration est très loin de se résumer à une relation d'autorité, elle tient de l'échange d'influence autant que du pouvoir formel. Les pratiques de réseau s'observent aussi dans la relation à l'administration, le jeu consistant à doubler la hiérarchie de l'administration par un ensemble de liens privilégiés avec une série de fonctionnaires de confiance, généralement de même couleur politique.

La précarité de la communication entre les ministres

Un gouvernement, on le comprend, c'est donc un noyau fort de chaînes entre des ministres, ce noyau lui-même placé au centre d'une vaste toile qui file vers les parlementaires, les partis, les groupes d'intérêt et l'administration. Entre toutes ces chaînes, les tensions multiples menacent à tout instant de paralyser l'action. Il incombe aux ministres de passer outre à certaines oppositions en absorbant à leur niveau les contradictions, en profitant de la force de certaines tensions. Éternellement dépendants du consentement de leurs partenaires, confrontés par suite à une charge de négociation comme on en trouve peu d'équivalents dans l'entreprise privée, on imagine les ministres rivés l'un à l'autre dans un dialogue permanent. La collégialité impose l'écoute mutuelle, le débat, l'échange d'arguments. Et meilleur est le dialogue entre les ministres, plus efficace est le gouvernement. Or, voici un nouveau problème : cette communication, on est surpris d'en découvrir la précarité. La coordination et la cohésion devraient être celles d'un orchestre de chambre, mais les musiciens ne montrent guère d'envie de jouer ensemble. Au vrai, nombre de freins viennent altérer le dialogue entre les acteurs, les détourner de la réflexion collective et de la recherche d'un consensus. Et d'abord une contrainte matérielle : les ministres ont tous des agendas très chargés et ils n'ont ni le temps ni l'envie de discuter plus de trois ou quatre heures par semaine, parfois bien moins. À cet obstacle fondamental viennent s'ajouter quantité de difficultés relationnelles qui tiennent à l'identité des acteurs et aux contraintes du champ.

Quelles que soient les bonnes intentions de départ, il survient toujours, dans la vie du gouvernement, des incidents, des frictions, des déceptions, des malentendus qui contribuent à crisper l'atmosphère et entraînent un raidissement des acteurs : un conseiller trop agressif qui fait de l'excès de zèle dans les réunions intercabinets, des fuites dans les médias, un procès-verbal inexact, la découverte d'un volet d'un dossier qu'on a tenu secret, le blocage d'un dossier, des critiques *ad hominem* par presse interposée, le non-respect d'une parole, une blessure d'amour-propre, etc. L'escalade de la méfiance et l'animosité s'enclenche alors, et avec elle le jeu qui consiste à passer au crible les dossiers des autres à la recherche de la moindre faille qui permettrait d'y faire obstacle. Très vite, la communication interpersonnelle atteint ses limites et cède la place au rapport de force, comme nous allons le voir.

Le travail ministériel : les logiques du pouvoir

L'omniprésence du rapport de force

« Le *kern* est d'une dureté étonnante. Il y a des dossiers qui sont jetés par terre, des invectives, des claquements de porte, des insultes. C'est vraiment un lieu où l'on force la décision. Je ne sais pas si on pourrait en faire l'économie… Ma ministre a vécu les premiers mois douloureusement. Elle n'était pas un politicien professionnel. Il y a eu une terrible pression. Elle se retrouvait dans un lieu où les gens exercent le pouvoir très durement alors que, par nature, elle est plutôt consensuelle. Ça été un terrible apprentissage, l'apprentissage du rapport de force permanent et de la violence, tout ce qu'elle déteste. »

« Le Conseil des ministres est un lieu perpétuel d'affrontements. Tout le monde devient un ennemi potentiel, il faut se défendre en permanence. Chaque ministre se méfie du voisin. Il y a des alliances qui se nouent et se dénouent presque dossier par dossier. Et une tendance systématique à la dramatisation. »

« La violence des rapports de force, c'est quelque chose de terrible. Pour faire bouger un tout petit peu les choses, il faut une énergie formidable. Je pense que plus on a du pouvoir, plus les enjeux sont grands… et plus les choses sont figées[41]. »

---

41. Olivier Deleuze dans *Imagine*, juillet-août 2001.

185

« Au début, quand j'étais en relation avec mes collègues, j'avais une fâcheuse tendance à tout dire, à tout mettre sur la table. Quelle naïveté ! Je croyais à la logique du *win-win* : on gagne ensemble. Eh bien, ça, je suis désolé, mais ça n'existe pas. En politique, il y a toujours un gagnant et un perdant. Il m'a fallu six mois pour comprendre ça. »

Ces propos reflètent une composante inéluctable du travail gouvernemental : l'inscription de la fonction ministérielle – comme, à bien des égards, de la fonction mayorale et scabinale – dans un rapport de force. L'affirmation peut choquer : à de rares exceptions près, la référence au bien public est d'usage très limité pour arbitrer les choix politiques et budgétaires. *Par définition*, chaque ministre, quels que soient ses projets et ses demandes budgétaires, prétend défendre le bien public. Et de fait, entre l'emploi et les travaux publics, entre la culture et l'université, entre l'armée et la coopération au développement, comment fixer les priorités ? Chacun trouve prioritaires les matières qu'il lui revient de gérer et chacun subit la pression de lobbies qui jugent prioritaires les intérêts qu'ils défendent. Rien ne sert donc d'argumenter sans fin, mieux vaut se jeter dans l'arène et tenter d'imposer ses projets – en politique, du reste, même les arguments sont au service des intérêts. Très vite, le langage du bien public cède la place au langage du pouvoir. Sont prioritaires les dossiers que les ministres parviennent à imposer, le reste n'est que bavardage.

Bien sûr, un gouvernement n'est pas l'autre et tous les dossiers ne présentent pas les mêmes enjeux ; il reste qu'une décision politique résulte avant tout d'un processus de pouvoir, non d'une réflexion collective sur les finalités. Refuser l'affrontement, pour un acteur, c'est se condamner à l'impuissance politique. Chaque ministre n'a d'autre choix que de s'engloutir – et avec lui ses proches conseillers, son cabinet tout entier – dans cette motivation fondamentale : façonner le rapport de force à son avantage pour faire passer ses dossiers. C'est un souci obsédant, qui finit par déformer les esprits. La raison stratégique devient stratégisme : une pratique compulsive, une grille d'interprétation des moindres conduites et même une norme sociale. Il est nécessaire d'être stratège, il est attendrissant d'être idéaliste. Toute suggestion, dès lors qu'elle émane des partenaires politiques, suscite une interrogation sceptique : « Qu'est-ce que ça cache ? » Honte à celui qui y prête foi : les collègues sourient de sa naïveté, le toisent avec la supériorité de vieux soldats en face d'une jeune recrue. Le cynisme devient critère de distinction. Le témoignage d'un ancien membre de cabinet :

> « J'avais une grande admiration pour mon ministre en même temps qu'un dégoût profond. J'arrivais avec des valeurs, l'envie sincère d'être utile, de faire progresser les choses et lui, il jouait aux échecs avec cinq coups d'avance, ne retenait dans les dossiers que ce qu'il pouvait en tirer comme avantage. Je me retrouvais en porte-à-faux. Il faut un mental du style combat naval pour bien se sentir dans un cabinet. Les cabinets sont marqués par une sorte de dualisation entre les réalistes – les "politiques" – et les idéalistes naïfs. Et les "politiques" méprisent ceux qui n'ont pas d'expérience politique et n'ont pas en tête toutes les ficelles ; c'est difficile à vivre. »

Comme directeur de cabinet, je me souviens avoir cherché à peser directement sur certains dossiers relatifs à la gestion de l'administration publique qu'assumaient les collègues d'un autre cabinet, et cela non pour promouvoir les intérêts de mon ministre mais parce que ces dossiers me tenaient particulièrement à cœur, qu'il me semblait posséder une expérience en la matière et pouvoir apporter des améliorations simplement conformes à l'intérêt général – et donc *in fine* à celui du ministre en charge de ces dossiers. Peine perdue : jamais je ne suis parvenu à convaincre mes partenaires de ma bonne foi. En multipliant les objections et les suggestions, je prolongeais et compliquais la discussion : quel était donc mon intérêt ? Forcément, je m'efforçais d'entraver la politique du ministre de la Fonction publique, du moins de retarder ses dossiers dans la perspective d'un marchandage ultérieur. Les mêmes arguments délivrés par un consultant privé eussent peut-être été pris en compte ; venant d'un proche du ministre, ils n'étaient que calculs et stratagèmes. Prisonnier de cette grille d'interprétation, force me fut finalement de baisser les bras, mon attitude commençant à créer un « problème politique ». J'en garde une amertume autant qu'une stupéfaction. Pour quiconque prend à cœur certaines finalités, il est pénible de découvrir que les arguments qu'on échange finissent par perdre toute valeur, inéluctablement rapportés qu'ils sont à des intentions cachées, des jeux de pouvoir et d'influence.

La formation des enjeux

Une lutte de pouvoir naît toujours de la conscience de certains enjeux. Quels sont-ils ? Rappelons-nous d'abord qu'ils relèvent de deux niveaux étroitement liés : le niveau explicite des enjeux ministériels et le niveau implicite des enjeux politiques, le deuxième conditionnant le premier. En surface, les ministres se disputent les ressources budgétaires en faveur de leur domaine de compétences et ils cherchent à faire approuver leurs dossiers par le Conseil des ministres. En profondeur, les mêmes se disputent les moyens de conforter leur propre position politique : plaire au parti, faire parler de soi, avantager sa commune ou son arrondissement, défendre les intérêts de certains groupes sociaux, placer des alliés dans l'administration, etc. En somme, ils cherchent à se faire a. i. m. e. r. et ils s'efforcent de brider les autres dans leurs efforts similaires.

Par ailleurs, il ne faudrait pas croire que la lutte s'interrompt lorsque le gouvernement a marqué son accord sur un point. Encore faut-il que cette approbation soit suivie d'effets ! Beaucoup de ministres l'apprennent à leurs dépens qui découvrent qu'un projet qu'ils croyaient dans la poche se heurte à de nouvelles résistances, issues notamment de l'administration. Pour éviter un conflit politique, un ministre peut accepter un point à l'ordre du jour du gouvernement, mais demander à un fonctionnaire de sa couleur politique de faire preuve de toute l'inertie possible dans la mise en œuvre du projet.

Entamés avant même l'installation des équipes au pouvoir, les affrontements surviennent dès les premiers actes des gouvernements, en particulier à l'occasion de l'adoption des arrêtés fixant les compétences de chacun des ministres. Certains acteurs inexpérimentés découvrent trop tard les conséquences de dispositions apparemment anodines, stipulant par exemple que certains dossiers relevant de leur compétence sont néanmoins soumis à double signature et qu'ils dépendront donc constamment du bon vouloir d'un autre ministre ; ou que, compétents pour la mobilité en général, ils ne gèrent en fait que les études et n'ont aucun pouvoir sur les réalisations ; ou que la tutelle qu'ils exercent sur tel organisme d'intérêt public se borne au renouvellement d'une dotation chaque année, sans véritable pouvoir d'impulsion ; ou encore qu'ils se trouvent investis d'une compétence « transversale » sans moyens budgétaires et administratifs.

Ce n'est pas être ironique, juste réaliste, que d'observer ce fait troublant : une fois l'accord de gouvernement scellé et les compétences allouées aux divers ministres, il s'opère chez chacun d'eux une adaptation brutale des valeurs et des enjeux – une sorte de lavage de cerveau. Du jour au lendemain, le même ministre qui proposait de puiser dans les budgets de l'armée pour financer la fonction publique trouve impératif de renouveler les équipements militaires et s'apprête à contester durement les exigences budgétaires de son successeur en charge de la fonction publique. Oubliées les anciennes priorités – ce qui compte désormais, ce sont les matières dont il vient d'hériter et pour lesquelles il va lui falloir se battre s'il veut continuer d'exister politiquement. *Les domaines de compétences deviennent, littéralement, des structures mentale.*

L'espace des positions et des opportunités se transformant, c'est la hiérarchie des valeurs qui se modifie semblablement. La fonction crée l'organe cognitif. La compétence du ministre devient un territoire à défendre avec férocité contre le moindre empiétement – c'est le syndrome du « bac à sable ». C'est pourquoi les politiques « transversales », du type « politique de la ville » ou « société de la connaissance », qui requièrent d'associer différentes compétences autour d'une finalité plus générale rencontrent des obstacles à peu près insurmontables. Si souhaitable soit-elle, l'« interministérialité » heurte toutes les logiques du système politique : l'état du droit belge, les pratiques administratives, les stratégies et l'identité des acteurs. À l'évidence, les travaux publics ont des conséquences sur l'emploi, les politiques de l'emploi sur l'économie, l'économie sur la pollution, la pollution sur la santé publique. Et pourtant, ces ministres peuvent œuvrer durant les cinq années d'une législature sans passer l'équivalent d'une journée – littéralement – à coordonner leurs actions dans la perspective d'une politique intégrée – *a fortiori* lorsqu'ils relèvent de niveaux de pouvoir distincts. Autre exemple : l'incapacité de penser ensemble la culture, l'urbanisme, l'économie régionale et le tourisme en Région bruxelloise, les territoires institutionnels formant des barrières socio-cognitives. Plus anecdotique, mais tout aussi révélateur : le délabrement de l'Atomium, chaque niveau de pouvoir (la Ville de Bruxelles, la Région bruxelloise et le gouvernement fédéral) cherchant à refiler aux autres le coût de la rénovation tout en reconnaissant l'urgence d'une réaction.

Il est vrai, chaque ministre contrôle plus ou moins étroitement les agissements de ses collègues au sein du gouvernement et cherche à contrecarrer les propositions étrangères à l'accord de majorité et trop éloignées de la ligne de son propre parti ; investi de responsabilités nouvelles, il conserve un œil sur la manière dont les autres assument les leurs. Mais cette action-là est purement destructrice, elle vise à empêcher, freiner, canaliser, non point à créer. Je veux dire très concrètement qu'il est exceptionnel qu'un ministre réclame une réduction de ses moyens budgé-taires au profit d'un collègue dont les projets rencontrent davan-tage les priorités politiques de son parti et ses convictions propres. La collégialité ne va pas jusqu'au sacrifice de soi!

> «Durant la législature précédente, j'ai vu X se moquer lit-téralement de la défense du patrimoine. Il s'en fichait tota-lement. Le lendemain, il reçoit cette compétence et il exige immédiatement des dizaines de millions supplé-mentaires! Les opinions idéologiques et la logique du pro-gramme de parti ne jouent plus : ce qui compte, c'est que son budget soit augmenté. Même entre collègues du même parti, ça se passe ainsi. Je me fiche de savoir si mon partenaire reçoit assez d'argent pour le logement social ou le commerce extérieur pourvu que moi, je sois bien servi dans mes enveloppes.»

Un exemple typique de cette rationalité limitée nous est offert en matière budgétaire. On s'attendrait à voir les divers ministres soutenir et épauler leur collègue du budget dans ses efforts d'assainissement. Dans leur campagne électorale, n'ont-ils pas tous évoqué la nécessité d'atteindre à l'équilibre budgé-taire? Les programmes de leurs partis respectifs n'insistent-ils pas sur l'importance des normes européennes, la nécessité de réduire le déficit, le danger d'un retour à l'effet boule de neige? Or, à peine installés, les voici tous occupés à gonfler leurs demandes et à s'emparer de toutes les ressources possibles. Tel député qui, dans l'opposition, se faisait le champion de la rigueur budgétaire, devient le ministre le plus gourmand et le plus rétif aux concessions. Tel ancien ministre du Budget qui a remar-quablement défendu les équilibres financiers durant la législa-ture passée et qui a hérité de nouvelles compétences s'empresse de gonfler spectaculairement ses besoins pour décrocher des milliards supplémentaires. Non sans un certain embarras, l'un de ses proches collaborateurs témoigne :

« Quand je vois tout l'effort que nous avons accompli pour restaurer les finances de la Région, ça nous fait mal de voir la dégradation actuelle. Mais qu'est-ce que vous voulez : puisque le ministre du Budget est un ventre mou, puisqu'il lâche de toute façon, alors désolé, autant que ce soit à notre profit ! »

Et sur le même épisode, le commentaire agacé du directeur d'un autre cabinet :

« Le *know-how* du cabinet X leur a permis de rafler la mise lors du budget 2000. J'ai fait la connerie de respecter les marges dans nos demandes. On voulait montrer l'exemple de la sobriété. X est arrivé avec deux milliards de plus que la norme autorisée et il a obtenu l'essentiel. C'est lui qui a raflé la prime à l'emmerdeur ! Je râle fort, j'ai commis une grosse erreur tactique, j'ai été naïf. Mais ça ne se passera pas deux fois. »

La répartition des compétences induit une fragmentation des foyers d'attention : « À chacun son boulot, se disent en substance les acteurs, le mien est de décrocher un maximum de crédits en faveur de mes compétences ; le reste n'est pas mon affaire ». Dans nombre de gouvernements s'installe ainsi une rancœur un peu puérile à l'encontre du ministre du Budget et de son cabinet, sempiternellement accusés de paralyser l'action en faisant montre d'une prudence excessive, les ministres s'apparentant à des adolescents dépensiers, sourdement hostiles à l'autorité du bailleur de fonds. Tant et si bien que, n'étaient les normes du Conseil supérieur des finances[42] et la pugnacité des

---

42. Le Conseil supérieur des Finances est un organe consultatif chargé d'assister les gouvernements, en particulier les ministres des finances, en matière de politique financière et fiscale ; il rend notamment des avis sur l'endettement des pouvoirs publics.

responsables du Budget, les dérapages qu'on a connus par le passé reviendraient à peu près automatiquement dans *tous* les gouvernements.

Ainsi, les enjeux des luttes de pouvoir au sein des gouvernements sont d'abord structurés par la répartition des compétences : ils tiennent à l'appropriation des moyens d'action et à la possibilité de mener des réformes et lancer des initiatives, en bref d'exister politiquement au sens des cinq ressources de la carrière politique évoquées plus haut. Pour une part, ces enjeux sont donc matériels et tangibles, mais pour une autre part, ils sont symboliques. Les ministres ne se battent pas seulement pour des choses très concrètes, mais aussi bien, et avec la même âpreté, pour du symbolique. Ils se battent avant toute chose *pour imposer le respect et sauver la face.* L'enjeu identitaire est omniprésent dans les luttes de pouvoir au sein des gouvernements.

> « Il faut savoir que les hommes politiques ont un ego surdimensionné. Un ministre *ne peut* accepter de se trouver en position de faiblesse et donc de perdre sa légitimité. Dans ce monde sans pitié, s'il a perdu une bataille, il risque d'être déstabilisé dans les batailles ultérieures. Ça peut être très affaiblissant. Sous Dehaene, le ministre X, par exemple, était frappé d'ostracisme. On sentait bien qu'il était affaibli ; quand il venait avec un projet, ses partenaires commençaient par l'asticoter, presque pour s'amuser ; il encaissait des salves. C'est vraiment un monde sans pitié. »

L'enjeu identitaire est d'ailleurs chroniquement dramatisé par l'entourage du ministre qui a tendance à interpréter chaque réunion des ministres comme un affrontement d'où ne peuvent sortir que des gagnants et des perdants. Les rapports, notes et mémos qu'il destine au ministre ou au directeur de cabinet sont empreints de cette conflictualité paranoïde, ils ne cessent d'enjoindre la méfiance et la résistance, sont obsédés par la crainte de «se faire entuber», transformant artificiellement chaque réunion de *kern* ou chaque Conseil des ministres en un combat. Il en résulte une crispation chronique et bien sûr une déception hebdomadaire pour les conseillers du ministre lorsqu'il apparaît que ce dernier a été obligé de faire des concessions. Cette dramatisation des enjeux par l'entourage du ministre est une constante du travail ministériel.

«J'ai également été témoin de l'enlisement du gouvernement dans les batailles entre cabinets. C'était parfois terrible. Tous ces types oubliaient complètement l'intérêt général et ne voyaient que leur parti et leur ministre. Les apparatchiks des cabinets étaient souvent plus durs, plus attachés à la défense des intérêts de leur ministre que... le ministre lui-même. Souvent, je devais inviter à déjeuner tel ou tel ministre et on s'arrangeait entre nous.»

«Dans la plupart des cabinets, ils font tous les lundis après-midi une réunion de coordination qui rassemble le directeur de cabinet et les responsables des divers dossiers pour préparer le prégouvernement. C'est un peu débile : il y a une espèce de match, le but du jeu étant de trouver le plus d'objections possible, le moyen de mettre le plus de bâtons dans les roues des collègues. Et les collaborateurs sont frustrés quand le ministre revient du Conseil. Ils se disent : "J'ai travaillé pendant trois jours pour lui permettre de lancer des exocets, de mitrailler l'autre, et il revient en disant que le point est passé !"»

«Beaucoup de guerres sont créées par le bas et les ministres se retrouvent sur des champs de bataille créés par d'autres. Chaque collaborateur joue au petit ministre et se demande : "Si j'étais à sa place, qu'est-ce que je ferais ?" Et ça devient une *self-fulfilling prophecy*. Ils observent que les collaborateurs des autres ministres sont agressifs, qu'ils réclament sans cesse plus d'argent, etc. Donc, ils se disent que leur ministre attend d'eux la même chose. Ceux d'en face demandent par exemple une nomination. Ils ne peuvent pas imaginer de proposer à leur ministre d'accepter cette demande. Ils ne peuvent simplement pas l'imaginer! Donc, ils cherchent à coupler, proposent d'exiger quelque chose en échange, etc. »

L'épluchage des dossiers des partenaires à la recherche des moindres failles, faiblesses et opportunités devient une obsession collective ; elle finit par absorber une énergie considérable au détriment des matières gérées par chacun des ministres. Les meilleurs éléments du cabinet risquent de se disperser, de gaspiller un temps précieux dans les innombrables réunions inter-cabinets qui scandent la vie du gouvernement.

On le comprend donc, les enjeux des luttes de pouvoir n'ont rien de donné et d'objectif pour les acteurs ; ce sont des constructions sociales coproduites par les ministres, leurs collaborateurs, les médias, les partis, et où s'amalgament stratégies politiques et stratégies ministérielles, calculs cyniques et obsessions identitaires.

La variété des ressources et des stratégies

À présent, quelles sont les ressources mobilisées pour s'imposer dans les jeux de pouvoir interministériels[43]? En substance, il s'agit toujours de tirer profit d'une situation de dépendance d'un partenaire pour agir sur les sphères de la décision : autant de chaînes de dépendance, autant de ressources mobilisables. Les stratégies ministérielles sont donc infiniment variées ; je mentionnerai les plus couramment utilisées.

---

43. Sur les ressources de pouvoir des hommes d'État, voir par exemple : R. ELGIE, *op. cit.*

Fondamentalement, elles relèvent de trois catégories : soit elles consistent à tirer plus fortement sur les chaînes de la décision ou à résister à la traction des autres ; soit elles consistent à manipuler la situation afin de réduire la résistance des partenaires ; soit enfin elles consistent à élargir le rapport de force en s'appuyant sur d'autres acteurs en dehors du gouvernement.

Tirer sur les chaînes

Le droit de veto : une dialectique du maître et de l'esclave

Je l'ai signalé, chaque ministre – ou chaque ministre qui participe au *kern* lorsqu'il est d'usage – peut refuser de laisser passer le dossier d'un collègue. Pour un dossier qu'un ministre soumet à l'accord de ses collègues, il peut donc en bloquer dix. Bien sûr, s'il s'obstine trop longtemps dans son refus, il s'expose à des représailles, les collègues pouvant à leur tour bloquer des dossiers et le réduire à l'impuissance. Reste alors à savoir qui supportera le plus aisément cette paralysie. Dans cette dialectique très fréquente en politique, le « maître » est celui qui accepte le plus fermement et le plus longtemps la « mort », c'est-à-dire le blocage de ses dossiers, l' « esclave » celui qui finit par faire les concessions nécessaires pour se sauver lui-même. Dans l'exemple des accords de la Saint-Polycarpe, il est clair que les francophones étaient plus dépendants que les Flamands et qu'un échec de la négociation eût été tenu, côté flamand, pour un simple contretemps, côté francophone pour une catastrophe, vu la pression budgétaire et syndicale en Communauté française. Un tel déséquilibre pèse plus lourd dans la négociation que la personnalité des négociateurs. Le premier pouvoir d'un ministre, c'est le pouvoir de dire non. Exister politiquement, c'est d'abord bloquer des dossiers.

On s'en doute, tous les ministres n'ont pas la même résistance nerveuse et tous les dossiers bloqués n'ont pas la même importance ni la même urgence. On voit des ministres discrets faire plier les gros bras du gouvernement par une obstination têtue et implacable. Et d'autres, parmi les plus en vue, avaler d'énormes couleuvres tant ils sont soucieux de faire passer leurs propres dossiers. Exemple typique : la dernière séance d'un Conseil des ministres avant les grandes vacances est généralement très chargée, chacun se dépêchant de faire passer ses derniers dossiers, en sorte que l'ordre du jour peut compter jusqu'à cent vingt points ou davantage. Un blocage dans ces conditions serait absolument désastreux, raison pour laquelle des ministres en profitent pour glisser dans l'ordre du jour l'un ou l'autre dossier litigieux qu'ils tentent de faire passer au forceps, profitant de la dépendance des collègues, du manque de temps qui interdit de négocier longuement et de l'impatience générale de partir en vacances.

L'usage de l'inertie

Encore faut-il ajouter qu'il est au moins deux manières de bloquer un dossier : l'opposition et l'inertie. Qu'il s'agisse d'une disposition de l'accord de gouvernement qui relève de ses compétences et qu'il répugne à mettre en œuvre, ou qu'il s'agisse d'un dossier introduit par un collègue et qu'il cherche à contrecarrer, un ministre peut s'abstenir d'ouvrir trop clairement les hostilités en se contentant d'opposer une inertie plus ou moins subtile à la négociation et la mise en œuvre d'une décision. Certains ministres assument des compétences apparentées pour lesquelles s'applique le principe de la double signature, certains dossiers demandent l'avis du ministre du Budget, les points introduits au gouvernement par le secrétaire d'État doivent porter la signature du ministre : dans tous ces cas, un ministre peut profiter de son droit d'avis ou de signature pour retarder le dossier d'un collègue, il réclame des informations complémentaires, évoque une incertitude juridique ou technique, multipliant les manœuvres dilatoires. Un autre ministre prétexte la nécessité de procéder à des études techniques ou juridiques pour postposer la réalisation d'un élément de l'accord de gouvernement auquel il est tenu. Un troisième se résigne à sortir le dossier, mais tellement bâclé que ses partenaires sont forcés de le refuser en l'état, ce dont il profite pour l'enterrer, rejetant même sur ses partenaires la responsabilité du blocage ! L'inertie est une pratique incroyablement fréquente en politique, et fort difficile à contrer, l'agent du blocage pouvant toujours protester de sa bonne foi et invoquer des circonstances indépendantes de sa volonté. Exemple relaté dans la presse en août 2001 : le renvoi par le Conseil d'État du projet de loi relatif à la réforme de la SNCB faute de l'avis du ministre du Budget, parti en vacances en « oubliant » d'envoyer son avis à propos d'un dossier pourtant approuvé par le gouvernement fédéral – et donc aussi, mais avec réticence, par le ministre du Budget – le 18 juillet 2001 et retourné à l'expéditeur par le Conseil d'État un mois plus tard, à charge pour la ministre de la Mobilité de le réintroduire ultérieurement. Il est vrai, les socialistes flamands et francophones étaient hostiles à cette réforme qui avait notamment pour effet d'exclure les organisations syndicales du conseil d'administration. L'anecdote illustre un fait important, bien connu des habitués de la politique : la lutte n'est pas finie lorsqu'un dossier est approuvé par le gouvernement ; le chemin jusqu'à sa mise en œuvre reste parsemé d'embûches et le ministre doit rester sur ses gardes.

Le couplage des dossiers

En général, un ministre s'oppose au dossier d'un collègue soit pour obtenir des aménagements, plus conformes aux intérêts de son parti et à ses intérêts propres, soit pour en profiter pour faire passer un autre qui lui tient à cœur. Un exemple entre mille :

«Nous contrôlions les travaux subsidiés, ce qui mine de rien pouvait intéresser pas mal de ministres attachés aux intérêts de leur commune. Cela faisait un temps fou que j'essayais de débloquer un dossier sur l'installation de courts de tennis à W. Le ministre X s'asseyait dessus. Alors, j'ai bloqué un subside pour sa commune. Le lendemain, mon dossier était débloqué! C'est triste, mais c'est tout ce qu'ils comprennent. C'est leur façon de concevoir la politique.»

La technique du couplage est classique. Très ancrée dans la culture politique francophone, elle semble, selon certains témoignages, l'être moins en Flandre aujourd'hui. Les équipes ministérielles qui fonctionnent efficacement s'efforcent de l'éviter au profit d'une négociation aussi serrée soit-elle, mais dossier par dossier. La pratique du couplage est en effet délicate et risquée. En s'amplifiant et se généralisant, la liaison des dossiers menace vite de bloquer toute l'activité du gouvernement; c'est pourquoi les ministres hésitent avant de l'utiliser, pressentant les risques d'une paralysie générale. Le plus souvent, le couplage reste à l'état de menace larvée, explicite ou implicite. «J'espère bien ne pas devoir en arriver là» lance le ministre agacé à l'adresse d'un partenaire qui s'obstine à refuser l'approbation d'un de ses dossiers. Même potentielle, la menace pèse toujours vaguement sur les ministres, les détournant d'une attitude d'opposition systématique. Et ceux qui se lancent dans une telle manœuvre prennent soin de faire passer au préalable les dossiers qui leur tiennent le plus à cœur afin d'être à même de supporter sans grand dommage un blocage général. La vie des cabinets bruit en permanence de ce genre de conjectures, chacun cherchant à deviner les points que les partenaires s'apprêtent à soumettre au gouvernement, l'importance qu'ils y attachent, la dépendance où ils risquent par suite de se trouver et le profit que leur ministre pourrait en tirer. Vues de l'extérieur, ces ratiocinations paraissent médiocres et dérisoires – et elles le sont généralement – ; il reste qu'elles forment une composante essentielle de la vie politique.

Les couplages s'avèrent d'autant plus malaisés que les dossiers qu'ils concernent ne peuvent être mis en œuvre simultanément. Dans ce cas, en effet, certains partenaires peuvent redouter d'être trompés : un ministre s'empresse d'engranger son projet, à la suite de quoi il mange plus ou moins élégamment sa parole en inventant divers prétextes pour bloquer le projet de son collègue ; et l'on sait que le respect de la parole donnée est fortement influencé, en politique, par les rapports de force. Ce risque de tromperie est d'autant plus grand que s'écoule un long moment entre la mise en œuvre des divers projets et qu'on se rapproche des élections. Quant aux accords dont la réalisation dépasse la législature, les vieux briscards sont formels : ce sont de purs marchés de dupes.

Dans tous les cas, la stratégie du donnant-donnant contribue à dégrader le climat au sein du gouvernement.

> « Au niveau de l'exécutif, j'ai trouvé cela effrayant. Les nouvelles institutions n'avaient rien changé aux vieilles ficelles. C'était toujours la même histoire : même si votre dossier est objectivement bon, du moment que vous avez le malheur de vous opposer au dossier médiocre d'un collègue, on bloquera le vôtre. C'était désespérant, ce manque d'objectivité. »

En dissolvant littéralement toute discussion sur le bien public au profit du pur rapport de force, cette stratégie engage les partenaires sur la pente glissante de la méfiance et du stratégisme qui ne manquent pas d'affecter la cohésion de l'équipe gouvernementale. Anecdote d'un ancien directeur de cabinet :

> « Peu après mon arrivée, il y a eu un épisode que j'ai très mal vécu et qui m'a ouvert les yeux. C'était un dossier dif-

ficile. J'arrive à la réunion et je fais un exposé d'une quinzaine de minutes où j'explique la philosophie du projet, les principes généraux, tout cela. Personne ne soulève d'objections. Je demande : "Bon, alors c'est OK, ça peut passer en Conseil ?" Refus des autres. Je ne comprends pas, ils m'adressent des sourires assassins. Je finis par comprendre qu'ils veulent obtenir certaines nominations. Le reste, la qualité du projet, l'intérêt pour les habitants, ils s'en fichaient complètement! Eh bien j'ai commencé à décliner à partir de ce moment-là. »

Les alliances

L'omniprésence et la volatilité des alliances constituent un autre trait typique de la vie quotidienne des gouvernements. Selon les dossiers, les coalitions se font et se défont très souplement, au gré des rapprochements pratiques et idéologiques. Tantôt, les francophones s'unissent contre les flamands, tantôt les libéraux flamands et francophones contre les socialistes et les Verts, tantôt les libéraux et les Verts contre les socialistes. Les réunions du Conseil des ministres sont précédées d'échanges téléphoniques, de conciliabules, de réunions discrètes destinées à tisser les alliances et fixer les positions. L'intensité de ces alliances et mésalliances reste toutefois limitée. Par-dessus l'effervescence des coalitions circonstancielles, des alliances d'un ordre supérieur sont entretenues dans la perspective de la prochaine législation : par exemple entre libéraux flamands et francophones, ou entre le PRL et le PS.

Manipuler la situation

Les quatre tactiques qui précèdent visent à acquérir de la force dans l'interaction : à tirer plus fortement sur les chaînes de la décision ou résister à la traction des autres. Le deuxième type de stratégies consiste à influencer la perception qu'ont les partenaires des dossiers : a) retenir ou déformer l'information afin de maintenir les partenaires dans une relative ignorance ; b) opposer l'urgence à toute velléité de négocier ; c) procéder par petits pas jusqu'à rendre irréversible la décision générale ; d) menacer les partenaires d'une crise de gouvernement.

L'information, la maîtrise des dossiers

Bien sûr, l'information est une ressource essentielle dans les affrontements. Il n'est pas facile de comprendre le dessous des dossiers souvent complexes. La pêche à l'information est une préoccupation constante des collaborateurs des ministres, et cela d'autant plus qu'on travaille généralement dans une culture du secret et de la confidence. Toute asymétrie, de ce point de vue, est une opportunité stratégique.

> «Je ne dis pas que le mensonge était une habitude. Mais il faut bien reconnaître qu'on ne travaillait pas toujours dans la clarté avec les autres partis. Il fallait constamment recouper l'information et cela entraînait une perte de temps considérable. Ce qui obligeait souvent à bloquer les décisions tant qu'on n'avait pas le dessous des cartes. C'était vraiment insupportable de devoir aller constamment à la pêche à l'information. Par bonheur, on a un réseau incroyable au PSC : syndicat, mutuelle, fonctionnaires. Alors il fallait utiliser le réseau.»

> «C'est une chose qui me frappe : la méthode de travail est très peu transparente. Je pense qu'en amont, il y a un gros problème d'information. On ne connaît pas bien les dossiers qui concernent des décisions sensibles. Les documents arrivent au compte-gouttes – lorsqu'ils arrivent. (...) Je n'ai pas encore vu un Conseil des ministres pour lequel nous ayions reçu tous les documents. Il est fréquent

de recevoir d'épais documents le jeudi soir pour le vendredi matin!»

Dans cette quête perpétuelle d'information, la capacité de mobiliser des réseaux devient une ressource essentielle. La possibilité de passer un coup de téléphone à un responsable syndical, d'être alerté par un fonctionnaire ou de prendre les conseils d'un bureau d'experts, tout cela peut peser lourd dans la négociation. C'est pourquoi les partis traditionnels, qui continuent de s'appuyer sur des piliers solides et comptent beaucoup de fonctionnaires politisés dans les administrations, jouissent d'un avantage considérable. Les réseaux vont parfois jusqu'à s'étendre… aux cabinets d'autres ministres. C'est ainsi que le cabinet de la ministre Isabelle Durant a dû se séparer d'une collaboratrice flamande soupçonnée d'espionnage au service du VLD!

L'asymétrie de l'information offre des possibilités d'influence parfois subtiles. On raconte que Louis Michel est passé maître dans l'art d'emporter une décision par une succession de petits mensonges convergents.

> «Il commence par faire la proposition à X en lui annonçant que Y et Z sont d'ores et déjà d'accord. Étonné, X répond que dans ces conditions, si Y et Z sont d'accord, alors lui est d'accord aussi. Ensuite, il utilise la même technique avec Y, puis avec Z, et l'affaire est dans le sac!»

Autre exemple : la gestion des confrontations. Dans les négociations difficiles – institutionnelles, linguistiques et quelquefois budgétaires –, il est parfois préférable de séparer physiquement les parties en présence et d'opérer des va-et-vient en vue de rapprocher progressivement les positions. Libérée de la surveillance des adversaires, chaque partie peut ainsi se concerter plus aisément et l'on évite les escalades verbales inutiles. Le médiateur – le Premier ministre, le ministre-président, le responsable du Budget – qui opère le va-et-vient est le seul, tout au long du processus, à disposer de toute l'information, ce qui élargit ses marges d'influence pourvu qu'il se montre suffisamment neutre et fiable. Jean-Luc Dehaene excellait, paraît-il, dans cette technique.

L'urgence

L'urgence est souvent invoquée pour justifier l'introduction en dernière minute de points au gouvernement. La tactique consiste à s'épargner une négociation pénible en introduisant un dossier *in extremis* et en plaçant les partenaires devant le fait accompli.

> « Je pense ainsi à la vente des actions Sabena. Le ministre Daems a fait réunir les chefs de cabinet le mardi soir vers 20 heures pour nous dire qu'ils étaient en train de négocier. Le lendemain matin, le *kern* a été prié de donner son accord. Et le texte des accords n'était pas consultable avant la signature ! Celui qui voulait les lire devait attendre la conférence de presse ! Il y a pas mal de pirateries intellectuelles de ce genre. »

L'urgence domine incroyablement la vie ministérielle, elle exerce une contrainte pénible sur les cabinets et entrave en permanence la discussion. Comme souvent dans le monde des affaires, on a l'impression perpétuelle, en politique, de parer au plus pressé. En réalité, l'observation révèle que, neuf fois sur dix, cette urgence est artificielle : des dossiers introduits en dernière minute eussent pu l'être plus tôt ou souffriraient peu d'un report d'une ou deux semaines, le temps pour les partenaires de les examiner plus sereinement. Toute urgence n'est pas tactique, bien sûr ; elle peut résulter du manque d'efficience de l'organisation du travail, de la nature des problèmes qui surviennent ou du hasard des calendriers. Il reste que, bien utilisée, elle permet de faire l'économie de négociations difficiles. Le témoignage d'un cadre d'entreprise plongé depuis quelque temps dans l'univers des cabinets :

> «C'est vraiment le bordel! C'est incroyable de voir comme l'État est désordonné. Je ne dis pas que c'est parfait dans les entreprises privées mais enfin... Les réunions intercabinets sont convoquées dans l'urgence, au dernier moment. C'est vraiment n'importe quoi! Pas de planning, rien! Impossible de bien se préparer – c'est sans doute ce qu'ils cherchent... Par exemple le dossier du budget de l'armée et de la réforme militaire. Le ministre X convoque tout le monde en voulant bien faire les choses. Il intègre même les parlementaires des divers groupes politiques spécialisés dans ces questions. Donc, ça démarre bien. Après la première réunion, plus rien. Le cabinet du Premier met le dossier sous cloche, on n'en entend plus parler. Ils préparent la note en toute confidentialité et nous convoquent un mercredi à 19 heures pour le faire passer le lendemain en *kern* à 16 heures! Ce gouvernement est plus transparent que le précédent vis-à-vis de l'extérieur, mais la véritable concertation n'a pas du tout lieu en son sein. C'est la culture du secret, de l'improvisation et de l'urgence.»

Le jeu avec l'irréversibilité

On connaît la règle de la «réversibilité générale», chère à tous les négociateurs, selon laquelle il n'y a accord sur rien tant qu'il n'y a pas accord sur tout. Dans toute négociation s'opère un jeu plus ou moins subtil où chacun s'efforce de rendre irréversibles les concessions qu'il obtient des autres tout en préservant la réversibilité de celles que lui-même s'offre à faire. Lorsque des dossiers font l'objet de négociations qui s'étendent sur plusieurs semaines et supposent des réunions multiples, il devient difficile de respecter ce principe de réversibilité générale. Presque inévitablement, on tend à glisser d'une pure hypothèse à un accord de principe, et de là, à une décision irréversible ; des concessions sous condition sont coulées dans des textes sur lesquels, au fil des versions successives, il devient difficile de revenir. Francis Delperée évoque à cet égard la «méthode du trampoline» utilisée par Guy Verhofstadt :

> «M. Verhofstadt lance une idée. Si celle-ci recueille un certain succès autour de la table, il explique aux opposants qu'on ne discute pour le moment que du principe et qu'ils feront valoir leurs objections plus tard. Lorsque la seconde discussion revient, les mêmes objections refont surface. Et là, le Premier explique que le principe est déjà adopté et qu'il n'est plus temps à présent de faire valoir ses objections. Et donc, il rebondit deux ou trois fois sur le même sujet pour entraîner l'adhésion des troupes[44]. »

Une variante consiste à réinsérer subrepticement dans le texte de l'accord ou le procès-verbal du Conseil des ministres des dispositions rejetées durant la négociation. Cette pratique s'observe très fréquemment en politique, elle bénéficie naturellement à celui qui tient la plume : le directeur de cabinet du Premier ministre pour les Conseils des ministres, les collaborateurs de Johan Vande Lanotte, ministre des Réformes institutionnelles, pour les accords de Saint-Polycarpe, etc. Évoquant la prise de décision au gouvernement fédéral, Philippe Defeyt s'est ainsi publiquement insurgé contre le fait que des points explicitement refusés en réunion du *kern* trois fois de suite se retrouvent dans le texte final qui sort des services du Premier ministre, en sorte que les partis ne peuvent jamais relâcher leur vigilance et doivent consacrer un temps précieux à faire corriger le texte des accords.

---

44. *Imagine*, juillet-août 2001.

La dramatisation

La limite de toute tension, on le comprend, est la rupture de la relation. Il est impossible de s'affronter constamment et à tout propos. Outre qu'il existe des limites à la résistance nerveuse, les ministres sont des gens pressés, surchargés et chroniquement impatients qui répugnent à s'épuiser dans d'interminables guérillas. D'ailleurs à quoi bon ? Semaine après semaine, ils voient passer en gouvernement des dossiers auxquels, en âme et conscience, ils devraient s'opposer. Mais que faire sinon se résigner ? Chacun songe à ses intérêts propres, il serait périlleux de passer, aux yeux de l'opinion, pour le responsable de crises répétées. Et tout ministre, s'il veut conserver ses chances dans l'avenir, se doit d'apparaître comme un partenaire modéré, loyal et pragmatique. Ainsi, l'escalade de la tension, même si elle pèse durement sur les acteurs, rencontre des limites évidentes.

Or, ce principe d'économie de la tension peut être utilisé par certains acteurs pour faire reculer leurs partenaires. Certains la jouent à l'affectivité, feignant de sortir de leurs gonds, jetant leurs dossiers, claquant la porte. D'autres qui veulent absolument faire passer un dossier difficile le font précéder d'un autre encore moins acceptable et qu'ils accepteront rageusement de retirer au terme d'un échange orageux ; abordant le point suivant, les partenaires hésiteront à remettre ça. Autre technique encore : le procédé classique qui consiste à donner aux partenaires des « os à ronger » en glissant sciemment dans un dossier des dispositions inacceptables que le directeur de cabinet ou le ministre n'acceptera de retirer qu'avec une mauvaise humeur manifeste.

« Ma stratégie consiste à placer un point conflictuel, puis un point "branleur" dont on se fiche, suivi du dossier auquel nous tenons absolument. On donne à X un os à ronger. Il s'énerve : "C'est invraisemblable, c'est inacceptable !" Alors, nous, on rengaine le point et quand on arrive à notre dossier prioritaire, l'autre est à court d'agressivité, il n'ose plus trop s'opposer parce que ça commencerait à ressembler à de l'acharnement, et c'est ainsi que notre dossier passe. »

La stratégie de la *crise*, inlassablement reconduite dans la vie politique belge, n'est jamais que l'exacerbation du raisonnement ci-dessus. Elle consiste en substance à tendre les chaînes de la coalition jusqu'aux limites de la rupture afin d'élargir l'espace des solutions possibles. Quoi qu'on en pense, certaines concessions ne peuvent s'obtenir autrement qu'en laissant s'accumuler la tension jusqu'à frôler l'irréparable. Les grands marathons nocturnes et «soirée pyjama» qu'affectionne le gouvernement arc-en-ciel ont des fonctions multiples :

— ils permettent de se libérer des contraintes de temps propres au *kern* et au Conseil des ministres ;

— ils ouvrent des espaces de discussion élargis, protégés des sollicitations diurnes, dans lesquels il devient possible de globaliser les problèmes ;

— ils créent une dramatisation susceptible d'affaiblir les résistances de certains acteurs ;

— la règle «on ne sort pas d'ici sans un accord» permet de désamorcer la tendance à reporter sans cesse les points litigieux, elle consiste à placer les décideurs le dos au mur pour les obliger à aller de l'avant ;

— elle empêche en outre de fuir ses responsabilités en se retranchant derrière les instances et les autorités du parti.

Élargir le rapport de force

Le troisième type de stratégies consiste à élargir le rapport de force en cherchant à l'extérieur du gouvernement les ressources qui manquent en son sein. Pour ce faire, on peut recourir aux médias ou aux groupes de pression, on peut aussi déporter la négociation vers un niveau où le rapport de force paraît plus favorable.

Le recours aux médias

Une tactique désormais typique consiste à s'appuyer sur les médias et l'opinion publique pour renforcer son pouvoir au sein du gouvernement et faire fléchir ses partenaires. L'usage stratégique des médias dans les marchandages entre ministres prend des formes variées. Confronté à une proposition qu'il juge inacceptable ou à un blocage persistant, un ministre peut menacer d'ameuter la presse. Pour débloquer un dossier qui lui tient à cœur, il peut proposer à un partenaire récalcitrant d'en partager le bénéfice médiatique en organisant une conférence de presse commune. Il peut enfin annoncer son projet à la presse *avant* de le soumettre à ses collègues du gouvernement afin de créer des attentes dans le public et rejeter par avance la responsabilité d'un échec sur ses collègues si d'aventure ces derniers osent marquer leur opposition. Le témoignage d'un directeur de cabinet :

> « De plus en plus souvent, les ministres sortent les dossiers dans la presse *avant* d'en parler au gouvernement. Ils le font bien sûr pour avoir la primeur et contenter les journalistes. Mais ils le font aussi pour forcer la main de leurs partenaires, leur ôter la possibilité d'arrêter le projet ou de l'amender sérieusement. Au fond, on peut voir dans cette stratégie une forme de non-respect du régime de coalition qui implique la collégialité des décisions. »

Un exemple parmi d'autres : il s'agissait d'approuver ou de rejeter en gouvernement la proposition de classer un espace vert en milieu urbain regroupant une centaine de propriétés non bâties, donc d'éreinter autant de propriétaires en les empêchant de valoriser jamais leurs terrains, sans possibilité d'indemnisation. D'un côté, donc, le souci de préserver les droits légitimes des propriétaires, de l'autre, la volonté de milliers d'habitants de préserver un espace vert incomparable au sein d'un espace largement urbanisé et une pétition en faveur du classement signée par 1500 habitants à l'instigation d'une association de défense de l'environnement, auteur d'un rapport volumineux qui décrit avec force détails la richesse botanique de la zone, la variété des champignons, des insectes, des papillons, des poissons, des amphibiens, des oiseaux et des mammifères qu'on peut y observer, sans oublier *le* triton alpestre qu'on aurait aperçu dans un petit plan d'eau... Soucieux de faire pression sur son collègue en charge de l'Aménagement du territoire, le ministre du Patrimoine, partisan du classement, ameute la presse au préalable en sorte qu'un grand quotidien titre avant même la réunion du gouvernement : « Bras de fer entre X et Y pour le classement ». De la sorte, le ministre du Patrimoine cherche à placer son collègue devant un dilemme : ou bien ce dernier refuse le classement et concentre sur lui toute l'impopularité du blocage, ou bien il accepte la proposition et le mérite en reviendra de toute façon au ministre du Patrimoine qui sortira publiquement victorieux d'un affrontement qui n'aura même pas eu lieu ! Ce type de stratégies s'observe d'autant plus fréquemment en politique que les journalistes aiment à relayer les conflits et se font peu prier pour mettre de l'huile sur le feu. Sans cesse, des ministres tombent ainsi dans des pièges médiatiques qui les obligent à faire litière de leur conception du bien public par peur des journalistes.

Le recours aux groupes de pression

Une autre ressource extérieure qu'il est parfois possible de mobiliser pour renforcer sa position au sein du gouvernement, c'est le soutien discret ou manifeste d'un groupe de pression. Pour appuyer son dossier, un ministre peut appeler à son secours un lobby influent : une fédération patronale, une organisation syndicale, un acteur associatif, etc. Ce soutien se traduira par l'envoi de lettres, la réalisation de pétitions, une action médiatique, voire une manifestation, un arrêt de travail ou une grève. Tel ministre fait ainsi comprendre à une organisation syndicale qu'il aurait besoin d'un « coup de pouce » pour l'aider à faire passer un dossier. Tel autre prend carrément part à une manifestation de protestation. Un ministre fédéral s'assied aux côtés d'une délégation de bourgmestres pour réclamer au Premier ministre un surcroît de ressources pour financer la réforme des polices. Un autre encore téléguide discrètement une pétition. Certains ministres socialistes et verts sont allés jusqu'à manifester avec les syndicats en faveur d'une revalorisation des allocations sociales. Les acteurs cherchent donc à puiser dans l'environnement les ressources nécessaires pour conforter leur position en interne.

Le déport de la négociation vers un niveau plus favorable

Une dernière stratégie typique consiste à tenter de déporter la négociation là où les rapports de force paraissent plus favorables. Ce déport peut s'opérer « vers le bas » : s'il se sent friable, un ministre peut renvoyer un dossier vers les directeurs de cabinet ou les experts, ou encore déléguer certains arbitrages. Ce déport peut aussi s'opérer « vers le haut » : vers les présidents des régionales ou les présidents de parti. Il peut s'opérer en aval : vers le Parlement. Il peut enfin s'opérer vers le futur, en renvoyant par exemple un dossier difficile à la prochaine législature, anticipant un contexte plus favorable. Chaque fois, l'acteur recherche les conditions les plus propices à la promotion de ses idées et de ses intérêts : il escompte que son directeur de cabinet ou l'expert chargé du dossier sera mieux à même de faire prévaloir ses thèses ; il sait pouvoir compter sur des alliés dans l'administration, le parastatal ou la commission consultative ; il imagine que son président de régionale ou son président de parti est en meilleure position que lui ; que le groupe parlementaire de sa formation a plus de chances de l'emporter ; que les rapports de force après les élections permettront des avancées présentement impossibles. Il en résulte bien sûr que *les moments et les lieux de la négociation deviennent eux-mêmes des objets de négociation.*

On le voit, les ressources de pouvoir et les stratégies des acteurs ministériels sont nombreuses et variées, elles font de la négociation politique un exercice souvent complexe et fascinant qui requiert des compétences peu communes. Il s'agit de s'affronter sur des projets de gouvernement sans jamais perdre de vue ses propres intérêts politiques, d'éviter de s'épuiser sur des dossiers secondaires au détriment des dossiers importants, d'accepter discrètement certaines défaites pour sauvegarder ses chances de victoire sur d'autres terrains. Il s'agit aussi de conserver la pleine maîtrise de ses moyens, de s'engager fermement dans l'affrontement sans trop y mettre de soi, en évitant de se piquer d'honneur mal à propos. Il s'agit enfin, comme le prescrivait Machiavel, de se faire respecter, et même redouter, mais non jamais détester ni mépriser. Le respect de la parole donnée, la proscription des coups bas et des petites traîtrises, le respect des partenaires, l'attachement constant à sauver leur face, le fair-play, la séduction, l'humour, tout cela compte énormément et conditionne la cohésion d'une équipe gouvernementale.

L'économie de la violence

À la logique des jeux de pouvoir, il faut donc ajouter la sensibilité propre de l'acteur qui n'a rien du joueur cynique et froid postulé par l'analyse stratégique. S'il est vrai que tout est question d'habitude et qu'on s'entraîne au conflit comme à la course à pied, il n'en reste pas moins que la tension qu'un gouvernement peut endurer de semaine en semaine a des limites, lesquelles placent les ministres devant un problème aussi vieux que la politique : celui de *l'économie de la violence*. Les acteurs se craignent et s'épient les uns les autres, ils sont attentifs à ne multiplier ni ne rompre les chaînes qu'ils tirent entre eux. Ainsi mettent-ils spontanément en œuvre des mécanismes de *déflexion* de la violence propres à éviter les risques d'embrasement au sommet.

Par exemple, les mécanismes de déport de la négociation que j'ai décrits plus haut, s'ils servent effectivement des stratégies de pouvoir, assurent en même temps une fonction autrement fondamentale : ils permettent de réduire la conflictualité au sein du gouvernement, donc de préserver les conditions de la collégialité. C'est ainsi que les ministres reportent certains dossiers épineux ou les encommissionnent, requièrent l'arbitrage des présidents de parti, de conseils ou d'instances diverses (le Conseil d'État, la Cour d'Arbitrage, la Commission de Contrôle linguistique, la Commission des Monuments et Sites, etc.), se retranchent derrière des audits et des avis d'experts, renvoient certains problèmes au Parlement. Il s'excusent de devoir s'opposer à la proposition d'un collègue en invoquant les résistances de leur président de parti ou de leur groupe parlementaire. Ils s'engagent à garder le secret sur certains accords dont la publicité menacerait le gouvernement. Ils acceptent d'assumer solidairement certaines décisions impopulaires ou de sauver la face d'un collègue en minimisant la portée des concessions qu'il a été contraint d'accepter. *L'art de la déflexion* entre nécessairement dans la riche palette des talents du politicien confirmé.

Une pratique de déflexion typique consiste bien sûr à renvoyer le problème aux directeurs de cabinets ou aux conseillers, lesquels sont priés d'absorber à leur niveau une part essentielle de la conflictualité. Cet impératif peut finir par peser sur certains collaborateurs. Témoignage d'un conseiller :

« Le ministre nous avait dit : "Dans nos rapports avec les autres cabinets, je privilégie la diplomatie. Pas d'affrontements bêtes et méchants." Il se fait que cette attitude ouverte et conciliante n'a pas trouvé de répondant du côté du PS. Nos dossiers étaient systématiquement bloqués, ils pinaillaient pour des choses invraisemblables. D'où le ministre nous a demandé de commencer à marquer le coup en intercabinets. Donc, désormais, nous bloquons leurs dossiers quand ils bloquent les nôtres. Cette tactique a des limites : elle a fini par renforcer l'image négative des collaborateurs. Ma propre image, je sens qu'elle est en train de se détériorer. Bon, je sais bien qu'il faut pouvoir assumer une certaine impopularité, mais dans ce cas, on doit se sentir protégé et soutenu par son patron. Or, ici, le bât blesse : pour éviter de s'étriper en Conseil des ministres, il tend à nous décrédibiliser au lieu de nous défendre. »

Une autre forme de déflexion, incroyablement fréquente en politique, consiste à conclure des accords *volontairement* ambigus en reportant une partie de la conflictualité vers les phases d'interprétation et d'application du texte. Neuf fois sur dix, les accords politiques contiennent des zones d'ombre, des marges d'interprétation qui promettent des affrontements futurs en sorte qu'aucune pacification n'est acquise pour très longtemps. Les observateurs extérieurs le déplorent sans toujours saisir le rôle essentiel de l'ambiguïté dans l'économie de la violence politique. Lorsque la chaîne menace de se rompre, l'important est de gagner du temps et de franchir l'écueil, chacun profitant de l'ambiguïté des textes pour vendre l'accord à son ban et son arrière-ban. En pratique, les ministres se montrent presque toujours plus modérés et plus pragmatiques que les parlementaires et les militants de leurs partis respectifs. L'ambiguïté permet à chacun de sauver la face, de retourner vers l'électeur avec le sourire du vainqueur. Un bel exemple est la *promesse* des partis flamands de ratifier la convention-cadre sur la protection des minorités nationales qui a permis la conclusion *in extremis* des accords de la Saint-Polycarpe évoqués plus haut. L'adoption de cette convention européenne était une vieille revendication des francophones qui y voyaient l'instrument nécessaire et suffisant pour sauvegarder les droits linguistiques, sociaux et culturels de la minorité francophone installée en Flandre. Cependant, pour que cette convention soit dûment ratifiée et porte ses effets, il reste encore à définir ce qu'on entend par «minorité nationale», ce que les négociateurs se sont prudemment gardés de faire, renvoyant l'impossible tâche à la Conférence interministérielle de politique étrangère qui réunit tous les niveaux de pouvoir. Autant dire que la ratification de cette convention, si elle survient jamais, s'inscrira dans une nouvelle négociation institutionnelle…

L'économie de la violence politique favorise des processus de décision progressifs du type *implication rampante*, fondés sur l'émergence progressive plutôt que l'autorité. Un partenaire commence par une rentrée prudente dans l'agenda politique, évoquant un problème en suspens. La question est évoquée un peu plus explicitement entre directeurs de cabinet, chacun cherchant à sonder les autres et à repérer les lignes de fracture possibles en veillant à prévenir toute forme de positionnement public qui aurait pour effet de bloquer le processus. Insensiblement, on injecte de petites doses d'irréversibilité dans la définition du problème et la formulation des solutions, mais sans jamais placer les ministres devant une décision irrémédiable. Les problèmes les plus épineux, budgétaires ou linguistiques, sont reportés à plus tard tandis qu'on recherche le commun dénominateur des intérêts en présence, quelque dimension sur laquelle chaque partie puisse se retrouver. Ainsi chemine-t-on vers une solution partagée en évitant les coups de force dommageables à l'équilibre général. Bien sûr, la technique prend du temps et elle exige des trésors de patience.

Habitués à trancher rapidement, les décideurs d'entreprise comprennent mal la raison de ces lenteurs, oubliant qu'ils ne doivent, eux, pour l'essentiel, répondre de leurs actes que devant leurs actionnaires et qu'ils peuvent, pour le reste, s'appuyer sur leur pouvoir hiérarchique, lequel n'est presque d'aucun usage dans la décision politique.

L'évidence des effets pervers

Pour l'essentiel, il est peu d'acteurs aussi consciemment et profondément stratèges que les acteurs politiques. La rationalité est ici un accomplissement social quotidien ; les acteurs politiques et leurs collaborateurs ne cessent, je l'ai dit, de réfléchir ensemble à l'évolution de la situation, au positionnement des forces, aux opportunités qui se dessinent, à l'ajustement des stratégies. Pour autant, la décision politique est-elle rationnelle ? C'est précisément la conclusion qu'il faut se garder de tirer. Les sociologues et les économistes ont coutume d'analyser les *effets pervers* de la rationalité : lorsque l'emboîtement d'actions logiques produit des effets inattendus, que tous s'accordent à trouver regrettables. Et le fait saute aux yeux de quiconque prend quelque hauteur : la vie politique fourmille de tels effets pervers. En voici quelques exemples.

Un formidable gaspillage d'énergie

«Le système belge, pour être efficace, consomme énormément d'énergie. Une énergie affolante, anormale. Je sens aujourd'hui la nécessité d'un mode de fonctionnement plus simple. La décision en Belgique est un exercice d'une complexité extrême pour n'importe quoi. Et qui repose sur une tension dialectique étonnante entre des partis qui sont condamnés à supprimer leurs différences et s'arranger entre eux et en même temps à marquer leur différence aux yeux de l'opinion. (...) Je suis sorti épuisé de toutes ces années à ce poste et si j'ai résisté, c'est avant tout par amour de cette fonction. »

« Il y a des déperditions d'énergie incroyables et ce qu'on réalise est toujours très éloigné des ambitions qu'on avait au départ. Ce que, personnellement, j'ai trouvé le plus dur, c'est de vivre en permanence avec des gens aliénés de leur propre personne. On travaille vraiment beaucoup ! »

Ces deux témoignages illustrent un sentiment largement partagé : celui d'une incroyable débauche d'efforts pour des résultats limités. Assurément, les acteurs travaillent d'arrache-pied, mais si loin de l'optimum ! On peut certes dresser la liste de toutes leurs réalisations, mais songe-t-on à la liste de tout ce qu'ils auraient pu faire si le système fonctionnait efficacement ? Des projets qu'on eût pu boucler en quelques semaines mettent des années à mûrir ; des dossiers pratiquement ficelés traînent des mois dans l'attente d'un arbitrage à l'échelon des partis ; des décisions sont renvoyées d'une législature à l'autre par des acteurs pusillanimes ou soupçonneux ; les collaborateurs des ministres passent plus de temps à contrôler les autres partis qu'à promouvoir les dossiers du ministre ; les cabinets s'enlisent dans un stratégisme foireux, une sorte de rage de « ne plus se faire avoir », qui porte à se saborder les uns les autres plutôt qu'à construire ensemble ; un cynisme étriqué conduit à tenir pour victoire l'enlisement des politiques d'un concurrent ; les réunions intercabinets rassemblent trop de conseillers incompétents, uniquement préoccupés par les intérêts de leur ministre, en sorte que dix réunions sont nécessaires lorsque trois eussent été suffisantes si l'on avait pris la peine d'y envoyer des gens compétents, pourvus d'un mandat clair, et surtout d'y associer l'administration ; quant aux méthodes de travail, elles brillent le plus souvent par leur amateurisme. Pour quiconque brûle d'impatience à la perspective d'œuvrer à la gestion de la cité, l'expérience de ce gaspillage d'énergie a quelque chose de désespérant.

La primauté du court terme

La réflexion d'un directeur de cabinet :

> « Il y a bien quelque chose comme une intelligence poli-
> tique, mais généralement elle est à court terme. Ça me
> frappe beaucoup. On ne console jamais un ministre en lui
> disant : "Tu as lâché quelque chose aujourd'hui, OK, c'est
> une petite défaite, mais qu'est-ce que tu gagneras dans
> deux ans !" Ils n'ont pas une vision très lointaine. L'intel-
> ligence des rapports de force est à courte vue, elle intègre
> l'affaiblissement passager d'un partenaire, un petit scan-
> dale qui agite l'opinion, etc. Au lieu de parler d'intelli-
> gence stratégique, je parlerais plutôt d'opportunisme. »

Toute rationalité est limitée ; un objectif à court terme peut
occulter un objectif à moyen terme. Les joueurs d'échecs le
savent bien : c'est une chose de s'emparer d'une pièce de l'adversaire, c'en est une autre de gagner la partie, et l'une peut quelquefois empêcher l'autre ; les petites victoires peuvent chasser
les grandes. De leur aveu même, les acteurs politiques échap-
pent difficilement au règne de l'instantané et de la navigation
à vue, ils ont tendance à surréagir aux moindres impulsions du
système politique et médiatique. Le quotidien du travail politique laisse à la plupart de ceux qui l'ont connu, ministres et
collaborateurs, le souvenir d'une agitation permanente, d'une
sorte de bouillonnement parfois constructif mais souvent dérisoire. L'urgence domine la vie des cabinets, elle concentre
l'attention et la réflexion, mais elle change en permanence ; les
priorités d'un jour ne sont plus celles du lendemain, des
conseillers produisent en hâte des notes stratégiques qu'on
oublie trois jours plus tard, on tient des réunions fiévreuses sur
des problèmes évanescents et l'on reste stupéfait, au total, des
résultats limités de toute cette effervescence.

Les pertes d'efficacité chroniques

Anxieux de limiter les tensions entre eux, les ministres recherchent, on l'a vu, toutes les formes de déflexion de la violence. C'est ainsi que des dizaines de décision potentiellement conflictuelles sont retardées parce que les ministres ou les responsables de parti ne peuvent ni ne veulent multiplier la charge de négociation entre eux. D'innombrables dossiers restent donc en suspens, dans l'attente d'un hypothétique arbitrage. Un autre mode d'économie de la violence tout aussi classique consiste à réduire l'interdépendance entre les acteurs en augmentant le gâteau à partager et donc, neuf fois sur dix, le volume des dépenses et le déficit budgétaire. Cette technique, hélas bien connue des ministres du Budget, a conduit la Belgique à des taux d'endettement qui grèveront encore très longtemps le développement du pays. En dépit des contraintes budgétaires, le nombre est considérable des conflits qui continuent de se régler par un tel accroissement des dépenses.

Le poids du symbolique

Au sein du gouvernement, les enjeux symboliques dissipent en permanence une énergie précieuse. Des ministres peuvent bloquer des dossiers durant des semaines ou des mois pour des raisons purement symboliques. Chaque année, des dizaines d'institutions et d'associations sont menacées d'étouffement, de paralysie ou de rupture de paiement en raison de blocages ministériels. En intercabinet ou en Conseil des ministres, on se bat pour des phrases, des signatures, des ordres de préséance, des postes au cadre qui resteront vacants, des enveloppes budgétaires qu'on n'utilisera pas... Un exemple typique : l'obsession d'être représenté. Devant quelque institution dont il faut nommer les administrateurs, quelque organe qui se crée, même temporairement, du type comité de pilotage, comité d'accompagnement, groupe de réflexion ou commission, *les ministres*

exigent automatiquement d'être représentés. Le réflexe est presque pav-
lovien. À la seconde, ils se crispent et se disposent à l'affrontement, généralement par collaborateurs interposés, pour un
enjeu dont, bien souvent, ils se désintéresseront complètement
par la suite. L'exigence de la représentation, qui procède initialement d'une volonté compréhensible de contrôler les partenaires, devient une norme en soi et tout ministre privé de
représentant dans un quelconque organe semble presque irrésistiblement conduit à nourrir de noirs soupçons à son encontre.

La digestion de la gestion

Trop souvent, la logique du pouvoir en vient à submerger la
rationalité administrative. Les rapports de force finissent par
l'emporter sur les critères de bonne gestion. Certaines évaluations sont étouffées, certaines restructurations entravées pour la
seule raison qu'elles menacent les fonctionnaires de la
«couleur» du ministre, une institution considérée comme le
«bastion» d'un parti ou un réseau d'institutions «amies». Et que
dire du conseil d'administration des organismes d'intérêt public
et des entreprises publiques!? Il y aurait un livre à écrire sur le
rôle de ces conseils[45]. Les témoignages recueillis, aussi bien que
mes observations propres, conduisent à des conclusions en
apparence outrancières mais réalistes à l'autopsie : la grande
majorité des milliers de mandats politiques dans les conseils
d'administration sont attribués selon des critères d'opportunité
politique et de partage des influences plutôt qu'en fonction de
la compétence, l'expérience et la disponibilité du mandataire.
En particulier, lorsqu'elles donnent lieu au paiement de jetons
de présence, ces attributions remplissent une fonction d'équilibrage au sein du parti, elles permettent de compenser la frustration de candidats évincés à des postes ministériels, de

---

45. Ce qui ne revient aucunement à idéaliser la situation dans le secteur
    privé.

récompenser des députés ou des militants, d'envoyer ou de renvoyer un ascenseur – en bref d'accumuler des ressources interpersonnelles et d'adhésion interne. La plupart de ceux qui siègent dans ces conseils évitent de s'impliquer dans la vie des institutions, ils sont bien conscients de devoir leur mandat au parti plutôt qu'au gouvernement et se sentent investis d'une mission prioritaire : celle de veiller aux intérêts de leur parti (en termes de nominations, de localisation des investissements, de répartition géographique des services, etc.). Raison pour laquelle la majorité des responsables administratifs de ces institutions ont tendance à concevoir le conseil qui les chapeaute tantôt comme une chambre d'entérinement, tantôt comme un mal nécessaire et une source d'embarras. Investis dans d'autres sphères, cumulant parfois les mandats, les membres de ces conseils ne disposent souvent ni du temps ni de la compétence nécessaires à l'exercice d'un contrôle effectif. Faut-il rappeler l'exemple désolant de la Sabena, éternellement chapeautée par un conseil d'administration ignorant des réalités du transport aérien et manquant du temps, de l'indépendance, du pouvoir et du courage nécessaires pour assumer pleinement sa responsabilité à la tête d'une entreprise qui s'approchait inéluctablement de la catastrophe sans que quiconque, dans la sphère politique, ose tenir le langage de la vérité, sans qu'aucun acteur émerge qui fût capable d'imposer à cette société – à ses dirigeants, à l'association des pilotes, aux organisations syndicales – un principe de réalité élémentaire.

Le recours à un tiers salvateur

Empêtrés dans leurs logiques partisanes, irrémédiablement méfiants vis-à-vis des partenaires, répugnant à leur concéder quelque avantage, il arrive que les acteurs politiques préfèrent se dépouiller de leur pouvoir de décision au profit d'experts, de consultants extérieurs ou de managers du privé. Certes non dénuée d'utilité, cette option finit par s'apparenter à un aveu : celui de l'impuissance collective du politique, de son incapacité à dépasser les barrières de la méfiance et du soupçon. L'exemple de Bruxelles 2000, capitale culturelle, paraît très significatif à cet égard. À elle seule, la composition du conseil d'administration fut exemplative de la réalité belge. Pas moins de huit partenaires institutionnels différents s'y trouvaient représentés : la Ville de Bruxelles, le gouvernement fédéral, la Région bruxelloise, les trois commissions communautaires, la Communauté française et les germanophones, avec bien sûr une parité Flamands-francophones ! Devant l'invraisemblable magma des intérêts et des conflits, les vertiges de la suspicion mutuelle et la démission du responsable culturel excédé, il fut décidé de recruter un spécialiste extérieur, Robert Palmer, venu de Glasgow, sachant à peine parler le français et pas du tout le néerlandais, complètement ignorant de la réalité bruxelloise, pour un salaire de trente-trois millions, avec villa et voiture comprises ! Et cela pour faire ce que des Belges eussent pu faire aussi bien, sinon beaucoup mieux, et pour beaucoup moins cher. Tout valait mieux sans doute que l'insupportable douleur des francophones de voir un Flamand prendre la direction des opérations (ou inversement), que la hantise des socialistes de reconnaître des tendances libérales chez le manager du projet (ou inversement)... Robert Palmer est rentré chez lui en laissant dans les caisses un trou financier important, il restera une splendide illustration du « mal belge », plus spécifiquement de cette tendance à réagir à l'impuissance collective en s'en remettant à un tiers salvateur, fût-ce au prix fort.

Le rôle des cabinets

Placés au cœur de la décision politique, les cabinets sont traversés par toutes les logiques de pouvoir qui structurent le champ politique, ce sont des microcosmes où s'affrontent et s'articulent les intérêts les plus divers et qu'affectent tous les

processus décrits jusqu'ici : le poids du symbolique, le stratégisme, les tendances paranoïdes... C'est dire que cette institution, une grande spécialité belge, offre une foule d'illustrations
du glissement de la rationalité à la perversité.

De prime abord, en effet, le cabinet représente une réponse
logique aux contraintes du travail ministériel. Parmi les fonctions multiples qu'elle assume[46], j'en mentionnerai neuf :

1. Le cabinet assure un rôle de secrétariat personnel du
ministre, l'aidant à gérer son agenda, à organiser son emploi du
temps et absorbant l'énorme masse de courrier qui lui est adressée personnellement.

2. Le cabinet — et plus spécifiquement en son sein la cellule
presse —, assure le rapport aux médias, ce qui entraîne la surveillance de la presse quotidienne, la préparation de la revue
de presse, la rédaction des discours (généralement avec l'aide
des membres du cabinet concernés), la préparation des conférences de presse et des dossiers, les contacts avec les journalistes, etc.

---

46. Sur cette question du rôle des cabinets ministériels, on citera notam-
ment : Ch. BIGAUT, *Les cabinets ministériels*, Paris, Librairie générale de droit
et de jurisprudence, 1997 ; J. BLONDEL & F. MULLER-ROMMEL, *Cabinets in
Western Europe*, Basingstoke et Londres, Macmillan, 1988 ;
D. CHAGNOLLAUD, *Les cabinets ministériels, côté cour*, Paris, L'Harmattan,
1999 ; A. CUBERTAFOND, *Le pouvoir, la politique et l'État en France*, Paris,
Hachette, 1993 ; H.W. EHRMANN & M.A. SCHAIN, *Politics in France*, New
York, Harper Collins Publ., 1992 ; P.A. HALL, J. HAYWARD & H. MACHIN
(dir.), *L'évolution de la vie politique française*, Paris, PUF, 1992 (trad. fr.) ;
G. MARCOU & J.-L. THIEBAULT, *La décision gouvernementale en Europe (Belgique,
Danemark, France, Pays-Bas, Royaume-Uni)*, Paris, L'Harmattan, 1996 ;
R. REMOND, Al. COUTROT & I. BOUSSARD, *Quarante ans de cabinets ministé-
riels*, Paris, Presses de la Fondation des sciences politiques, 1982 ;
O. SCHRAMECK, *Les cabinets ministériels*, Paris, Dalloz, 1995 ;
Ez. N. SULEIMAN, *Politics, Power and Bureaucracy in France : The Administrative
Elite*, Princeton, Princeton University Press, 1974 ; G. THUILLIER, *Les cabi-
nets ministériels*, Paris, PUF, 1982.

3. Le cabinet entretient des rapports avec les parlementaires, le parti et les groupes d'intérêt.

4. Le cabinet agit comme conseil politique du ministre, je veux dire qu'il s'attache, dans le traitement des dossiers, à ajouter aux critères proprement administratifs des critères d'opportunité politique (impacts sur l'image du ministre, conformité de la décision à la ligne du parti, acceptabilité de la décision par les instances et la base du parti, acceptabilité de la décision par les partenaires, etc.).

5. Le cabinet participe activement à l'ensemble des consultations et concertations politiques préalables aux décisions, en particulier les réunions intercabinets, les réunions avec les parlementaires et les réunions avec les dirigeants du parti. L'usage veut que ce soient uniquement des membres du cabinet qui soient habilités à exprimer les positions du ministre, les fonctionnaires parfois invités aux réunions intercabinets étant dès lors confinés dans un rôle d'information. Selon les cas, ces réunions sont présidées par le directeur de cabinet, l'un de ses adjoints ou un conseiller. Se construit un réseau interministériel à la fois dense et mouvant où s'élaborent les décisions les plus importantes.

6. Le cabinet apporte son aide à la décision ministérielle en examinant et contrôlant les dossiers qui remontent de l'administration et en réalisant des synthèses critiques qui permettent au ministre de disposer d'une connaissance suffisante des dossiers qu'ils sont amenés à défendre.

7. Le cabinet entretient des liens avec l'administration : transmission et explicitation des instructions du ministre, dialogue et concertation avec les fonctionnaires (dans le meilleur des cas), suivi des décisions et contrôle de leur bonne application.

8. Le cabinet assume dans la plupart des cas un rôle d'impulsion des réformes administratives et de soutien aux nouvelles structures. Quelquefois, il est même conduit à arbitrer des conflits internes à l'administration, que la hiérarchie adminis-

trative est incapable de traiter à son niveau, notamment en ce qui concerne le partage des ressources humaines et financières.

9. Pour finir, le cabinet assure malheureusement trop souvent une fonction proprement administrative lorsqu'il se substitue directement à l'administration en préparant et en traitant lui-même les dossiers (projets de loi, arrêtés, appels d'offre, etc.).

De ces différentes fonctions, seule la dernière est susceptible d'être renvoyée dans sa totalité à l'administration – pour autant que celle-ci soit efficiente. Pour le reste, il subsiste et subsistera toujours une palette d'activités qui, dans le système belge, reviennent au politique. On ne saurait pour autant plaider en faveur d'un *statu quo* ! En réalité, quiconque se trouve plongé dans l'univers des cabinets ne peut manquer d'être frappé par les dysfonctions manifestes du dispositif. Quelques exemples, fréquemment cités :

1. La variété des critères de recrutement, mais aussi, il faut le dire, la difficulté de recruter du personnel de valeur vu les horaires de travail et la médiocrité des rémunérations, conduit à des formes d'incompétence hélas! très nombreuses. À l'évidence, la qualité *moyenne* de certains cabinets n'est pas à la mesure des responsabilités assumées, même s'il est bien sûr des exceptions remarquables. Un cabinet ministériel est une cellule spécifique, hors hiérarchie administrative, composée de plusieurs dizaines de membres désignés *intuiti personae* par le ministre ou son parti et appelée à disparaître le jour où le ministre quitte sa fonction. C'est dire que la collaboration à un cabinet suppose un lien privilégié, voire personnel avec le ministre ou du moins le parti ; elle prend l'image d'une dépendance affective, d'une affiliation partisane ou cyniquement intéressée.

2. L'amateurisme qui règne dans beaucoup de cabinets induit une organisation déficiente du travail. Cela se traduit par une mauvaise circulation des dossiers et des documents, des retards dans la transmission des signataires, des classements impro-

bables, la perte de documents, le manque de suivi de certaines lettres ou dossiers, une délégation erratique, d'incessants conflits de compétences, une fermeture à l'environnement, un déficit de coordination.

3. La tendance à se substituer à l'administration est omniprésente. Elle s'explique notamment par l'urgence qui domine la vie des cabinets, l'impatience des ministres, le décalage entre le rythme de travail de l'administration et celui du cabinet, la méfiance envers une administration politisée, mais aussi par les stratégies des collaborateurs qui, pour gagner l'estime et la confiance du ministre, cherchent constamment à s'emparer des dossiers et les gérer eux-mêmes afin de démontrer leur utilité et de s'imposer comme interlocuteurs privilégiés. Il en résulte une parodie d'administration, certes dynamique et enfiévrée, mais dépourvue de la compétence, de la rigueur et du professionnalisme d'une administration digne de ce nom.

4. Dans leur volonté d'affirmer leur position au sein du cabinet, les collaborateurs du ministre ont un intérêt objectif à noircir l'administration. C'est ainsi qu'ils veillent à filtrer à leur avantage les informations, suggestions, réactions qui en émanent. On voit des collaborateurs faire littéralement barrage aux demandes de fonctionnaires qui souhaitent s'entretenir directement avec le ministre. Instinctivement, celui-ci a tendance, dans son rapport à l'administration, à se reposer sur ses collaborateurs, à la fois plus proches physiquement et idéologiquement, et présentant à ses yeux une meilleure garantie de loyauté, de sorte que les fonctionnaires ne sont jamais assurés que leurs positions sont fidèlement répercutées. Cette dépendance nuit bien sûr à la qualité des décisions aussi bien qu'à la motivation des fonctionnaires.

5. Dans la foulée, on voit bien des cabinets succomber à une forme d'arrogance, du moins d'élitisme. L'impression de vivre une aventure humaine, de partager l'intimité d'un grand homme, d'être au cœur de l'attention des médias, d'influencer des déci-

226

sions importantes induisent une fierté, un narcissisme collectif qui conduisent de jeunes collaborateurs à perdre toute humilité et s'arroger indûment une parcelle de l'autorité et du prestige ministériels.

6. Les affiliations partisanes des membres du cabinet, jointes à la nécessité d'afficher en permanence sa loyauté au parti et au ministre, jointes aussi à la concurrence avec les autres partis de la coalition, tout cela alimente une sorte d'identification négative de chaque cabinet par rapport aux autres, laquelle se traduit au mieux par une méfiance mutuelle et un culte du secret, au pire par une sorte de paranoïa collective qui a pour effet d'altérer la qualité de l'information échangée entre les cabinets, d'accroître inutilement la conflictualité des réunions intercabinets, voire de placer le directeur de cabinet et même le ministre dans un climat d'affrontement partiellement artificiel.

7. On voit ainsi des collaborateurs sombrer dans une forme de cynisme naïf, un stratégisme médiocre, parfois obsessionnel, qui porte à délaisser le projet de gouvernement pour s'enliser dans les petits jeux, les pièges tendus à l'adversaire, les coups plus ou moins foireux. Les joueurs s'épuisent à grappiller des miettes (un million de plus dans la négociation budgétaire, la signature de son ministre au bas d'un décret, un représentant du cabinet dans tel organe consultatif) sans s'aviser qu'ils usent à la longue la cohésion du gouvernement.

8. La dépendance où se trouvent la plupart des collaborateurs du ministre, soit qu'ils aspirent à une carrière politique, soit qu'ils cherchent simplement à conserver un emploi, soit qu'ils espèrent une nomination, soit enfin que, fonctionnaires détachés, ils attendent de leur passage par le cabinet une promotion dans leur administration, cette dépendance conduit trop de membres du cabinet à des formes d'obéissance servile, de loyauté inconditionnelle et de flagornerie qui flattent peut-être l'ego du ministre, mais comportent un risque non négligeable : celui de *l'enfermer dans une tour d'ivoire*.

9. Les cabinets se faisant et se défaisant au rythme de passage des ministres, il en résulte une insécurité d'emploi chronique. Certes, le cabinet est pour partie composé de fonctionnaires détachés qui, à la dissolution du cabinet, reprendront leur poste dans l'administration. Mais il y a tous les autres qui se sont souvent dévoués corps et âme et qu'il est difficile de rejeter brutalement sur le marché du travail. D'où la tentation permanente d'opérer des « parachutages » dans l'administration, quite à multiplier les emplois. Clairement, l'institution des cabinets ministériels a partie liée avec la politisation de l'administration, un problème sur lequel je reviendrai.

On voit ainsi qu'à leurs fonctions attendues, les cabinets ajoutent des dysfonctions manifestes. Même si, *au niveau des discours*, la tendance semble aller vers la remise en cause de cette institution, on n'en a pas moins assisté, ces dernières années, à une hypertrophie choquante, sans équivalent en Europe. Le coût total des cabinets ministériels du gouvernement arc-en-ciel a pulvérisé tous les records dans l'histoire de ce pays : 54 millions d'euros. Il en va de même à la Communauté française, pourtant douloureusement désargentée, où les dépenses de cabinet se sont accrues de 38 % durant la dernière législature, pour atteindre 21 millions d'euros. Le temps est loin où les ministres nationaux n'avaient le droit de s'entourer que de… cinq collaborateurs conformément à un arrêté du 20 juin 1946[47]!

Les causes d'un pareil développement sont multiples, la plus fondamentale étant sans conteste *la crise de l'administration publique* qui pousse les exécutifs à contourner les pesanteurs bureaucratiques et à suppléer aux déficits de compétence, de performance ou de loyauté en centralisant une partie du travail administratif au niveau politique. Or, voici l'essentiel : la réaction au problème *a pour effet de renforcer le problème*. Les cercles vicieux sont manifestes :

---

47. Voir par exemple l'article de V. Crabbe, « Cabinets ministériels et organisation administrative » in *Revue de l'Institut de Sociologie*, 1960/3, pp. 531-555.

– la centralisation du pouvoir au niveau du cabinet contribue à démotiver les fonctionnaires, donc à renforcer l'inertie même à laquelle elle prétendait réagir ;

– cette centralisation, qui s'explique aussi par la méfiance du ministre envers les fonctionnaires politisés, suppose de grossir le personnel des cabinets, ce qui contribue à renforcer la politisation de l'administration par le jeu des parachutages ;

– aux pesanteurs propres de l'administration, elle ajoute les déficiences liées à l'inexpérience des collaborateurs du ministre et à l'organisation du travail souvent peu professionnelle des cabinets ;

– le détachement de fonctionnaires parfois haut placés pour venir renforcer les cabinets a pour conséquence absurde de décapiter nombre de services de l'administration et de multiplier les postes occupés par des « faisant fonction » qui travaillent sur un siège éjectable.

Dans leur forme actuelle, les cabinets sont certes une réponse au problème épineux de la gouvernance politique dans un régime de coalition et un environnement d'institutions bureaucratiques, mais cette réponse contribue à entretenir le problème ; elle détourne l'autorité politique de la tâche ingrate et difficile, mais *inéluctable,* de débureaucratiser et de moderniser l'administration publique.

La politisation de l'administration

Favorisée par l'inflation des cabinets, la politisation de l'administration entraîne à son tour de nombreux effets pervers. Par « politisation », j'entends ici, de façon restrictive, le contrôle par l'autorité politique des nominations dans l'administration, plus précisément l'usage de critères partisans dans les décisions de recrutement et de promotion au détriment ou à côté d'autres critères comme la compétence, le diplôme, le mérite ou l'ancienneté.

La politisation est un processus complexe, qui touche au plus profond du champ politique et ne se laisse aucunement réduire au clientélisme ou au népotisme. Des raisons multiples, souvent compréhensibles, entrent en jeu qui expliquent la difficulté de casser le cercle vicieux. Chacun en conviendra, le critère de la « couleur » n'interdit aucunement la prise en compte de la compétence et du mérite, et beaucoup de nominations politisées concernent des personnes simplement remarquables dont l'affiliation première n'empêche nullement, par la suite, d'agir en *civil servant*, exclusivement soucieux du service public. En cette matière, on fait bien, par conséquent, d'éviter les jugements trop expéditifs ; les arguments sont nombreux qui invitent à nuancer le tableau général.

Les arguments sont nombreux, certes, mais hélas ! pas les faits. Sans du tout nier la complexité du processus, la conclusion s'impose par l'évidence : tout bien pesé, la politisation est une lèpre, une dysfonction chroniquement injectée dans les sphères de l'État par ceux-là mêmes qui prétendent l'incarner, elle entre en contradiction flagrante avec la doctrine explicite de *tous* les partis démocratiques pour cette raison simple qu'en subordonnant la carrière des fonctionnaires à un acte d'allégeance à un parti, elle viole les articles de la Constitution garantissant la liberté d'opinion, la protection de la vie privée et l'égalité d'accès aux emplois publics – raison pour laquelle il n'est plus guère d'homme politique pour oser la défendre publiquement. Le constat résiste à toutes les arguties : il est simplement impossible de citer *un* service public – et donc, finalement, une catégorie d'usagers – qui tire profit de la politisation.

Et pourtant, si décriée soit-elle, la politisation continue de se pratiquer à tous les niveaux de pouvoir au mépris des professions de foi, des déclarations d'intentions et des programmes des partis, offrant par là l'une des facettes les plus attristantes du cynisme en politique – l'autre étant vraisemblablement la politisation des subventions. Certains témoignages sont à cet égard particulièrement édifiants.

«En matière de politisation, j'ai assisté à des discussions hallucinantes. On appliquait le système des points pour se partager tous les postes jusqu'en bas de l'échelle. Je me souviens de quelqu'un de soixante-trois ans qui devait être nommé à un poste. Il avait bien travaillé et il le méritait. Quelqu'un s'est opposé sous le prétexte qu'il allait partir dans deux ans, qu'on allait perdre les points et qu'il faudrait renégocier. Résultat, le pauvre type n'a pas reçu sa promotion ! »

«Dans les derniers mois du cabinet, on a envoyé quarante contractuels dans l'administration. C'était terrible. Je ne savais même pas où je les envoyais, il n'y avait aucune logique de fonction, rien ! Je les envoyais n'importe où, certains s'en inquiétaient, venaient me voir pour discuter de leur point de chute et j'étais obligé de les remballer en leur disant : "Si tu crois que j'ai le temps de m'inquiéter de ça !" »

«Je me souviens de la création de l'IBGE : la curée pour les emplois créés ! Je revois encore un ministre : il avait un énorme tableau par terre, dans son bureau, avec des centaines de petites cases, et il était en train d'essayer de remplir tout cela avec les candidats. Hallucinant ! »

«Je me souviens d'une conversation avec X qui m'a glacée. Nous présentions un candidat à un poste au Lotto. Je pense vraiment que c'était une excellente candidature, un homme sérieux et compétent. J'ai demandé à X s'il était d'accord de me soutenir. Il m'a regardée en souriant et m'a répondu : "S'il y a deux candidats, l'un PS et l'autre FDF, de valeur égale, je voterai pour le candidat PS. Si main-

tenant le candidat PS est le moins bon des deux, alors…
je voterai quand même pour le candidat PS!" Ce genre de
pratiques politiques, a toujours été une grande déception
pour moi.»

Je l'ai dit, les raisons qui expliquent l'emprise persistante de
la politisation sont diverses. Il y a d'abord le souci compréhensible de rééquilibrer l'administration, de la recomposer afin
que l'État soit le juste reflet du pluralisme de la société. Un
ancien responsable explique :

«OK, j'ai trempé dans des centaines de nominations politisées. J'essayais de placer chaque fois des gens compétents, mais bon, quand le président me donnait une
instruction, eh bien, je n'avais plus qu'à obtempérer. Je ne
voyais pas ça comme un problème : pour moi, ça faisait
partie du contrôle de l'appareil d'État qui avait toujours
été sous la coupe des catholiques. Il s'agissait d'instaurer
notre pouvoir. Les élites occupaient les places avec leurs
bonnes manières, leur distinction, et nous on venait bâfrer
en faisant des taches sur la moquette. C'était une grande
revanche sociale.»

Tout empreint qu'il soit d'une loyauté partisane et d'une sensibilité démocratique de bon aloi, l'argument de la représentation prend cependant les allures d'un prétexte. Si l'objectif
poursuivi était bien de refléter le pluralisme de la société, il faudrait alors que les partages s'opèrent non sur les postes à pourvoir, mais sur le poids relatif des «couleurs» dans l'ensemble du
ministère en sorte que les Verts par exemple – et dans une
moindre mesure les Libéraux –, devraient se voir réserver toutes
les nominations dans les prochaines années jusqu'au rétablisse-
ment de l'équilibre au sein de chaque ministère. Il faudrait également inclure dans les partages les partis d'opposition afin
d'épouser la totalité du spectre politique. De la sorte, on aurait

effectivement reproduit, au sein de l'État, le pluralisme de la société. Est-il besoin de préciser que ces deux propositions s'apparentent à des plaisanteries?

Une deuxième raison tient au sentiment de responsabilité humaine qui peut peser sur un ministre en passe de quitter ses fonctions. Ce ministre, beaucoup de ses collaborateurs l'ont rejoint dans l'espoir d'une nomination ou d'une promotion; ils se consolent du stress, du rythme de travail, des loisirs sacrifiés en se figurant leur passage au cabinet comme un tremplin vers un poste plus stable et leur engagement politique comme un titre de créance: «Après tout ce que j'ai fait pour lui, je suis bien en droit d'attendre un coup de pouce de sa part.» De cette attente implicite, les ministres tirent d'ailleurs largement profit, requérant de leurs collaborateurs une disponibilité qu'ils ne peuvent exiger des agents de l'administration. À mesure de l'avancement de la législature, la pression qui s'exerce sur les décideurs devient plus forte et plus pénible; les conditions d'atterrissage n'en finissent plus d'occuper les conversations. Pour une personne recasée, dix autres protestent: «Pourquoi pas moi? À quand mon tour?» Souvenir d'un ancien directeur de cabinet:

> «C'était pour moi un cas de conscience épouvantable. Je m'en suis sorti en confiant le boulot à quelqu'un d'autre et en prenant mes distances. Ce n'est pas brillant mais c'est comme ça. Certains désapprouvaient mon attitude, les pressions venaient de partout: "Les autres vont recaser les leurs et nous, on va les abandonner!" Pour les lauréats du SPR [l'actuel Selor], ça n'a pas été trop difficile. Pour les autres, on a fait n'importe quoi, vraiment n'importe quoi.»

Une troisième raison tient aux bénéfices de ressources inter-personnelles que le décideur politique peut retirer d'une nomi-nation. Nommer quelqu'un à un poste, c'est toujours obliger durablement une ou plusieurs personnes : le bénéficiaire, mais aussi, bien souvent, ses parents, son conjoint, son protecteur, son groupe d'appartenance. Les ministres reçoivent des centaines de lettres de recommandation, ils sont l'objet de demandes plus ou moins pressantes de leur président ou d'un baron influent auquel il importe de complaire. En multipliant les obligés de la sorte, ils construisent ces *réseaux d'allégeance* qui forment une part essentielle de leur capital ; j'aurai l'occasion d'y revenir. Un ancien ministre confirme :

> « Bien sûr, on pratiquait le système des points en fonction des postes à pourvoir et de l'importance de chaque parti au pouvoir. Et quand on est ministre depuis un certain temps, on finit par garder d'anciens collaborateurs un peu partout dans les structures, vers lesquels vous pouvez vous retourner en cas de problème. »

Finalement, la politisation prend aussi sa source dans un mélange de solidarité partisane et de rivalité mimétique qui pousse aux nominations politiques simplement parce que les autres le font et l'ont fait. Pour rudimentaire qu'elle soit, cette motivation est souvent prépondérante, les trois autres venant s'y greffer. Placer des hommes dans les structures, c'est investir une citadelle, fortifier des positions. C'est donc servir le parti, à défaut de servir l'État. Tout ce qui est pris, les autres ne le prendront pas. Dans les dernières semaines de la législature précédente, on a vu le gouvernement de la Communauté française préparer fiévreusement un train de nominations avant l'arrivée de la nouvelle équipe. Aujourd'hui, le PRL bataille pour restaurer l'équilibre. « C'est le jeu politique ! » dit-on avec un sourire cynique. Dans sa simplicité virile, le raisonnement est éternel : « Ne soyons pas naïfs : les autres ne se sont pas gênés, c'est notre tour à présent. Pas question d'être pigeons. » Et derrière celui qui parle ainsi, il y a toujours, je le répète, un petit peuple pour applaudir discrètement...

Quoi qu'on puisse penser de ces raisons, une chose du moins ne fait aucun doute : la politisation entraîne une foule d'effets pervers, la balance penchant nettement de ce côté. Justifiable *à la rigueur* au plan de la représentation démocratique, la politisation apparaît franchement calamiteuse au plan de la gouvernance. Elle vient s'ajouter à la bureaucratie pour affaiblir durablement l'administration

1. Par exemple, elle favorise les jeux politiques au détriment des comportements gestionnaires. Des fonctionnaires en viennent à retarder ou accélérer des dossiers selon leur «couleur», à tuyauter un parti, à avantager des communes ou des associations. Çà et là, on voit ainsi la logique partisane prendre le pas sur le principe d'égalité de traitement.

> «L'administration chez nous est fortement politisée. En soi, ce n'est pas le fait qu'elle soit politisée qui est dérangeant, c'est que certains fonctionnaires *font de la politique* plutôt que de conserver une attitude de stricte neutralité. Donc, il faut constamment vérifier les dossiers ; il y en a qui doivent être traités directement au cabinet, *à l'abri de l'administration*, parce qu'on ne peut pas faire confiance.»

> «Nous avons de nombreux exemples très concrets de torpillages ou de taupes. Pour le dossier des aéroports, par exemple, l'opposition reçoit les documents avant moi ! C'est pourquoi les dossiers délicats, on les prépare directement au cabinet, en recourant éventuellement à des consultants extérieurs. Évidemment, ça coûte très cher, mais que pouvons-nous faire ?»

2. Il en résulte évidemment une méfiance du politique envers l'administration. La politisation altère la qualité de la collaboration, elle pousse les cabinets à soupçonner l'administration, à la tenir à distance, à l'exclure des décisions, à se substituer aux fonctionnaires. L'étiquetage est obsédant, il alimente des rumi-

nations paranoïdes : un fonctionnaire est « coloré » ou il n'existe pas, et l'on doit se méfier a priori des fonctionnaires d'autres « couleurs ».

> « Avec tous les fonctionnaires, on commençait par demander : "Quelle est sa couleur, à celui-là ?" C'était effrayant. La particratie absolue. »

> « Écoutez, je peux résumer mon sentiment par une phrase : le secrétaire général et tous les directeurs généraux sont d'anciens membres de cabinet, cela suffit à brosser le tableau. Nous, les Ecolos, nous n'avons aucun relais, la situation est mauvaise. C'est la catastrophe ! »

Et le témoignage de deux hauts fonctionnaires :

> « Je suis perçue comme catho, donc soutenant l'enseignement libre. Or, c'est totalement faux, je pourrais le démontrer facilement. On te colle des étiquettes sans même que tu le saches ! Il paraîtrait que je suis une arriviste, ex-PS passée au PSC. Et le résultat, c'est que je suis mal vue dans certains cabinets. C'est absurde et c'est attristant ! »

> « Avec le ministre X, j'avais l'espoir que ça change, nous sommes allés le voir à plusieurs reprises, il était très sympa, mais rongé par la méfiance. Même parano : on me suspectait de faire traîner un dossier pour une commune afin d'avantager le PSC ! Ridicule ! Incroyable, cette tendance au soupçon. Cela dit, je reconnais que certains fonctionnaires agissent comme ça. »

3. Dans le chef de certains fonctionnaires, la politisation favorise aussi une forme d'opportunisme politique qui les amène, au gré des forces en présence, à prendre une carte de parti ou à changer d'affiliation comme on prend l'ascenseur : pour gagner du temps et s'épargner la fatigue des escaliers. L'affiliation perd

sa nature d'engagement personnel pour se réduire à un calcul d'intérêt, la politique se dépouillant ici de ce qu'elle conservait de noblesse.

4. Au cynisme des affiliations s'ajoute un cynisme plus général, endémique dans certaines institutions, à mesure que les agents prennent conscience que c'est la politique qui fait les carrières plutôt que le mérite et la compétence.

> « Quand je suis retourné dans l'administration, j'ai trouvé là des dizaines de fonctionnaires complètement amortis. Des gens à qui l'on n'avait plus donné l'habitude de préparer des dossiers eux-mêmes, qui ne réagissaient plus que politiquement. Qui n'étaient prêts qu'à freiner ou saboter. J'ai amené une partie des fonctionnaires à apporter au ministre leur soutien actif en m'abstenant strictement de me mêler des aspects politiques. »

À son supérieur qui lui reproche ses absences et son manque de productivité, un fonctionnaire réplique avec arrogance : « C'est au parti que se joue ma carrière, pas ici. Pourquoi voudrais-tu que je m'épuise au boulot ? » Même minoritaires, ce genre d'injustices ne sont nullement localisées *dans leurs effets* : une seule promotion imméritée, c'est déjà un message adressé à l'ensemble du personnel : « Ce qui compte ici, ce n'est pas votre performance, mais les appuis dont vous jouissez. » Pire que ça : des fonctionnaires compétents se voient coiffés par d'autres qui le sont beaucoup moins mais possèdent la bonne carte ; d'autres, après avoir résisté tout un temps, finissent par faire allégeance, mais ils le vivent comme une humiliation ; et d'autres encore, qui ont pleinement mérité leur promotion, traînent ensuite derrière eux l'image injuste de « pistonnés » ! C'est toute une éthique professionnelle qui est ainsi mise à mal.

5. La politisation renforce une culture de l'impunité qui n'est déjà que trop ancrée dans l'administration. En effet, il est tacitement admis que les fonctionnaires bénéficient de la protec-

tion du parti qui les a nommés en sorte que pour un directeur général, sanctionner un agent revient tantôt à s'attaquer à un coreligionnaire politique, tantôt à provoquer un autre parti. Téméraires ceux qui s'y risquent! On mesure en quoi la politisation corrode le principe d'autorité et finalement toute la gestion du personnel.

6. Les nominations dépendant du politique, elles se retrouvent subordonnées à des accords complexes entre partis dont la conclusion plus ou moins laborieuse occasionne des retards constants. Entre-temps, force est donc d'attribuer provisoirement les postes vacants à des agents «faisant fonction» qui peuvent assumer ces responsabilités parfois des années durant, sans jamais être nommés, et cela jusqu'au jour où ils voient débarquer celui qui reprendra leur place. La politique de promotion comme la gestion de la mobilité s'en trouvent donc finalement affectées.

Est-il besoin de préciser qu'on ne ligote pas l'autorité, qu'on ne s'assied pas sur les principes du mérite et de la compétence, qu'on ne suscite pas cynisme, méfiance et stratégisme sans le payer cher en termes de performance?

Ce raisonnement doit être bien compris: il n'entraîne aucune causalité univoque. Il serait trop commode de charger la politisation de tous les maux: la bureaucratie est une force autrement puissante! Abolirait-on la politisation, l'administration ne se redresserait pas pour autant; encore faudrait-il dépasser les pesanteurs statutaires et réglementaires qui concourent de façon plus décisive encore à la neutralisation tendancielle de l'autorité, du mérite et de la compétence.

En conclusion

Assurément, il faut se garder de toute caricature. Certains cabinets fonctionnent efficacement et prennent soin d'associer l'administration à la conception des décisions. Et la majorité des fonctionnaires, cela n'est guère douteux, sont profondément attachés au service public, attentifs à servir l'État plutôt qu'un ministre ou un parti. On peut donc faire l'économie des mauvais procès. La conclusion n'en demeure pas moins : les cabinets ministériels, comme la politisation avec laquelle ils ont partie liée, apparaissent *globalement dysfonctionnels*, générateurs d'effets pervers qui font plus que compenser leurs avantages et qui alimentent toute une série de cercles vicieux au cœur même de l'État.

Chaque fois, le même processus : le système prend le pas sur la finalité, la logique des caves vient polluer les étages, la référence à l'intérêt général est impuissante à absorber les tensions et à transcender les intérêts des partis et des hommes au pouvoir. Il en va du jeu politique comme de n'importe quel autre : pratiqué trop intensivement, il captive les joueurs qui finissent par s'absorber tout entiers dans l'affrontement, exagérant les enjeux et se crispant douloureusement sur la défaite possible. L'affrontement les fascine, les enferme comme dans un tunnel cognitif, les prive d'une distance régulatrice en les détournant de la question première de la gouvernance. Trop occupés du système qu'ils forment ensemble, les joueurs en viennent à perdre de vue la finalité au profit du dénominateur commun. La bonne décision est celle qui fait l'équilibre des forces et satisfait les protagonistes – et voilà tout. Que cette crise de l'État qu'ils finissent, à force, par engendrer se retourne inéluctablement contre ceux qui l'incarnent et contre la classe politique en général, ils le pressentent assurément en tant qu'individus, mais ils l'oublient en tant que membres de formations politiques. D'où ce constat désabusé :

> « Au bout de deux années de gouvernement, ce qui me frappe le plus, c'est la prédominance du conflit d'intérêt. Je suis stupéfait de constater qu'il est impossible de débattre et de prendre des décisions au nom de l'intérêt de l'État. »

La vie en réseau

Je viens de décrire la logique des rapports de pouvoir entre les partenaires de la coalition, les effets pervers qu'elle entraîne. Bien sûr, le processus de la décision politique déborde largement l'enceinte du gouvernement pour se déployer le long de réseaux diffus qui relient, selon les enjeux et les circonstances, ministres, présidents de partis, parlementaires, mandataires locaux, décideurs économiques, hauts fonctionnaires, responsables syndicaux, leaders d'opinion, responsables de groupes de pression ou d'associations. Voici une vingtaine d'années, la décision politique reposait encore sur un petit nombre d'acteurs qui se retrouvaient dans des réunions informelles : les présidents de parti, les ministres, les dirigeants des mutualités chrétienne et socialiste, les grands patrons, les responsables de la FGTB et de la CSC, le directeur de la Banque nationale. Depuis, les réseaux se sont diversifiés à mesure de la complexification institutionnelle, de la dissémination du pouvoir ministériel, de l'internationalisation de notre économie, de la montée en puissance de nouveaux acteurs (ONG, associatif), du développement du lobbyisme. Le système politique ne peut fonctionner qu'en court-circuitant les instances et les structures officielles, en traversant l'épaisseur du tissu institutionnel pour relier entre eux, par saccades régulières, les acteurs de la décision. Le paradoxe semble inexorable : plus forte cette balkanisation du pouvoir propre à l'évolution institutionnelle comme à la dynamique démocratique, plus grand le rôle de ces réseaux plus ou moins discrets dans la décision.

« De mon passage à la présidence du parti, j'ai appris que le réseau est vraiment très important. En particulier le réseau entre les présidents de partis et les ministres. Mon entente avec André Cools, par exemple, a été excellente. Nous avions établi une véritable relation de confiance et même d'amitié. Les sentiments ont beaucoup à faire en politique, comme d'ailleurs dans tous les domaines. Je trouve parfaitement idiot de supposer que tout est rationnel et cynique. Les atomes crochus jouent un rôle partout. »

« Le système politique belge ne peut fonctionner que si vous avez une connivence entre les hommes. Il y a de très nombreux centres de pouvoir. Donc, tous les gens doivent se connaître et se voir régulièrement, du moins tous ceux qui ont une parcelle de pouvoir. Ils se surveillent, ils découvrent leurs tics et leur mode de fonctionnement, ils apprennent à se connaître et se gérer mutuellement. Il y a l'obligation d'une connivence entre dirigeants pour que ça fonctionne. »

« On développe des relations de confiance entre personnes et on ménage l'adversaire pour garder un fer au feu. C'est une nécessité. La part du facteur humain, des relations entre les gens, est énorme en Belgique. Tout ça tient ensemble parce que les liens existent, parce que les gens se connaissent et se respectent. »

« Qui dit organisation dit entrave à la communication, lenteur des décisions, paralysie. C'est par ce genre de réseaux qu'une société complexe survit. Qui ne comprend pas ça n'a aucune chance de percer. »

Par excellence, la vie politique est une vie en réseau, elle se déploie, se diffuse, se disperse à longueur de journée dans une incroyable variété de liens sociaux. Je me propose dans ce chapitre d'analyser cette propriété fondamentale, de décrire les contraintes qu'elle exerce sur les participants, la logique de la confiance et du don qu'elle implique nécessairement et finalement le difficile problème de légitimation qu'elle pose aux acteurs.

La nature des réseaux politiques

Et d'abord, qu'est-ce au juste qu'un réseau[48] ? À maints égards, le concept s'oppose à celui de hiérarchie formelle aussi bien qu'à celui de marché. Un réseau est un ensemble largement informel de relations entre des acteurs. Chacun d'eux peut entrer directement ou indirectement en contact avec les autres sans devoir passer par un organe central. Les relations sont personnelles plutôt que statutaires, elles reposent sur un rapport d'identification, une reconnaissance mutuelle, une norme implicite de réciprocité. Elles sont discrètes, sinon clandestines, en tout cas peu formalisées, donc peu fondées sur l'écrit ; elles privilégient la confiance et la parole donnée.

« Tout récemment, un dirigeant me téléphone : "Tu peux m'arranger une entrevue avec X ?" J'arrange une petite réunion discrète et les problèmes sont réglés en coulisse.

---

48. Sur les réseaux sociaux et leur signification, voir notamment : N. ALTER, *L'innovation ordinaire*, Paris, P.U.F., 2000 ; L. BOLTANSKI & E. CHIAPELLO, *Le nouvel esprit du capitalisme*, Paris, Gallimard, 1999 ; A. DEGRENNE & M. FORSE, *Les réseaux sociaux. Une analyse structurale en sociologie*, Paris, Armand Colin, 1994 ; M.S. GRANOVETTER, *Getting a Job : a Study of Contacts and Careers*, Cambridge, Harvard University Press, 1974 ; P. LE GALES & M. THATCHER, *Les réseaux de politique publique. Débat autour des policy networks*, Paris, L'Harmattan, 1995 ; V. LEMIEUX, *Les réseaux d'acteurs sociaux*, Paris, P.U.F., 1999 ; *A quoi servent les réseaux sociaux ?* Québec, Les Presses de l'Université Laval, 2000 ; D. MARSH & R.A.W. RHODES (ed.), *Policy Networks in British Government*, Oxford, Clarendon Press, 1992 ; R.A.W. RHODES, *Understanding Governance. Policy Networks, Governance, Reflexivity and Accountability*, Buckingham, Philadelphia, Open University Press, 1997 ; J. SCOTT, *Social Network Analysis. A Handbook*, Londres, Sage, 1991.

Il y a toujours une sorte d'accord implicite : pas le moindre écrit et chacun respecte sa parole. C'est fondamental ! Ça ne pourrait pas fonctionner autrement. C'est essentiellement une question d'hommes. Dès que tu commences à coucher un accord sur papier, c'est que la méfiance règne et que ça va foirer. »

Un réseau doit être conçu comme un ensemble évolutif de liens sociaux potentiels qui sont réactivés épisodiquement. Comme le remarque Norbert Alter[49], un réseau n'a pas d'existence indépendante des fonctions qu'il remplit pour les divers acteurs, il ne se maintient qu'autant que les participants y voient un moyen d'atteindre leurs objectifs. Quant à ces objectifs, ils sont très variables et renvoient aux services de toute nature qui s'échangent dans ces réseaux. Il ne faut pas confondre un réseau et une coalition : les participants à un réseau n'ont pas tous les mêmes intérêts ; leurs relations sont personnalisées et n'entraînent aucune solidarité collective, elles peuvent traverser les partis, les courants idéologiques, les entreprises, les administrations. C'est pourquoi les réseaux présentent une certaine stabilité, ils survivent aux problèmes ponctuels qu'ils contribuent à résoudre – ce qui suppose d'entretenir les liens. Un acteur est intégré dans un réseau parce qu'il possède certaines clés que d'autres sont susceptibles de devoir utiliser un jour, soit qu'il contrôle des moyens financiers, détienne des informations pertinentes, possède une expertise utile, chapeaute une institution dont le concours est nécessaire, contrôle l'accès à certains médias, dispose de marges d'influence dans certains milieux, soit plus subtilement qu'il soit lui-même un passage obligé vers un autre réseau dont on recherche le soutien.

La *morphologie* des réseaux qui conditionnent la décision politique est difficile à caractériser, elle dépend de la nature des

---

49. *Op. cit.*, p. 213.

affiliations et des problèmes à résoudre. Le nombre des participants ne cesse d'évoluer et les intérêts s'entrecroisent en permanence. Les contacts fluctuent en termes de fréquence, d'intensité et d'intimité ; les enjeux pour les participants sont plus ou moins spécifiques ou diffus. Les grandes décisions gouvernementales ou intergouvernementales sont ordinairement précédées d'échanges complexes, intenses et discrets entre une multiplicité de directeurs de cabinet, de conseillers, de hauts fonctionnaires, d'émissaires, les ministres n'intervenant publiquement que lorsque les dossiers sont suffisamment mûrs, les accords proches d'être finalisés, en attente des derniers arbitrages – souvent les plus douloureux. La décision émerge de l'entrelacement des influences et l'acteur politique n'est plus, à proprement parler, celui qui *prend* la décision, seulement celui qui *trempe* dans le processus de la décision et qui accepte finalement de l'assumer publiquement – ou d'en reporter la responsabilité sur les autres.

Certains réseaux rassemblent des participants qu'unissent entre eux non seulement des intérêts et des ressources de pouvoir, mais aussi des *appartenances communes*. Au-delà du premier cercle des fidèles et des alliés inconditionnels attachés au ministre, on discerne un ensemble plus ou moins vaste de ramifications reliant des personnes en situation de loyauté explicite, de soutien affiché ou de dette à honorer, soit qu'elles doivent au ministre leur emploi, leur position ou leur mandat, soit qu'elles lui soient redevables pour quelque autre service rendu. Cet ensemble de liens, que j'appelle *réseau d'allégeance*, est aisément mobilisable ; les participants savent qu'un manquement de leur part s'apparenterait à une déloyauté et risquerait de les jeter aux oubliettes – de les rayer du carnet d'adresses. Plus influent et plus expérimenté est un ministre, plus vaste est son réseau d'allégeance. En politique, c'est sans doute Jean-Luc Dehaene qui a poussé le plus loin cette ressource interpersonnelle. Un de ses proches collaborateurs le confirme :

«Dehaene s'inscrivait dans des réseaux multiples. Il entretenait des rapports permanents avec le CVP et l'ACW, et de temps en temps avec les parlementaires. Ensuite, il y avait un autre réseau, tout aussi informel, celui des "Dehaene boys": tous les gens placés par lui dans des endroits stratégiques, à de hauts postes, et qui se voyaient régulièrement. De temps en temps, il les réunissait. Et tous ces gens réagissaient au quart de tour: il y avait un lien de fidélité, de reconnaissance et d'estime. Dehaene était un nœud extraordinaire dans tous ces réseaux, il était à la jonction de tout. Pour lui, ce mode de fonctionnement allait de soi. Sa vie était un enfer, mais je suppose qu'il devait malgré tout aimer ça. Aujourd'hui, plus personne n'entretient ce réseau, Dehaene était le seul à savoir, personne n'a repris ça, c'est un capital énorme qui disparaît.»

Au départ des piliers catholique et socialiste se sont construits des réseaux traversant syndicats, filières d'enseignement, mutuelles, mouvements de jeunesse, administrations publiques, mais on pourrait en citer d'autres comme par exemple le réseau des Anciens de la Résistance qui a exercé une influence jusque dans les années 70. Encore très éloignés des traditionnels réseaux du pouvoir, les Verts, quant à eux, ont tissé un ensemble de liens avec le monde associatif environnementaliste et tiers-mondiste, mais aussi, progressivement, avec les syndicats, les mutuelles et les enseignants. Tout porte à croire cependant que les réseaux fondés sur un idéal commun et une loyauté réciproque sont en voie d'affaiblissement. Les liens se sont distendus, par exemple, entre partis, syndicats et mutuelles; les universités s'arrachent progressivement à la pilarisation[50] de la

---

50. On appelle «pilarisation» l'organisation de la société belge en plusieurs «piliers», c'est-à-dire plusieurs mondes sociaux relativement séparés les uns des autres, par exemple le pilier catholique et le pilier laïque, ou encore les piliers socialiste, chrétien et libéral.

société belge ; et la privatisation de certaines entreprises publiques a coupé les hommes politiques de nombreux relais. Quant à la Maçonnerie, elle ne joue plus aujourd'hui qu'un rôle mineur, sinon négligeable, dans la décision politique.

Au-delà des réseaux d'allégeance qui se structurent autour d'un ministre, d'un parti ou d'un pilier, s'étendent des réseaux plus vastes et plus complexes encore dont les participants ne se reconnaissent plus aucune allégeance mutuelle, seulement des liens d'estime et de respect, des proximités idéologiques, des convergences ponctuelles d'intérêts, et que j'appelle des réseaux de *notabilité*. Les ministres et les présidents de parti n'y sont plus des centres nodaux, seulement des maillons importants, ils y côtoient les élites économiques et financières, aristocratiques, universitaires, plus rarement culturelles ou religieuses, et cette promotion sociale, ce délicieux sentiment d'appartenir au gratin, d'avoir ses entrées au Palais, de côtoyer la noblesse et les grandes fortunes, ne compte pas pour peu dans leur satisfaction professionnelle. Dans la plupart des passions politiques, il entre une part de snobisme : les acteurs politiques adorent se montrer en société, entrouvrir les portes de la chronique mondaine, faire état de leurs fréquentations, évoquer dans la conversation telle ou telle rencontre avec les grands du monde. Certains voient dans leur ascension une manière de revanche sociale et d'autres la confirmation d'une destinée familiale ; presque tous, en tout cas, sont conscients que, sans la politique, ils n'eussent jamais pu prétendre à pareille élévation.

En ce domaine, il faut se garder des clichés : même si les données manquent sur ces questions, il est vraisemblable que l'ancien réseau du parti libéral étroitement lié à la bourgeoisie d'affaires s'est fortement affaibli tandis que certains responsables socialistes, profitant de leur suprématie politique et de leur lien privilégié avec la FGTB, ont tissé durant les années 70 et 80 des relations étonnamment compréhensives avec le patronat belge. Mais ce constat lui-même appelle des nuances : les réseaux relient des hommes et non des groupes, il est donc périlleux de généraliser. C'est à titre individuel, en raison de leur position particulière, que certains acteurs politiques se retrouvent inclus, non en raison de leur affiliation partisane.

> «Avant de devenir vice-Premier, Jean Gol avait été chef de groupe au Parlement. Et là, il était très éclectique, il intervenait sur tout en disant chaque fois des choses intelligentes. Il se crée alors un phénomène d'attention. Les gens qui ont quelque chose à dire commencent à t'inviter, à rechercher ta présence. C'est ça, la notoriété. Et certains dîners auxquels il était convié étaient vraiment très, très soignés. Dans le domaine économique, par exemple, Albert Frère ou Étienne Davignon voulaient le voir. J'allais avec lui et je devais rester à proximité, en *stand-by*. Il n'avait plus besoin d'un type qui recherche les contacts pour lui, non, c'était plutôt l'inverse dont il avait besoin : d'un type qui fasse le tri, qui filtre, *mais sans couper les ponts*. »

Dans ces réseaux de notabilité s'opère un vaste travail de reconnaissance réciproque et de distinction sociale, un brassage d'intérêts matériels et symboliques, ainsi qu'une sorte de fermentation des conceptions relatives à la gouvernance de nos sociétés. Pas de consécration politique sans percée mondaine. Se montrer dans les réceptions et s'y afficher en brillante compagnie revient à manifester un capital d'influence, donc à peser potentiellement dans les relations. L'anecdote est significative d'une jeune femme échevin dans une commune bruxelloise qui organisa, quelques mois avant les élections communales, un bal auquel elle invita de nombreuses personnalités politiques, ensuite de quoi elle s'empressa – à leur insu – de se prévaloir de leur soutien dans un tract où elle revendiquait le poste de bourgmestre! Cette manipulation qui suscita l'ire desdites personnalités ne fait que souligner une pratique ordinairement réalisée avec plus de tact et qui consiste à se montrer en compagnie des puissants pour accréditer l'idée de sa propre puissance.

La centralité dans le réseau comme ressource de pouvoir

La centralité des hommes politiques dans les réseaux est une dimension fondamentale de leur pouvoir. Ce n'est pas pour rien qu'ils déploient tant d'effort pour placer leurs fidèles un peu partout, qu'ils cherchent constamment de nouveaux relais. L'influence d'un décideur dépend d'un petit réseau de liens forts *et* d'un vaste réseau de liens plus faibles avec des acteurs riches en ressources. Les plus puissants passent leur temps à rencontrer et à consulter, ils veulent tout savoir, cherchent des relais dans toutes les strates de la société. Dans un paysage décisionnel fragmenté, la ressource interpersonnelle devient cruciale. Le travail de réseau forme par exemple l'essentiel du travail d'un président de parti.

«Dans l'exercice de mon métier, je consacrais l'essentiel de mon temps à rencontrer des groupes. Le lundi matin, nous avions comité directeur, c'est-à-dire le bureau exécutif du parti. Le midi, je déjeunais avec les chefs de groupe des différentes assemblées. Le lundi après-midi : le staff élargi du parti. Le mardi ou le jeudi : réunion avec les groupes parlementaires. Chaque semaine : réunion avec les comités d'arrondissement. À cela, il faut ajouter les gens du monde économique, syndical, associatif, etc. À la fin de la semaine, j'avais une sensibilité de tout ce qui se disait, de tout ce qui frémissait. Et au moins trois fois par semaine, je sortais pour aller parler dans une section locale. Et je disposais d'un réseau de gens dans les divers cabinets ministériels que j'appelais librement pour leur demander des informations sur tel ou tel dossier. »

Un des leitmotivs de l'ascension politique est donc bien celui-ci : élargir constamment son réseau d'allégeance et son réseau de notabilité, devenir un nœud important entre un maximum d'acteurs influents, éviter comme la peste d'être rejeté à la périphérie.

Il existe ce que la théorie nomme des *trous structuraux*[51], c'est-à-dire des situations où deux acteurs ou deux groupes d'acteurs ne peuvent entrer en contact que par l'intermédiaire d'un troisième, lequel peut naturellement en tirer profit. De tels trous structuraux existent typiquement aujourd'hui entre le monde politique et le monde économique ; ils sont comblés par un petit nombre d'*agents de liaison* qui ont réussi à prendre pied dans les deux mondes et sont susceptibles d'assurer l'interface. Par exemple, lors de la faillite de la Sabena, le Premier ministre a dû faire appel à Maurice Lippens et Étienne Davignon pour inciter les milieux d'affaires à investir dans la nouvelle compagnie ; lui-même en eût été incapable faute d'une inscription solide dans les milieux d'affaires.

Témoignage de deux de ces agents de liaison qu'on peut rencontrer dans les cocktails des ministres aussi bien que dans les réceptions des grands patrons :

> « Pour entretenir un réseau comme ça, il faut rendre beaucoup de services, privilégier les fidélités personnelles, s'efforcer d'être toujours mieux informé que les autres, disposer d'un carnet d'adresses plus riche. Et pouvoir se libérer à tout moment. Jour et nuit s'il le faut. Cela veut dire que je n'ai pas le contrôle de mon agenda : logique de réseau oblige. Je vous donne une anecdote. Le ministre X me téléphone : "Tu n'aurais pas des idées pour l'aéroport, etc. ?" Je lui dis : "Si tu allais en discuter avec le président d'Airbus, je peux t'arranger ça." Nous sommes allés

---

51. R. BURT, *Structural Holes*, Cambridge, Mass., Harvard University Press, 1992.

ensemble. Je lui ai aussi proposé de rencontrer Dassault : "Tu veux voir Dassault ? Je t'arrange ça illico." Et le ministre comprend que ça dépend de moi, il s'en souvient. »

« Tu dois être constamment présent et être connu. J'ai moi-même un portefeuille relationnel de quatre cents noms que je suis sûr de pouvoir inviter et mobiliser. Et j'en ai quatre cents autres que je connais bien mais dont je ne suis pas sûr de pouvoir obtenir le concours. Et l'animation de ce réseau est une activité fondamentale : tu commences par offrir ton temps et ta considération. Je vais demander à quelqu'un comment va sa fille qui a été malade, je vais passer dix minutes à l'hôpital pour le saluer s'il a été opéré, j'envoie une petite lettre, trois fois rien, mais qui prouve que je pense à lui et que je l'estime. Maintenant, je dois te dire quelque chose : à la fin, tous ces gens, je les aime bien ! »

Outre la nécessité de réactiver régulièrement les contacts pour préserver le lien social, il est une autre condition nécessaire au bon fonctionnement d'un réseau : *sa représentation visuelle.* Comme dit Vincent Lemieux, le lien ne doit pas seulement être alimenté, il doit aussi être *attesté.* Il importe donc de rassembler de temps à autre les participants afin qu'ils puissent s'identifier mutuellement. Telle est l'une des fonctions des cocktails et réceptions innombrables qui jalonnent la vie politique : projeter une image des affiliations. « On a vu V à la soirée d'Untel, il était en grande conversation avec W et X ; Y était là, il est manifestement rentré dans les bonnes grâces du ministre ; en revanche, Z brille par son absence depuis un certain temps. » Bien sûr, la réalité appelle une analyse plus fine : il est divers types de cocktails et tous ne rassemblent pas les participants à un seul réseau, les invitations s'opérant parfois sur la base de critères plus formels que personnels. De plus, tous les participants à un réseau n'ont pas le même statut et la représentation du réseau n'est donc pas homogène : au sein d'une grande réception mondaine, on voit se former une hiérarchisation confuse mais subtile de petits groupes, les acteurs les plus prestigieux tendant à converser ensemble, souvent bien en vue, au centre de la salle, et les seconds couteaux devisant à distance respectueuse et se gardant de se mêler aux personnalités. Pour un acteur politique ambitieux, il importe d'afficher sa centralité en s'insérant dans les groupes les plus prestigieux, faute de quoi il lui reste à sauver la face en passant d'un groupe à l'autre pour distribuer sourires et poignées de mains ou à demeurer ostensiblement à l'écart, plongé dans un mystérieux conciliabule avec quelque autre décideur, suggérant une affaire urgente à traiter. Dans ces réceptions s'opère ainsi un travail complexe de présentation de soi dans son rapport aux autres.

La logique du don[52]

On le comprend, le modèle du réseau diffère donc essentiellement du modèle hiérarchique ; les réseaux d'allégeance et de notabilité ne sont *pas* des formes d'organisation, même si les organisations en sont constamment traversées. Ce qui s'échange dans ces chaînes de liens sociaux, ce ne sont ni des ordres ou des instructions, ni des marques de soumission à l'autorité. Le pouvoir proprement hiérarchique d'un ministre s'exerce sur son cabinet et, plus malaisément, sur l'administration qu'il chapeaute ; au-delà, tout n'est plus qu'influence.

---

52. Sur cette logique, voir en particulier : N. ALTER, *op. cit.*, A. CAILLIE, *Anthropologie du don. Le tiers paradigme*, Paris, Desclée De Brouwer, 2000 ; M. GODELIER, *L'énigme du don*, Paris, Fayard, 1996 ; J.T. GODBOUT, *Le langage du don*, Montréal, Éd. Fidès, 1996 ; (en collab. Avec A. CAILLE) *L'esprit du don*, Paris, La Découverte & Syros, 2000 ; *Le don, la dette et l'identité*, Paris, La Découverte et M.A.U.S.S., 2000 ; M. MAUSS, « Essai sur le don », *in Sociologie et Anthropologie*, Paris, P. U. F., 1950.

Il importe à présent d'écarter une autre confusion fréquente : la confusion du réseau et du marché, la réduction de tout échange social à un échange économique. De fait, on se tromperait fort en réduisant les liens sociaux qui se nouent dans les réseaux de la décision politique à des formes de marchandage. Ce qui structure les réseaux d'allégeance et plus encore les réseaux de notabilité, c'est plutôt *la logique du don*.

Dans l'image que j'ai tracée jusqu'ici du monde politique, j'ai privilégié la fièvre des intérêts, l'âpreté des rivalités, le règne des rapports de force. De la sorte, je n'ai pu faire, j'en suis conscient, qu'accréditer une vision cynique. Sans rien retrancher à cette analyse, le moment est venu de dépasser ce réductionnisme en évoquant les bases – assurément fragiles – de confiance et de libre réciprocité qui entrent dans la formation des liens sociaux sous-jacents aux conflits d'intérêt, aux jeux de pouvoir et aux accords politiques.

Marcel Mauss l'a montré, le lien social est fondé sur un triple geste : donner, recevoir, rendre. Le don oblige le receveur, il doit s'accompagner d'une réception manifeste : une formule de remerciement et l'expression d'une gratitude. Mais au contraire de l'échange économique, il ne fait l'objet d'aucun marchandage, même implicite, et n'exprime nulle attente d'un don en retour. Le donateur ne dit jamais : je t'offre ceci à condition que toi-même, tu me donnes cela ; il s'interdit même d'exprimer l'exigence d'une réciprocité ; il donne, tout simplement, et cet acte n'est créateur d'aucune forme de contrat. La norme de réciprocité reste implicite et le contre-don potentiel est différé, sans mention d'un délai précis. Du reste, l'échange est permanent plutôt que ponctuel sans qu'on puisse dire que *tel* don appelle *tel* contre-don, aucun principe d'équivalence n'imposant de proportionner l'un et l'autre ; c'est le geste qui compte ou pour mieux dire une réciprocité de gestes étrangère à toute comptabilité. C'est sur une telle réciprocité inconditionnelle que peut naître un lien social. Quant au défaut de réciprocité, il ne fait pas du receveur un débiteur, pas même un traître (il n'a enfreint aucun serment), seulement un ingrat. Si, comme je l'ai signalé, le monde politique est à ce point dominé par cette question de l'ingratitude, c'est bien parce qu'il est fondé sur la logique du don.

Le donateur est libre de donner, le receveur de rendre ; nulle obligation formelle ne pèse sur les acteurs, nulle garantie de réciprocité, et c'est précisément cette liberté qui confère à l'acte toute sa valeur. Et gare à ceux qui confondent le don et le donnant-donnant : ceux-là s'excluent du réseau pour n'avoir pas compris la différence entre ces deux formes fondamentales de réciprocité : sociale *ou* économique.

Ce n'est pas dire que le donateur ne nourrit aucun espoir d'être un jour payé en retour, seulement qu'il s'interdit absolument de formuler cette attente. Le don présuppose la confiance ; bien plus : *il sert à la manifester à l'autre* et c'est en cela qu'il entre dans la formation du lien social. Assurément, l'intérêt bien compris peut se cacher derrière le don, les partenaires s'obligeant hypocritement les uns les autres en espérant y trouver leur compte, je n'entends pas nier ce point. Même s'il faut refuser à toute force de réduire *toute* la vie politique à des calculs d'intérêt, en excluant la sympathie, l'amitié, l'altruisme, et donc la possibilité d'une certaine *gratuité* dans les échanges, on doit reconnaître que, dans leur vie en réseau, beaucoup d'acteurs montrent une clairvoyance qui confine au cynisme.

Mais la question n'est pas là : quelles que soient les motivations cachées, la fausseté et l'hypocrisie, il faut observer que tous continuent de pratiquer le langage du don au lieu de passer directement à l'échange négocié. Si tout cela n'était qu'économique, pourquoi s'astreindraient-ils à pareille comédie ? Il faut bien que la norme du don résiste à la simple logique de l'intérêt et qu'elle s'impose aux plus cyniques, et cela pour une raison simple : la confiance est la condition nécessaire à tout échange intéressé. La logique de l'intérêt et la méfiance mutuelle ont des limites ; au-delà d'un certain seuil, c'est la vie sociale tout entière qu'elles détruisent, et jusqu'à la possibilité d'échanger. Si tout est pollué par la force et l'intérêt, jusqu'à l'information qui s'échange, jusqu'au respect des accords, jusqu'à la signification des mots employés, alors on se trouve pris dans un vertige et c'est la relation elle-même qui s'abolit, et avec elle la poursuite d'un intérêt commun, comme on peut le voir dans les conflits armés. Toutes les grandes décisions, politiques aussi bien qu'économiques, reposent *in fine* sur la confiance que s'accordent mutuellement quelques poignées d'acteurs ; simplement cette confiance n'a rien d'un saut dans le vide, elle s'est cristallisée au fil d'une suite d'échanges dans lesquels chacun des acteurs s'est construit *une réputation*. C'est au fil des épreuves qu'on a appris à se reconnaître comme partenaires potentiels. Et plus grands sont les intérêts, plus décisif est le rôle de la confiance interpersonnelle, raison pour laquelle les grands acteurs des réseaux veillent comme à la prunelle de leurs yeux à leur image de sérieux, de crédibilité. Raison pour laquelle, aussi, ils attachent autant d'importance à la connaissance *intime* de leurs partenaires dans les réseaux, s'intéressant à leur famille, leurs hobbies, leur santé, leurs petits malheurs…

La nature des dons

Bien sûr, les dons qui s'échangent dans les réseaux de la décision politique varient infiniment, depuis l'attribution d'un mandat jusqu'à l'octroi d'une donation en passant par toutes sortes de conseils et d'expertise. Mais le don le plus habituel, sans doute, est l'information confidentielle. Comme le montre Petitat[53], les relations de connivence, sont fondées sur un jeu subtil de secret divulgué, de secret partagé, de secret respecté. La divulgation d'un secret est une forme de don pour autant qu'elle repose sur une confiance mutuelle : le donateur doit être

---

53. A. PETITAT, *Secret et formes sociales*, Paris, PUF, 1998.

assuré que le receveur restera discret sur l'origine de l'indiscrétion, et le receveur sur le fait qu'il n'a pas affaire à un bavard impénitent et que cette information lui a été confiée personnellement.

Un autre don qu'un ministre peut faire aisément, c'est le don de son intimité. Pour celui qui gravite autour de lui, le simple fait d'être admis dans son intimité, de manger à sa table, d'être reçu chez lui, suffit parfois à l'inscrire dans un devoir de réciprocité. Le temps et l'intimité, la disponibilité dans les coups durs, voire la prise de risque personnel, bien plus que les présents, sont des dons valorisés, générateurs de reconnaissance.

> « Il y a un autre principe, c'est qu'il vaut mieux aider les gens quand ils sont dans la merde. Ça pèse plus. Durant le procès de Z, on était un groupe de cinq qui nous réunissions tous les samedi pour peaufiner l'argumentaire et préparer les plaidoiries. Ce sont des choses qui durent. C'est facile d'offrir un objet : pour cela, il suffit d'avoir de l'argent. Ici, tu donnes du temps, de l'attention, de la valorisation : c'est beaucoup plus précieux. Ceux qui échouent dans les réseaux, ce sont d'abord les types qui voient les problèmes au premier degré. Et ceux qui, fondamentalement, n'aiment pas les autres. Moi, même si je suis cynique, j'aime les humains. Il s'agit de te valoriser en valorisant les autres. C'est mon père qui m'a appris ça : tu dois aimer le client. »

> « J'ai constitué un énorme réseau parmi les socialistes wallons. Par exemple, quand X a eu ses ennuis judiciaires, je l'ai aussitôt invité à dîner dans un grand restaurant, je me suis affiché avec lui. Ça, ça ne s'oublie pas. C'est ainsi qu'à [dans la ville de] S., j'ai toutes mes entrées. »

Quoi qu'il en soit des stratégies d'influence fondées sur le don, il est crucial qu'elles respectent au moins l'apparence du désintéressement. Le donateur ne peut exiger une réciprocité sans souiller en quelque sorte le don qu'il a fait.

«Je vais voir le ministre X et je lui dis : "Écoute, tu devrais créer une holding, etc." Plus tard, je découvre qu'il a suivi mes conseils, mais sans rien me dire ni même me proposer une place d'administrateur. Intéressant... Je m'en souviendrai... Mais quoi qu'il en soit, je ne proteste pas. Je m'interdis de réclamer quoi que ce soit, cela ne serait pas *décent*. Ce serait comme une femme qui fait l'amour et qui demande de l'argent après. Quelque chose serait cassé.»

Et lorsque, malgré tout, le donateur se trouve contraint d'en appeler à une réciprocité, le jeu consiste alors à masquer le rapport entre les dons antérieurs et le renvoi d'ascenseur aujourd'hui souhaité. Cela suppose tact et délicatesse. Il n'est pas question d'exiger quoi que ce soit au nom des services rendus, seulement de suggérer, voire d'amener l'autre à deviner lui-même ce qu'on désire.

«Et quand j'ai moi-même quelque chose à demander, j'essaie de m'arranger pour ne pas le faire personnellement, je passe par un collaborateur. Il y a tout un art de solliciter une réciprocité. Je ne vais pas aller chez mon interlocuteur en lui disant : "Je veux ce contrat." Non, je ne demande aucun privilège, je ne fais aucune pression, je demande juste à être informé de la situation et j'en profite pour lui faire savoir que je suis intéressé.»

Les contraintes propres à la vie en réseau

On imagine que cette vie en réseau exerce des contraintes fortes tant sur les acteurs que sur la nature et la légitimité des décisions politiques. J'en évoque quelques-unes.

C'est un paradoxe intéressant que le monde de la décision politique, connu pour sa lenteur, dans lequel la moindre réforme de quelque ampleur peut prendre des années, où chacun se plaint de la lourdeur des procédures, où la plupart des décisions importantes ne portent effet qu'à moyen ou long terme, que ce monde-là soit à ce point dominé par l'urgence. Et pourtant, l'urgence domine toute la vie politique, elle désorganise les meilleurs plans, elle use les organismes, elle condamne les acteurs à parer sans cesse au plus pressé, à improviser, à bâcler toute chose, à se faire excuser une fois sur deux. Comment expliquer cette formidable effervescence sans commune mesure avec les décisions qu'elle engendre ?

À mon sens en repartant de la contrainte première de toute pratique de réseau : la contrainte de l'agenda. Le réseau impose aux acteurs de s'ajuster en permanence les uns aux autres sans le secours d'une autorité hiérarchique susceptible de fixer les réunions et de structurer le temps. Le monde extérieur se déverse dans l'agenda, lequel se remplit comme de lui-même, spontanément, presque irrésistiblement ; les journées sont toutes occupées et voici que de nouveaux problèmes surgissent, appelant des réunions d'urgence. Force est donc d'annuler certaines réunions, de s'y faire représenter, de survoler hâtivement les dossiers du gouvernement qu'on s'apprêtait à éplucher, de se rabattre sur les petits déjeuners, les déjeuners, les soirées, les week-ends pour ouvrir de nouvelles plages horaires. Par nature, l'homme de réseau vit en état de connexion permanente et quiconque prétendrait refuser les urgences, s'en tiendrait à son programme, refuserait les invitations, travaillerait portable éteint, défendrait sa vie privée contre tout empiétement, celui-là s'exclurait vite des réseaux, à tout le moins se trouverait rejeté à leur périphérie. Il cesserait d'être un acteur qui compte. L'ancien vice-Premier ministre et ministre de la Justice, Melchior

Wathelet, devenu juge à la Cour européenne de Justice, évoque son ancienne vie :

> « C'est vrai que, dans ma vie personnelle, il n'y a plus ce terrorisme du journal parlé du matin. Je garde très, très présent en moi, presque physiquement, cette horreur du coup de téléphone à 6 h 30. Je n'oublierai jamais cette obligation d'être sur le pont même quand on dort. Et de ne se sentir tout à fait à l'abri que dans sa chambre. J'en parle encore très, très souvent à ma femme[54]. »

La nécessité d'entretenir les réseaux

Un réseau ne saurait se réduire à un simple instrument à disposition de l'acteur, qu'il lui serait loisible de mobiliser en cas de nécessité et de délaisser le reste du temps. Pour être opérante, la logique du don suppose d'entretenir les liens sociaux : de renouveler à intervalles réguliers la force normative qui pèse sur les acteurs. Si je sollicite le soutien d'une personne que j'ai négligée pendant des années, elle ne manquera pas de remarquer que je ne l'appelle que lorsque j'ai besoin d'elle. La logique de l'intérêt viendra polluer la logique du don, donc le lien social. Pour inscrire l'intérêt dans une relation humaine, il faut commencer par établir une relation.

Devenir un nœud central dans un réseau suppose par conséquent un investissement personnel important. C'est celui que consentent en permanence des hommes comme Guy Verhofstadt, Elio Di Rupo, Louis Michel ou Hervé Hasquin. Cela demande du temps et des moyens, raison pour laquelle les ministres qui quittent la scène se retrouvent rapidement écartés, privés qu'ils sont des ressources budgétaires et de l'infrastructure qui leur permettaient de profiter des propriétés de l'État

---

54. *Le Soir*, 17 mai 2001.

– salle de réception, hôtel de maître ou résidence de prestige –
d'offrir des dîners et des réceptions, de louer les services d'un
majordome, etc.

La lenteur des décisions

Diluée dans les ramifications des réseaux, la décision *émerge*
plutôt qu'elle n'est prise autoritairement, même si c'est le
ministre qui l'endosse à l'arrivée. Et plus les partis sont fissurés
par les luttes de clans, privés d'un pouvoir présidentiel fort, plus
la décision politique est soumise aux aléas des réseaux multiples,
à la contrainte des agendas incompatibles et des réunions repor-
tées, aux trafics d'influence les plus variés. Tout canal de communication a une capacité limitée ; il suffit parfois d'un maillon
faible, d'une défection à une réunion importante pour ralentir
ou bloquer tout le processus. Et le temps manque systématiquement au regard des problèmes en suspens ; pour un dossier
débloqué, neuf restent en attente, suscitant l'amertume ou le
désespoir de ceux qui en dépendent. Du reste, les principaux
acteurs sont liés entre eux par trop de fils pour qu'ils puissent
se permettre de laisser se dégrader leur relation ; c'est ainsi qu'ils
s'arrangent pour éviter les conflits inutiles, ne retenant que les
problèmes essentiels *à leurs yeux*. La logique de réseau finit par
dissoudre le pouvoir ; « la vérité politique, disait Proust, quand
on se rapproche des hommes renseignés et qu'on croit
l'atteindre, se dérobe. » Témoignage d'un directeur de cabinet :

> « J'ai voulu me protéger en évitant de multiplier les
> mandats, de me disperser. En pratique, ce n'était pas vrai-
> ment possible : je me suis retrouvé à la SRIW, à la Société
> Régionale du Logement, etc. Même si tu es anti-cumul,
> tu te retrouves à cumuler des postes, des mandats, des
> groupes formels et informels auxquels tu participes. C'était
> difficile de refuser, il s'agissait d'être présent et de veiller

au grain. À la fin, j'étais partout et je découvrais que je n'étais plus nulle part ! »

Certains acteurs étrangers au monde politique comprennent mal cette logique de l'émergence : ils croient avoir gagné la partie parce qu'ils ont obtenu l'accord du ministre ou le soutien du président de parti, ils continuent de raisonner en termes hiérarchiques alors que tout, ici, est affaire de *convergence* entre acteurs multiples. Dans leur élan, certains vont jusqu'à engager des frais, à faire des plans et des promesses – et puis déchantent. À plusieurs reprises, j'ai été personnellement témoin de semblables gâchis. Celui qui porte un projet qui lui tient à cœur, qui ne cesse de découvrir de nouvelles portes à forcer, de nouveaux acteurs à convaincre, qui se heurte à l'obstruction d'obscurs conseillers de cabinet («J'en parlerai au ministre», «Le ministre n'a pas encore eu le temps d'examiner le dossier», «Le ministre réserve sa réponse»), qui ne reçoit finalement le soutien d'un ministre qu'au prix de l'hostilité de ses rivaux ou qui, sur le point de conclure, voit ses efforts réduits à néant parce qu'un acteur inédit est vexé d'avoir été tenu à l'écart, celui-là finit par être submergé par un sentiment d'arbitraire et d'indétermination, il se prend à rêver d'une autorité centrale à laquelle il serait possible de s'adresser pour obtenir ne fût-ce qu'un arbitrage, à défaut d'une décision tranchée. En théorie, les réseaux permettent d'associer une multiplicité d'acteurs à la décision ; en réalité, ils entraînent des formes de dépendance et d'inertie qui font naître chez certains acteurs politiques la tentation du fait accompli.

> «La vie en réseau et les cumuls entraînent le risque de décisions en cours de réunions, simplement parce que tout le monde est enfin réuni, sans prendre le temps de réfléchir, de se documenter, etc. On n'a pas le temps de se réunir à nouveau, donc on décide de façon expéditive. Je vous donne un exemple : le prince Laurent rencontre

Étienne Schouppe et de Donnéa. Comme il est vraiment difficile de se rencontrer, ils décident en deux temps trois mouvements de céder [à la SNCB] la gare derrière les serres royales pour s'apercevoir par la suite que c'est légalement impossible ! L'autre jour, je vois X et je lui demande comment il fait pour être parlementaire en plus de toutes ses autres charges. Sa réponse : "Comme ça, j'ai l'occasion de rencontrer les ministres dans les travées, j'en profite pour régler plein de problèmes." C'est la réponse qu'il m'a donnée : pour voir les ministres ! Il est parlementaire pour régler ses problèmes d'agenda ! »

La logique des exclusions

En un sens, les réseaux offrent un ensemble de canaux par lesquels les problèmes sont susceptibles de remonter vers le politique, assurant par suite une fonction démocratique. Il reste qu'un réseau ne peut vivre sans engendrer des formes plus ou moins subtiles d'exclusion.

D'abord, des barrières sociales et économiques privent l'immense majorité du moindre accès à ces réseaux. À l'exception des élites précocement formées, la plupart des gens atteignent la vie professionnelle sans avoir développé les compétences requises par ce mode de vie, outre qu'ils ne possèdent ni le carnet d'adresses ni la maison ni l'argent nécessaires pour mener une vie mondaine. Avant toute autre chose, c'est l'amour et l'amitié, non la notabilité, qui ont orienté leur vie sociale jusque-là, et il leur paraîtrait incongru de convier des personnes à leur table pour la raison première qu'elles pourraient un jour leur être utiles. Les pratiques de réseau renvoient à des ressources, des compétences, des formes de raisonnement inégalement distribuées dans la population.

Ensuite, tous les problèmes ne remontent pas. L'information qui circule dans les réseaux, le type d'enjeux dont on discute, les visions du monde qui s'échangent dépendent des positions et des intérêts des participants. Accéder au réseau, c'est recevoir l'opportunité d'influencer l'environnement cognitif des décideurs ; chacun cherche bien sûr à en tirer profit. Le développement des cabinets de lobbying est une réponse logique à la complexification des réseaux de décision : les lobbyistes ont précisément pour vocation de démultiplier l'exercice de l'influence en l'élargissant à l'ensemble des acteurs de la décision.

Enfin, les élites économiques et sociales exercent toutes sortes de pressions normatives sur les décideurs politiques qu'elles ont choisi d'inclure dans les circuits convoités de la *jet set* et de la chronique mondaine. Le désir d'y être admis et reconnu, la peur du rejet et de l'oubli, l'espèce de griserie, de gratitude qu'on peut connaître en se voyant traité par les grands comme un égal, initié à leurs intrigues et leurs secrets, quelquefois élevé à la noblesse, agissent d'eux-mêmes, induisant chez nombre d'acteurs politiques un conformisme social, une attention bienveillante aux grands intérêts, une modération de bon aloi qui permet de concilier le tranchant d'un engagement progressiste avec les vanités de la vie mondaine.

Le poids de l'ambiguïté

La logique du réseau court-circuite la logique hiérarchique, donc aussi la logique partisane. Elle transperce les cloisons des partis, des instances, des niveaux de pouvoir, des idéologies pour relier entre eux les décideurs. Passer d'une logique à l'autre, c'est littéralement changer de comportement : autorité et appartenance d'un côté, influence et réciprocité de l'autre. Les mêmes qui, en politique, s'invectivent dans la presse, se revendiquent de doctrines inconciliables, représentent des intérêts opposés et des partis rivaux, se trouvent néanmoins condamnés à tisser entre eux des liens personnels. C'est assez dire que l'univers du réseau est dominé par l'*ambiguïté* : chacun s'y retrouve assis entre de multiples chaises et cela sans jamais pouvoir se tourner vers une autorité supérieure susceptible de réduire la frustration ou l'anxiété. L'exercice requiert, au minimum, une souplesse intellectuelle et idéologique. Le témoignage d'un de ces « connecteurs » typiques entre le monde politique et le monde économique :

> « Quelles qualités faut-il pour être un point de convergence dans des réseaux ? Certains vous diront que je suis un faux cul complet. Moi, je pense au contraire que j'ai toujours été d'une sincérité totale. Simplement, cette sincérité est interpersonnelle, purement interpersonnelle, et non pas partisane, idéologique, etc. C'est à des personnes que je rends service, pas à des chapelles. Un principe de base : je me trompe souvent, mais je ne trompe jamais les autres. Ça ne veut pas dire que je n'ai pas de valeurs propres : l'indépendance, la liberté, la lutte totale contre les fascismes et l'Opus Dei. »

Outre les dirigeants politiques eux-mêmes, on trouve des « connecteurs » dans tous les partis et au sein de nombreux cabinets : ce sont des personnes qui, par le hasard de leur origine familiale, de leur passé et de leurs talents propres, disposent de relais dans d'autres partis, d'autres milieux, et qui peuvent ouvrir des portes et organiser des rencontres. De cet entregent, elles tirent ordinairement grand profit même si leur profil idéologique s'en trouve brouillé et si leur entourage, non sans jalousie, les soupçonne de sympathiser avec l'ennemi et de jouer double jeu.

> « J'ai misé sur le développement d'amitiés avec des gens d'autres familles que la mienne. Je trouvais finalement un climat plus réceptif dans mes contacts avec les autres cabinets. Le ministre voyait cela d'un bon œil parce qu'il estimait que je faisais un bon travail de communication. Je passais à ses yeux pour un malin, un futé, un rusé. Parmi les collaborateurs, en revanche, on se demandait si je

n'étais pas un faux-cul. "Il manigance avec ses copains, les dés sont pipés." Et ça te déforce évidemment.»

La perte de légitimité

Pour finir, la décision en réseau souffre d'un déficit irrémédiable de légitimité. Elle heurte de front la logique des instances de parti, de la transparence et du contrôle démocratiques – un problème plus particulièrement épineux chez les Verts dans les rangs desquels semble régner, encore plus qu'ailleurs, une culture du soupçon qui pousse à confondre concertation et collusion[55]. Immergés dans leurs tractations, les décideurs passent aisément pour des affairistes et les décisions qui émergent de cette alchimie relationnelle sont fraîchement accueillies par les appareils de parti et les assemblées parlementaires. Le réseau est vécu comme une transgression des clivages et une dissolution des territoires de référence, il vient heurter le discours des grands affrontements et des solidarités affectives. «Les mêmes qui s'empoignent devant les caméras s'entendent comme larrons en foire sitôt éteints les projecteurs» aime-t-on à répéter. Les militants réagissent comme les poilus dans les tranchées : on leur inculque la haine de l'ennemi et la fierté patriotique, et voici qu'ils apprennent que les généraux des deux camps pactisent et festoient ensemble. Ils aiment à songer aux partis comme à des groupes cohérents, soudés par une structure et un idéal, opposés les uns aux autres comme les Talibans et l'Alliance du Nord, et voici qu'ils découvrent un invraisemblable patchwork de clans liés entre eux par des rapports instables, confus, occultes. Ils trouvent étrange, par exemple, que des membres de formations politiques rivales puissent se coaliser contre

---

55. Cf. D. BOY, V. JACQUES LE SEIGNEUR & A. ROCHE, *L'Écologie au pouvoir*, Paris, Presses de la Fondation des Sciences Politiques, 1995.

d'autres factions de leurs partis respectifs – par exemple pour défendre les intérêts bruxellois contre les intérêts wallons, la Communauté française contre les régionalistes ou l'enseignement officiel contre l'enseignement confessionnel. Les militants et parfois les parlementaires dénoncent l'influence de ceux qui, par leur puissance et leur entregent, ont eu accès aux réseaux de la décision tandis qu'eux-mêmes en sont restés exclus. Quant aux médias, ils ont besoin de récits simples qui tiennent en une minute d'antenne ou quelques paragraphes.

Puis, comme le soulignent Commaille et Jobert[56], les décisions complexes qui émergent des processus de réseau posent le double problème de l'*intelligibilité* : qu'est-ce qui a été décidé au juste ? Et de l'*imputation* : qui est responsable ? Les citoyens et même les journalistes finissent par se perdre dans la complexité des accords et l'entrelacement des responsabilités d'acteurs politiques qui s'évertuent à s'approprier les compliments et à rejeter le blâme sur les autres. Force est donc de dissimuler ces écheveaux complexes sous la fiction rassurante du volontarisme rationnel : «Nous sommes restés fidèles à notre programme, nous avons obtenu gain de cause sur les points essentiels, l'accord comporte des avancées substantielles, nos valeurs ont été prises en compte, etc.» Si l'acteur politique a cessé d'être le décideur central, il reste chargé de légitimer, c'est-à-dire de transfigurer, les décisions.

---

56. J. COMMAILLE & Br. JOBERT, *Les métamorphoses de la régulation politique*, Paris, L.G.D.G., 1998.

Médiapolitiques

J'ai évoqué à diverses reprises le rôle de la ressource média-tique. Je me propose dans ce chapitre de l'explorer plus avant tant elle conditionne l'exercice du pouvoir politique. Un homme politique aujourd'hui n'a pas seulement besoin du soutien des médias, de l'opinion et du parti pour gagner les élections, il en a besoin pour gouverner au quotidien. Gouverner, disait Churchill – après Hobbes –, c'est faire croire. Par-dessus les deux grandes traditions de la démocratie représentative symbolisée par le Parlement et de l'État social qui consacre le rôle des syndicats dans l'économie, une sorte de troisième modèle politique est en voie d'émergence : la démocratie d'opinion, avec les médias et les sondages pour symboles, les ONG pour acteurs emblématiques, et la mise en débat généralisée pour fantasme.

Comment capter l'attention des journalistes ? Que dire pour conquérir de l'espace dans les journaux, du temps d'antenne, de l'audience ? Quelles conséquences aura telle ou telle décision sur mon image ? Comment en tirer profit avant mes partenaires ? Et comment détourner sur eux la responsabilité d'une décision ou d'une crise impopulaire ? Ce sont là des questions qui se posent quotidiennement aux responsables politiques, qui entrent spontanément dans leurs raisonnements et finissent par engendrer chez eux une forme particulière d'intelligence – certains parlent d'une déformation – qui ne manque pas de décontenancer les profanes.

Si l'on inclut la préparation des discours, communiqués et conférences de presse, les réunions diverses, les rencontres avec les journalistes, les militants, les groupes d'intérêt et les visiteurs de tous types, on peut estimer qu'un ministre consacre les trois quarts de son temps à la communication.

> « Ce qui me frappe aujourd'hui, c'est l'importance acquise par les médias et la communication en général. Les comportements politiques sont de plus en plus dictés par les médias. On ne peut plus travailler sans penser à ça. Comme si la politique se réduisait à cela : au fait de s'exprimer publiquement. »

Faire de la politique, c'est produire et diffuser des discours et des images à travers des prises de parole en public, des textes, des photographies, des émissions radiophoniques et télévisées. La communication ne se réduit pas à décrire des enjeux posés par ailleurs, à traduire en mots des luttes concrètes entre partis, elle est elle-même un enjeu et une lutte. Le discours est ce pourquoi on s'affronte, l'espace que l'on cherche à investir et défendre contre les concurrents. La politique est une guerre de positions dans laquelle chacun s'efforce d'imposer certains foyers d'attention publique ; de promouvoir des représentations du monde, des autres et de soi ; de peser sur la hiérarchie des problèmes, des indignations et des interprétations ; de tracer les limites du possible et de l'impossible, du raisonnable et du déraisonnable, du tolérable et de l'intolérable. Dans un contexte d'affaiblissement des idéologies et de convergence des politiques, il faut sans cesse faire entendre sa différence et se démarquer des autres. Sur la scène médiatique se réaffirment des frontières entre partis largement estompées dans l'exercice concret du pouvoir. La différence qui tend à se dissoudre dans la pratique se retrouve exaltée dans la représentation.

Bien sûr, ces luttes de représentations sont aussi anciennes que la politique ; ce qui caractérise toutefois notre modernité, c'est le rôle joué par les médias de masse. Le champ médiatique conditionne le champ politique non seulement parce que les politiques y transportent leurs affrontements, mais encore parce que les médias possèdent une autonomie propre. Pour une part limitée mais réelle, ce sont les journalistes eux-mêmes qui fixent la hiérarchie des priorités. Pour le dire simplement : ce n'est pas seulement le journaliste qui s'informe auprès de l'homme politique, c'est inversement l'homme politique qui, chaque matin, guette les nouvelles qui commanderont sa réaction. *Le miroir finit par commander ceux qui s'y regardent.* Ces témoignages sont significatifs :

> « Lorsque je présidais le parti, je me demandais chaque matin en allumant la radio quelle allait être la catastrophe du jour qui allait nécessiter ma réaction urgente, une réunion en catastrophe, un communiqué de mise au point, etc. Et lorsque j'ai quitté la présidence, pendant les six premiers mois, je me disais chaque matin : ouf, tout ça n'est plus pour moi ! »

> « Ce qui est très difficile quand on est ministre, c'est de parvenir à s'abstraire de cette fonction. En allumant ma radio à six heures et demie ou en ouvrant mon journal, je me demandais quelle tuile allait me tomber dessus. Cette centration sur les médias participe terriblement de l'aliénation. L'instantané règne en maître. Il faut toujours naviguer à vue et c'est très difficile de prendre de la hauteur et de gérer à moyen terme. »

Les raisons de cette montée en puissance du quatrième pouvoir sont connues. Un peu partout, les médias de masse ont repris l'essentiel des fonctions d'information qu'assumaient par le passé les grands partis à partir de leurs propres organes de presse. Les médias se sont « dépiliarisés » : un journal trop étroitement inféodé à un parti n'est désormais plus viable en Belgique, comme l'illustre la faillite du *Matin*, trop manifestement lié à la mouvance socialiste. Dans leur majorité, les lecteurs supportent mal de reconnaître la voix d'un maître dans les articles ou les reportages. L'indépendance des médias, même si elle est fragile et relative, est une condition de leur crédibilité. Le citoyen veut pouvoir faire l'économie du soupçon permanent, il aspire au confort de la lecture au premier degré, à la croyance que les informations qu'il reçoit sont la simple vérité. Il s'agit donc de le rassurer en permanence sur l'indépendance de ceux qui le tiennent informés. La perte de légitimité des journalistes qui transparaît dans de nombreux sondages impose à la profession un devoir d'impertinence proprement vital.

À cela s'ajoutent les contraintes de la production, de la concurrence et de la rentabilité. L'homme politique qui veut percer dans les médias doit pénétrer l'épaisseur d'un monde pourvu de ses règles propres, de plus en plus dominé par des contraintes de fabrication, soumis à la tyrannie de l'urgence et l'exigence d'intéresser et de distraire le public. Les pressions économiques et financières prennent le pas sur les pressions d'origine politique qui s'exercent traditionnellement sur les journalistes[57]. Les journaux, les émissions radiophoniques ou télévisées sont des marchandises en quête de clientèle sur un marché hautement concurrentiel. Un média est une fabrique de représentations : il traite certaines matières premières – des événements, des discours, des images – pour façonner des produits attrayants pour le consommateur. Et les hommes politiques ont inévitablement beaucoup plus de matières premières à offrir que les médias ne peuvent en incorporer dans leurs produits, ils sont eux aussi condamnés à se concurrencer les uns les autres pour capter l'attention des journalistes – outre qu'il existe d'autres fournisseurs d'information : les entreprises, les sportifs, les artistes, les victimes de faits divers, etc. Ainsi, les journalistes disposent d'un *pouvoir de sélection* fondamental et ils peuvent presque toujours s'abriter derrière l'impératif d'audience et les attentes des lecteurs. Dans l'ensemble, les médias sont *plus* indé-

---

57. Voir R. RIEFFEL, *Sociologie des médias*, Paris, Ellipses, 2001.

pendants du pouvoir politique que par le passé – c'est bien pourquoi ils l'obsèdent à ce point.

Je ne prétends pas que les médias dictent aux politiques leur agenda. Pour l'essentiel, l'ordre du jour d'un Conseil des ministres est indépendant des pressions médiatiques. Mais les médias l'affectent indirectement en sélectionnant les foyers d'attention, les priorités, les enjeux. Ils peuvent centrer l'attention collective sur tel problème, dramatiser certains dossiers et par suite crisper les négociations, transformer un désaccord en confrontation. Pour cent mille fenêtres potentielles sur le monde, les médias en ouvrent une bonne quinzaine chaque jour et nos yeux se portent naturellement vers ce qui s'y découvre. Comment faire autrement ? Quant aux opinions du public, les études montrent et remontrent qu'elles sont plus solidement amarrées qu'on ne l'imagine. Les médias *expriment* les opinions autant qu'ils les influencent, c'est entendu. Il reste qu'en ouvrant telle fenêtre plutôt que telle autre, les médias définissent ce qui fait événement et abandonnent le reste à l'ignorance, à l'inattention ou au détachement.

Sans nul doute, la dépendance des hommes politiques aux médias s'est fortement accrue[58]. La dépendance réciproque n'en reste pas moins vraie: outre qu'elle est au fondement d'une société démocratique, l'information politique est la raison d'exister de beaucoup de journalistes en même temps qu'un fonds de commerce pour les grands médias. Plus que l'économie, elle se prête à la mise en spectacle; elle continue d'offrir son lot d'affrontements et de dénouements qui passionnent le grand public. Si les acteurs politiques se disputent l'accès aux médias, réciproquement les journalistes entrent en concurrence pour recueillir leurs analyses et confidences. Le jeu consiste à chasser les primeurs et les scoops, c'est-à-dire à chercher un

---

58. D. WOLTON, *Penser la communication*, Paris, Flammarion, 1997.

avantage concurrentiel. Ainsi, l'acteur politique dépend du journaliste comme le journaliste de l'acteur politique.

Une dépendance difficile

Ce qui frappe tout d'abord, c'est l'ampleur du contentieux et la charge affective de la relation du politique aux médias. Très rares sont les responsables qui ne s'abandonnent, en privé, à la déception, au ressentiment, quelquefois au mépris envers les journalistes. On évoque en vrac : la faiblesse et la superficialité des reportages, la méconnaissance et le manque de suivi des dossiers, la recherche systématique du sensationnel, la démagogie, la partialité, leur tendance à s'arroger un rôle politique, voire leur méchanceté, leur narcissisme, leur arrogance, quelquefois leur vénalité (on cite les bons restaurants et les voyages tous frais payés).

Bien sûr, Régis Debray a raison de remarquer que le procès du journalisme est aussi vieux que le journalisme[59]. Il y a cependant bien plus, chez les politiques, que la complainte ordinaire. Sous l'expression des rancœurs, on devine une souffrance. Une souffrance qui hésite à dire son nom car elle enfreindrait la norme de force et d'assurance qui régit le monde politique. Presque tous les responsables politiques, en effet, cachent des blessures médiatiques : sentiment d'être mal-aimé, inexplicablement dédaigné, cicatrice de reportages injustes ou d'articles assassins, souvenir de la curée lors d'un scandale auquel ils furent mêlés.

> « J'ai eu de mauvaises relations avec la presse. D'abord, je trouve que le niveau moyen des articles est peu élevé. Ensuite, j'ai bien dû constater que pour avoir un bon article, il fallait inviter le journaliste à déjeuner, lui pré-

---

59. R. DEBRAY, *L'emprise*, Paris, Gallimard, 2000. Voir du même auteur : *L'État Séducteur*, Paris, Gallimard, 1993.

parer tout le boulot, pratiquement écrire l'article à sa place. En plus, ils sont très fouineurs et donc je devais rester constamment sur mes gardes. Et surtout, ils aiment prendre les choses par le petit bout de la lorgnette : les conflits, etc. »

« Avec les journalistes, on a souvent l'impression d'être trahi. De plus, il y a des sujets qui ne les intéressent pas du tout et pour lesquels l'homme politique n'a donc en quelque sorte pas le droit de s'exprimer. Ce sont eux qui décident ce qui est important ou non. De quel droit ? Il y aurait un beau débat à faire là-dessus... » !

« En plus, ils sont prétentieux, avec un soupçon de mépris pour les hommes politiques que je ne supporte pas ! Ils se prennent pour des juges. Je me demande s'ils n'ont pas un fond de jalousie. X par exemple en devient caricaturalement écolo, tellement il est partial. Et Y est toujours tellement plein de fiel ! OK, on peut faire des billets d'humeur, ça ne me dérange pas, mais alors il faut prévenir le lecteur, l'assumer comme tel. Ils jouent sans cesse avec les règles. »

Le grand public mesure mal cette frustration et d'abord la débauche d'énergie qu'elle impose : les kilomètres de tissu informationnel qu'il faut offrir aux journalistes pour obtenir une couverture médiatique de la taille d'un mouchoir de poche. Ces longues interviews dont ne subsistent que trois phrases hors contexte – et rarement les meilleures. Les conférences de presse longuement préparées en pure perte. Les dossiers travaillés et argumentés réduits à un articulet bâclé en seizième page. Et tous les travers classiques : les grandes questions réduites à de petits problèmes, les polémiques artificielles, les vétilles montées en épingle, les « petites phrases ». Et les sélections incompréhensibles : les dix licenciements plutôt que les mille créations d'emplois, la rémunération d'un haut fonctionnaire plutôt que la réforme de la fonction publique, la composition du conseil d'administration de la SNCB plutôt que la politique de mobilité et ainsi de suite. Tout cela sous le prétexte, ou pour la bonne raison, qu'il faut intéresser le lecteur.

Et puis encore toutes ces petites choses qui finissent par obséder l'acteur politique : la localisation des articles dans le journal ; l'heure de diffusion sur antenne ; la longueur des extraits ; la taille des articles ; les passages amputés ; les titrages ambigus ou malveillants ; la présence ou non d'une photo, sa qualité, son potentiel d'évocation (sympathique ou hautain, sérieux ou amusant…), la légende qui l'accompagne ; les articles teintés d'ironie ou d'insinuations plus ou moins subtiles (« le ministre *prétend que…* » , « *à les entendre*, les ministres n'ont pas à rougir de leur bilan », « la décision devrait tomber sous peu, *c'est du moins ce qu'annonce le gouvernement* »[60]). Partout se glisse la liberté du journaliste, donc un motif de soupçon.

Dans leur rapport aux médias, il semble que les hommes politiques aient perdu toute candeur. À leurs yeux, l'information est à jamais indissociable des arrière-pensées de ceux qui les produisent. Tout est sujet à décryptage politique et idéologique, jusqu'aux omissions et aux amputations. Aucun acteur politique qui soit encore capable de lire son journal au premier degré, à l'exception possible de la page des sports. Des journaux, du reste, ils en parcourent plusieurs quotidiennement et peuvent comparer. Très vite, ils repèrent les journalistes et cherchent à les catégoriser. Il y a les sympathisants : une minorité. Il y a ceux qui, bien qu'incontrôlables, travaillent sérieusement, font preuve de modération et en tout cas ne destinent pas toutes leurs flèches au même camp. Et il y a tous les autres : ceux qui sont acquis à la concurrence, dont on connaît par avance les opinions et dont on n'espère aucune bienveillance ; ceux qui professent un devoir

---

60. Exemples véridiques.

d'indignation et d'ingérence médiatique, qui s'arrogent à tout propos une fonction d'alerte de l'opinion ; ceux qui aiment à parsemer leurs articles de conjectures gratuites et d'insinuations ; ceux que tenaille trop évidemment un désir de puissance et que grise l'impression de faire et de défaire, de salir ou de sanctifier, d'abattre ou de sauver. Une jeune responsable politique :

> « Je dois vous dire que je ne regarde plus le journal télévisé ou ne lis plus un article de la même façon. C'est comme si j'avais perdu ma virginité ! Toute cette expérience a altéré mon regard. Je vois différemment. Je lis différemment. »

Bien sûr, cette tendance des politiques à scruter l'envers du miroir tourne chez eux à la compulsion, au délire d'interprétation. Bien sûr, ils négligent les aléas et les contraintes matérielles de la fabrication des émissions et des journaux ; ils feignent d'ignorer l'étroitesse des ressources de presse au regard de l'immensité du champ à couvrir (comment suivre l'activité des ministres et des parlementaires dans un pays qui a multiplié à ce point les assemblées, les gouvernements et les acteurs ?) ; ils répugnent à reconnaître que nombre de leurs communiqués sont superflus, leurs discours massivement redondants, et qu'ils sont capables, pour un même projet, d'aligner cinq conférences de presse successives[61] ! Bien sûr, les politiques ont une fâcheuse tendance à tenir pour neutres et objectives les seules informations qui leur sont favorables. Et bien sûr, certains vont trop loin : parce que le ver est dans le fruit, ils l'imaginent entièrement rongé de l'intérieur. À juste titre, les journalistes protestent : « Nous sommes conscients des abus, il reste que la plupart d'entre nous font un travail honorable dans des conditions difficiles. »

---

61 Par exemple : a) avant de présenter le projet au gouvernement ; b) après la décision de principe ; c) après la première lecture en gouvernement ; d) à la suite de la deuxième lecture, après avis du Conseil d'État ; e) après passage en commission parlementaire et vote en séance plénière.

Mais comment convaincre les hommes politiques ? Si déjà ces abus étaient dénoncés par les journalistes eux-mêmes. Hélas ! l'autocritique n'est pas la spécialité des médias.

Ensuite, il y a des blessures qui ne s'effacent pas. Faut-il rappeler le lynchage médiatique dont Elio Di Rupo fut la victime, pour ne citer qu'un exemple marquant ? On dira que c'est le lot des hommes publics de se voir ainsi aiguillonnés, brocardés, éreintés par les médias, et que ceux qui ne le supportent pas feraient mieux de changer de métier. De fait, la plupart endurent sans trop se plaindre ; la vie politique n'autorise aucun aveu de faiblesse et celui qui s'abaisse à gémir publiquement est coulé. Mais cela n'enlève rien à la dureté de la condition, à la douleur intime qu'on éprouve à la lecture d'un article bête et méchant, à l'idée que les enfants, la famille, les amis seront confrontés à cette image négative. Et le vieux principe selon lequel la seule chose qui compte en politique, c'est de faire parler de soi n'apporte qu'une médiocre consolation. S'il est vrai que la célébrité est la condition première de toute percée électorale, il en est au moins trois autres : la sympathie, la confiance et le respect, et ces trois-là peuvent être durement altérées par les médias. Dans sa quête de notoriété, un ministre ne peut se retrancher derrière des données objectives comme peut le faire un dirigeant d'entreprise. En tiennent lieu l'image qu'il projette dans les médias et sa position dans les sondages. Le soutien dont il jouit dans son parti est chose fragile et subjective. Gouverner sans les médias, c'est gouverner sans l'opinion. En vain le ministre excipera-t-il du travail réalisé, des projets et des actions lancées ; si les médias lui sont défavorables ou l'ignorent, sa position tendra à s'effriter.

Ainsi les acteurs politiques sont-ils condamnés à s'arranger de ce milieu qu'ils désapprouvent globalement, mais qui les fait vivre. Les plus intuitifs et les plus chevronnés, j'y reviendrai, semblent avoir mieux assimilé les règles du jeu médiatique et ils en usent parfois avec une étonnante subtilité. Quant au jeu lui-même, nul ne peut l'ignorer.

«Je n'ai pas pris assez de temps pour dialoguer avec les journalistes. Je ne savais pas qu'il fallait passer son temps à ça. Et je manquais de diplomatie. Un jour, une journaliste m'a posé des questions idiotes et je lui ai conseillé de retourner à ses études. Ensuite, pendant deux ans, elle a déversé sa bile chaque semaine dans son journal parce que je l'avais humiliée.»

Devant ce qui leur semble trop manifestement abusif, certains audacieux, commencent par se cabrer, ils protestent auprès des rédactions, exigent un droit de réponse. Mal leur en prend. Les journalistes détestent ça et disposent d'un pouvoir de rétorsion à peu près inexpugnable. Le jeu est inégal : les politiques finissent par plier et se résigner. La force brute est rarement d'usage dans les stratégies médiatiques. «Celui qui tire sur les journalistes, écrit Régis Debray, est un homme mort[62].» De leur propre aveu, quiconque se montre hautain, leur montre condescendance ou dédain risque fort de le payer. Les journalistes sont prêts à entendre les reproches des politiques *pourvu qu'ils sous-entendent une égalité inconditionnelle,* préalable à l'échange. On se dispute entre égaux tandis qu'on rabroue des inférieurs : la différence est décisive. Jugement de deux journalistes politiques :

«Pourquoi certains hommes politiques passent mal dans les médias? Il y a d'abord ceux qui affichent une supériorité. Dans ce cas, c'est purement épidermique. C'est un réflexe naturel. Les journalistes adorent être estimés, respectés. Ils ne supportent pas qu'on les prenne de haut.»

«La psychologie joue un rôle énorme. Beaucoup plus qu'on ne le croit. Avec le temps, je suis de plus en plus sensible à la qualité de la relation humaine.»

---

62. *Op. cit.*, p. 60.

L'image en miroir

Réciproquement, comment les journalistes jugent-ils les hommes politiques ? De façon très caractéristique, le ton est ici plus modéré ; si les critiques sont acides, on y décèle plus de pondération, sinon de bienveillance.

> « Les hommes politiques ont un ego effrayant. Ils sollicitent parfois les journalistes pour des banalités ! Et ensuite, ils demandent : "Quelle sera ma place ? À quelle page ? Aurai-je une photo ?" Ce sont des gamineries ! Cet amour pour leur image a vraiment quelque chose de médiocre. Pour autant, cela ne me conduit pas à les mépriser. Je défends toujours les hommes politiques. Ils sont en général idéalistes, très travailleurs et globalement mal payés par rapport à ce qu'ils recevraient dans des postes à responsabilité dans le privé. La vie de cabinet est infernale. J'ai seulement du mépris pour les ficelles qu'ils utilisent pour obtenir une citation dans un journal. »

Les politiques font un métier difficile, insistent les journalistes, ils sont condamnés à se vendre, à faire parler d'eux. Quoi que nous puissions écrire à leur sujet, quelque manchette que nous puissions leur consacrer, ils en voudront davantage et reviendront à la charge. Puis, leur narcissisme, leur susceptibilité, leur jalousie envers leurs collègues sont parfois invraisemblables. Dans la moindre critique, ils voient une trahison et peu leur importe, finalement, que nos articles soient justes et pertinents pourvu qu'ils soient laudatifs, agrémentés d'une photo avantageuse et placés bien en vue dans le journal. Ils passent leur temps à s'épier les uns les autres, à se répondre par presse interposée, et le moindre succès médiatique d'un concurrent, même de leur propre parti, les met au supplice.

Ensuite, ils mesurent rarement les contraintes qui sont les nôtres : ils nous assomment de communiqués insignifiants, de conférences de presse «gonflées», de congrès entièrement ficelés à l'avance, autoglorificateurs et dénués d'enjeu, de débats parlementaires fastidieux et incroyablement désuets où chacun s'écoute parler sans écouter les autres devant des travées désertes, tout cela sans reconnaître que nous n'avons ni le temps ni la place de couvrir cette immense agitation, laquelle n'est d'ailleurs guère susceptible de retenir l'intérêt du public. Ils ont tendance à interpréter tous nos actes en fonction de leur propre grille sans s'aviser que nous travaillons dans l'urgence, avec des moyens dérisoires, que nos équipes sont simplement trop restreintes pour accompagner chacun d'eux dans toutes ses pérégrinations, qu'il nous faut à tout instant faire des choix, et que le bouclage de chaque numéro du journal est une sorte de petit miracle renouvelé. Ils oublient qu'un journal est une entreprise collective et que ce produit complexe ne résulte pas d'un seul et grand dessein machiavélique. En un mot, ils ont tendance à projeter sur nous leurs propres fantasmes.

Je l'ai dit, tous ces reproches sont exprimés, avec un calme, une compréhension, voire une pointe d'amusement. Dans la dépendance mutuelle qui les lie aux acteurs politiques, les journalistes se trouvent dans la position du touriste dans un souk : assailli par les commerçants qui cherchent désespérément à attirer son attention. Eux jouent leur survie, lui ne cherche qu'à remplir sa valise, et il a l'embarras du choix. Je partage l'avis de Dominique Wolton[63] : l'homme politique est aujourd'hui le grand perdant de la société médiatique. Bien sûr, les journalistes dépendent des politiques dans l'accomplissement de leur activité. Mais comment ne pas être frappé par l'intensité de la dépendance réciproque ? Avec des sentiments mêlés, tantôt flattés, tantôt embarrassés, ils voient ces hauts responsables

---

63. *Op. cit.*

investis de l'autorité et de la légitimité suprêmes les entreprendre inlassablement. Tous les politiques, bien sûr, ne s'abaissent pas si bas ; les plus puissants en ont moins besoin et les plus fiers essaient de s'en abstenir, mais la plupart se prêtent au jeu avec plus ou moins de tact et d'élégance. Tel ministre sur le point de participer à un débat télévisé se précipite vers un journaliste pour lui demander conseil sur sa cravate. Un président de parti va jusqu'à contacter un journaliste en vacances, feignant d'avoir besoin de ses conseils à propos de la stratégie de son parti. Désespérant d'obtenir un article dans un magazine, une ministre finit par inviter un couple de journalistes à dîner chez elle et s'installe au fourneau. Un président de parti téléphone à l'auteur d'un article particulièrement acide et s'exclame : « Tu m'as tué ! » Et le même à l'adresse d'un autre qui lui a consacré une jolie couverture : « Grâce à vous, j'existe ! »

L'aspiration à l'égalité

On pressent la griserie de se voir ainsi courtisé par ceux-là mêmes que le monde courtise. D'avoir en permanence ses entrées lorsque les autres peinent pour obtenir une audience. De se permettre le luxe de snober des invitations sans même s'excuser ou d'y venir en tenue décontractée, quand les autres n'osent paraître qu'encravatés. On conçoit que des journalistes succombent à une sorte de narcissisme en miroir, à une forme de suffisance qui les détourne de la modestie et de l'autocritique qui devraient pourtant être les normes de leur milieu. Certains snobismes sont des manières de consolation. De l'avis même de certains d'entre eux, on trouve là une facette importante de leur identité professionnelle et de leur motivation.

> « Je dirais que la relation entre les politiques et les journalistes est une relation d'amour-haine. Le journaliste est finalement très gratifié, très honoré que les politiques importants le reconnaissent et le saluent, l'invitent et se

comportent à son égard *comme s'il était un notable*. Cela, c'est une motivation importante. "Nous sommes un peu du même monde." Et cette relation complice s'opère indépendamment de toute question partisane.»

«Les journalistes ont finalement les mêmes caractéristiques que les gens de pouvoir : ils sont très sensibles à leur image. Et ils adorent le pouvoir. Ils adorent se donner l'illusion qu'ils sont importants. Le quatrième pouvoir et tout ça, ça leur monte à la tête. J'ai des collègues qui passent leur temps, le soir, le week-end, avec des hommes de pouvoir : politiciens, syndicalistes, etc. C'est toute leur vie. Une sorte de drogue.»

Les journalistes aiment à minimiser leur responsabilité dans la marche des affaires publiques et la formation des opinions ; pour autant, on les sent très attachés à la dignité du «quatrième pouvoir». Il est vrai qu'ils affrontent plus que d'autres une contradiction fondamentale entre leur *pouvoir* («les hommes politiques peuvent s'abaisser devant nous que c'en est incroyable» raconte une journaliste) et leur *statut social* («nous ne sommes après tout que de pauvres journalistes» poursuit la même un peu plus tard). De là leur hantise de se trouver réduits au rôle de simple transcripteur, obéissant messager de la parole sacrée du pouvoir. Et certes, le danger n'est pas mince lorsqu'on entend des politiques se lamenter à propos de «ces journalistes qui ne sont même pas capables de reproduire fidèlement les textes qu'on leur a pourtant préparés» sans s'aviser que c'est précisément *ce que les journalistes ne veulent à aucun prix*.

L'intériorisation des enjeux commerciaux

Qu'ils soient privés ou publics, les médias s'inscrivent toujours dans une logique de concurrence. De cette inéluctable contrainte, les journalistes ont une conscience tantôt sereine, tantôt fataliste ;

la loi du milieu est dure, mais c'est la loi. Ils aiment à rappeler les contraintes pratiques de leur activité, et ils s'irritent non sans raison devant les analyses et les procès irréalistes qui leur sont faits[64].

> « Les contraintes techniques sont beaucoup plus importantes qu'on ne l'imagine. Il est clair qu'un événement politique qui se déroule à neuf heures du matin aura plus de couverture, et donc finalement plus d'importance, qu'un événement qui survient à vingt heures. Puis, il faut voir de quelle place on dispose, s'il n'y a pas déjà un supplément qui prend beaucoup de place, etc. Je suis parfois effrayé par la théorisation à froid lorsqu'on se met à mesurer l'espace occupé par tel ou tel dossier dans les pages sans prendre en compte les contraintes techniques ! »

Lucidement, les journalistes évoquent quatre conséquences de la logique économique : le mimétisme, c'est-à-dire la tendance à épier et copier les concurrents ; la pression de l'urgence ; la quête effrénée des primeurs (qu'on reçoit avant les concurrents) et des scoops (qu'on publie en exclusivité) ; la tendance à privilégier le sensationnel.

Le mimétisme est omniprésent, il conduit à l'homogénéisation des produits et souvent des contenus médiatiques[65]. Un journaliste explique :

---

64. Pour une analyse des contraintes économiques, voir : P. LE FLOCH & N. SONNAC, *L'économie de la presse*, Paris, La Découverte, 2000. Et plus généralement : Fl. AUBENAS & M. BENASAYAG, *La fabrication de l'information : les journalistes et l'idéologie de l'information*, Paris, La Découverte, 2000 ; J. CHARRON, *La production de l'actualité politique*, Montréal, Éd. Boréal, 1994 ; C. LEMIEUX, *Mauvaise presse. Une sociologie compréhensive du travail journalistique et de ses contraintes*, Paris, Métailier, 2000 ; E. NEVEU, *Sociologie du journalisme*, Paris, La Découverte, 2001.

65. Des études montrent que les journalistes sont plus sensibles à l'approbation de leurs confrères, de leurs responsables hiérarchiques ou de leurs sources d'information qu'au public lui-même (*cf.* R. RIEFFEL, *op. cit.*, p. 102).

«Cela nous conduit par exemple à exprimer des opinions, à prendre des positions, faire des insinuations qui n'intéressent absolument pas les lecteurs mais s'adressent en réalité… aux autres journalistes et aux hommes politiques. Dans certains cas, les journalistes n'écrivent plus pour leurs lecteurs mais pour se positionner dans le milieu. Ils écrivent avec l'idée, parfois inconsciente, des collègues qui vont les lire.»

Le règne de l'urgence est une autre contrainte drastique. Elle empêche d'opérer tous les recoupements nécessaires, de mettre l'information en perspective, de la resituer dans un contexte plus général – en bref, elle empêche l'analyse.

«Dans certains cas (une manif, etc.), on se dit : ne commentons pas cette information à chaud, donnons-nous un peu de recul. Mais dans l'arrière-fond du cortex cérébral du rédacteur en chef, il y a toujours l'idée qu'on risque d'être les seuls à ne pas publier. Et que même si, le jour suivant, notre article est dix fois meilleur que celui des concurrents, la revue de presse du matin, à la radio, n'en fera pas mention. Je ne vois rien de positif à cette concurrence, vraiment. À part le plaisir stupide d'avoir niqué un collègue. Ça ne contribue pas à une presse de qualité.»

Cette contrainte est encore plus drastique dans l'audiovisuel.

«On a très peu de place pour revenir sur des événements déjà passés. Deux jours, dans l'audiovisuel, c'est déjà ancien. La priorité absolue va à ce qui est neuf ou qui remonte à la surface de l'actualité. Notre exigence, voyez-vous, notre exigence absolue, c'est l'air du temps. Et si vous faites autre chose, ça ne marchera pas et vous perdrez votre audience. C'est comme ça.»

La quête quasiment obsessionnelle des primeurs et des scoops est une troisième contrainte essentielle du métier. La chasse à l'exclusivité affecte en profondeur le travail des journalistes ; elle les conduit notamment à délaisser les conférences de presse et le travail parlementaire au profit de relations de connivence avec les acteurs politiques dans l'espoir de glaner une information qui fasse la différence.

> « Je me rends très rarement aux conférences de presse. De toute façon, l'information qu'on y diffuse est facile à récupérer via l'agence Belga ou la farde de presse qu'on nous envoie dans la journée. Nous cherchons davantage les contacts personnels. Qu'est-ce que vous voulez, on reste des commerçants ! Lors d'un entretien avec un ministre ou un directeur de cabinet, on a des chances de récolter le petit plus qui va faire la différence. »

Remarquons que l'exigence des scoops est très largement *interne* au milieu médiatique, un « effet de champ » typique[66] — d'ailleurs moins prégnant dans la presse hebdomadaire. En effet, à l'exception des hommes politiques et des journalistes eux-mêmes, fort peu de lecteurs lisent plusieurs journaux et prennent la peine de comparer ; et hormis pour les grands événements, il importe peu, finalement, de recevoir une information politique avec un jour de retard. Les débats politiques s'inscrivent dans la durée : que cela change-t-il pour la vie quotidienne, pour la formation de l'opinion, pour le débat démocratique, d'apprendre aujourd'hui la mise à l'étude de tel projet d'autoroute ou de telle législation anti-tabac ? À quoi bon cette obsession qui, nous le verrons, *nuit à la fois au travail journalistique et au travail politique ?*
La quête de l'exclusivité résulte d'un déplacement d'intérêt provoqué par les pressions concurrentielles : des tâches

---

66. P. BOURDIEU, *Sur la télévision*, Paris, Liber, Raisons d'agir, 1996.

d'analyse critique vers les pratiques des concurrents et la séduction immédiate du public. Les journalistes politiques forment un milieu assez restreint où chacun se connaît et se jauge, et où la reconnaissance converge vers les plus prompts et les mieux introduits dans les sphères du pouvoir : *la ressource première est le réseau*, plus que la capacité d'analyse ou les qualités d'écriture.

> «Pour moi, les primeurs correspondent à un système de valorisation interne. Je veux dire : au sein de la communauté des journalistes. C'est surtout là que ça se joue. Ça sert à obtenir une valorisation au sein du sérail. Il s'agit de construire une crédibilité. Quand vous avez décroché quelques tuyaux, ça se remarque dans le milieu et on en déduit que vous êtes bien introduit. Et ça démontre aussi que vous êtes crédible aux yeux de vos informateurs.»

La recherche du sensationnel conditionne elle aussi le travail journalistique. Les journalistes participent à une entreprise d'information, mais aussi à une machine à distraire, amuser, intriguer, étonner, émouvoir, indigner, attendrir et valider.

> «À qualité d'information égale, on devrait normalement traiter tout le monde de la même façon. Mais le problème, c'est que, par exemple, X passe très mal. C'est de l'eau tiède du début à la fin. Elle connaît bien ses dossiers mais il faut un pied-de-biche pour la faire sortir d'elle-même et la faire critiquer ses collègues. Avec Y, par exemple, c'est tout autre chose. Sa capacité à baffer ses adversaires, eh bien, c'est quand même plus jouissif ! On aime bien les petites polémiques de dessous la table, la pincée de sel, le brin de persil sur le plat. Je reconnais que c'est éminemment médiocre mais ça fait partie du sport.»

> «Ce qui guide la sélection de l'information, c'est d'abord l'expérience professionnelle. On devine immédiatement

les conséquences d'une parole, d'un événement. Une petite phrase comme celle de Frans Rombouts qui annonce des réductions à la Poste. Sur ce truc-là, on a été mauvais comme d'ailleurs aussi *La Libre* qui a publié l'info sans en faire un gros titre qui fasse sensation. Le bon journaliste décrypte l'information et se dit : "Ça, ça peut faire du bruit." »

Il arrive que les journalistes soient littéralement happés par le bouillon affectif qui s'empare de leur audience, prisonniers des attentes indignées, éplorées, anxieuses qu'ils devinent autour d'eux. Que l'on pense à la mort du roi Baudouin, aux charniers de Timisoara, à l'affaire Dutroux, à la marche blanche, aux attentats du 11 septembre. Tel grand quotidien titre en première page : « Marée humaine sur la Belgique ? » évoquant un cargo au large des côtes belges soi-disant bourré de candidats réfugiés, vide en réalité, et qui allait tranquillement chercher sa cargaison de charbon à Amsterdam ! Comment expliquer pareille erreur ? Pourquoi n'avoir pas attendu vingt-quatre heures, le temps de vérifier ? L'urgence bien sûr, la peur d'être doublé par les concurrents sans doute, mais aussi le sentiment obscur de faire écho aux anxiétés du public, de toucher une corde sensible, de rencontrer une attente diffuse. Les lecteurs veulent des frissons – de plaisir ou d'épouvante, peu importe. Jusqu'où peut-on aller pour les leur fournir ?

L'indépendance et ses limites

À la séparation traditionnelle du législatif, de l'exécutif et du judiciaire, notre modernité démocratique a ajouté une autre séparation des pouvoirs : entre l'État et l'information. L'indépendance de la presse est une valeur essentielle pour tous les journalistes politiques, le fondement de leur identité professionnelle, et ils ne manquent pas de parler avec mépris de ceux de leurs collègues qui leur semblent inféodés à un parti ou un homme. Faire pression sur un journaliste pour lui extorquer un article, c'est commettre plus qu'une indélicatesse : c'est le remettre en cause en tant que membre de sa profession.

> « On a le désir d'être reconnu comme un *bon* journaliste, c'est-à-dire comme quelqu'un d'indépendant, qui résiste aux pressions et aux influences. On ne veut surtout pas être réduits au rôle de "transcripteur de discours". Cela, ce serait la négation de notre métier. »

> « Ce qui m'énerve le plus, c'est la pression que certains exercent pour que l'on parle d'eux. C'est vraiment horrible, ce côté Caliméro gémissant et perpétuellement insatisfait. X est comme ça ; elle nous téléphone : "Vous n'êtes pas sympas, ce que vous avez écrit est injuste, etc." Mais on n'est pas là pour être sympa ! Il faudrait qu'ils comprennent ça ! »

Bien sûr, cette indépendance n'est pas un donné mais un processus. Les journalistes vivent plongés dans un univers de partis et de cabinets qui cherchent à les séduire, les influencer. Préserver sa liberté critique dans cet univers suppose d'abord d'appartenir à un organe suffisamment fort, d'être chapeauté par des responsables courageux, prêts à résister aux pressions, et de bénéficier d'une relative sécurité d'emploi ; cela suppose ensuite une vigilance permanente, une éthique du métier et enfin le sacrifice de certains bénéfices secondaires tels que restaurants, voyages de complaisance, invitations diverses, voire, à la RTBF, le sacrifice de certaines promotions.

Les journalistes ne se font guère d'illusions : ils savent qu'aucune information n'est gratuite et qu'une communication politique s'inscrit toujours dans un projet d'influence. Ils voient les ministres s'entourer de professionnels, de plus en plus souvent recrutés dans leurs propres rangs. C'est ainsi qu'ils valorisent une sorte de « devoir de méfiance et d'incrédulité » qui peut les conduire à une lecture cynique de la communication politique.

> «La relation entre le journaliste et l'homme politique est nécessairement teintée de méfiance. Nous devons partir de l'idée que le message est suspect. Que celui qui l'a émis poursuit un intérêt. Si le message paraît bon et judicieux, on doit se demander ce que ça cache ? Il n'y a pas de relation gratuite. Et c'est bien ainsi. Il ne faut surtout pas que les familiarités dégénèrent et deviennent des amitiés, sans quoi on est coincé. À la base d'une information politique, il y a toujours quelqu'un qui a un intérêt.»

C'est aussi la raison pour laquelle les journalistes établissent une séparation nette, radicale, entre eux et les attachés de presse qui sont, rappellent-ils, à la solde des ministres. Toute identité commence par l'établissement d'une frontière ; celle des journalistes politiques s'exprime notamment par cette démarcation. À leurs yeux, les attachés de presse qui peuplent les cabinets, même s'ils ont le diplôme, *ne sont pas des journalistes,* ce sont au mieux des agents de relation publique, au pire des larbins – et le pire, à leurs yeux, est fréquent. Si les journalistes conservent en général de l'estime pour ceux de leurs collègues qui sont passés dans l'autre camp, pour les autres, en revanche, les commentaires oscillent entre la pitié et le mépris. La plupart, disent-ils, sont de jeunes universitaires affligeants d'amateurisme, qui compliquent les choses au lieu de les faciliter. Ils se mettent dans la tête – et on leur met dans la tête – qu'ils sont là pour que l'on parle à tout prix de leur ministre, ils subissent des pressions invraisemblables et finissent par nous harceler en vain. Beaucoup sont honteusement maltraités, réduits à un rôle de porte-serviette, souvent humiliés par leur ministre. Cela nous fait mal de voir cela, c'est une fonction vraiment détestable. Ils sont supposés vendre leur ministre, et comme ce dernier n'est *jamais* médiatisé autant qu'il en rêve, comme de plus certains ministres sont proprement invendables, ces attachés *sont condamnés à échouer ;* inévitablement, il se trouvera des gens pour leur en attribuer la responsabilité ; eux-mêmes vivront douloureusement leur impuissance.

> « Le ministre X, par exemple, avait un très mauvais attaché de presse : un jeune type qui n'était pas fait pour ce métier, complètement manipulé par son ministre, un vrai pantin sans aucun fond. Et le ministre l'obligeait à partir à la pêche aux interviews : ça nous irritait tous. Moi, c'est simple, si j'ai deux fois par semaine au bout du fil un attaché qui me demande de publier quelque chose, il peut courir ! »

De l'idéal d'indépendance à la réalité, il y a cependant plus qu'une fissure. Je n'entends pas évoquer ici les pressions explicites (chantages, menaces) qui peuvent s'exercer sur les rédactions ; je songe à des processus plus diffus, moins immédiatement tangibles, et par suite quelquefois plus puissants. J'en évoquerai brièvement deux : a) les « cadeaux » ; b) la dépendance aux primeurs et aux scoops.

Les « cadeaux »

> « Il y a une caractéristique honteuse de la presse belge : elle est achetée. Normalement, c'est le journaliste qui devrait vous inviter à déjeuner. En Belgique, si vous ne payez pas, vous n'aurez pas un bon article. Ou alors vous devez leur offrir un voyage en avion, tous frais payés, avec même une enveloppe contenant une indemnité de séjour. Et si vous ne faites pas cela, personne ne dira rien de votre voyage alors que le citoyen a le droit d'être informé. Je trouve cette situation scandaleuse. »

Ainsi s'exprime un haut responsable politique qui insiste pour ne pas être nommé, épinglant un problème embarrassant pour les journalistes. De fait, les journalistes sont fréquemment invités au restaurant ou conviés à accompagner le ministre, tous frais payés, dans ses déplacements à l'étranger, et dès lors tacitement soumis à un devoir de réciprocité sous la forme d'articles et de reportages. La pratique est institutionnalisée et pourtant fort coûteuse. L'ingénu insistera sur la nécessité de tenir le citoyen informé de la présence internationale de ses dirigeants, le cynique parlera d'une méthode efficace pour s'acheter une couverture médiatique avec l'argent public ; les deux détiendront sans doute une part de vérité. Mais comment les journalistes s'accommodent-ils de ce qui s'apparente à une forme de limitation de leur indépendance ?

Plutôt mal. La plupart reconnaissent le problème, mais avouent leur perplexité quant à l'attitude à adopter.

> « Beaucoup de journalistes haïssent ce système essentiellement pratiqué par les ministres et quelquefois les présidents de parti. Nous ressentons un malaise évident. »

> « Effectivement, les journalistes sont achetés. Je ne dis pas qu'ils sont soudoyés ou corrompus, tout cela se fait très élégamment. Je déteste ce genre de voyages. »

> « Moi, je ne me sens pas bien dans ces voyages. Je n'aime pas trop ça. De même quand je me fais inviter dans un bon restaurant. J'y vais parce que je n'ai pas le choix, mais j'éprouve un malaise par rapport aux citoyens dont on dépense l'argent. J'ai l'impression de profiter. Je me souviens d'avoir accompagné un ministre en Afrique et j'ai calculé que le coût du voyage équivalait presque à l'aide qu'il apportait à un dispensaire africain ! »

Bien sûr, chacun veille à sauver les apparences. Nul ministre ne s'aviserait de conditionner *explicitement* son invitation à l'octroi d'une couverture médiatique. On n'a pas affaire ici à un contrat ou une forme de marchandage, mais plus subtilement à un *don*, générateur tacite d'un devoir de réciprocité. En théorie, les journalistes pourraient s'abstenir. En pratique, il est n'est pas toujours facile de s'affranchir de la norme de réciprocité.

« Offrir un voyage à un journaliste, c'est littéralement s'offrir un ou plusieurs articles. Moralement, il est difficile d'imaginer de participer à un voyage et de ne rien écrire du tout. Ni vis-à-vis du journal qui vous envoie ni vis-à-vis du ministre que vous accompagnez. Il y a une sorte d'obligation morale. »

« C'est vrai qu'on est quand même obligé de faire un petit papier. Ça m'arrive de renâcler. Un jour, un ministre agacé m'a demandé : "Où faut-il donc que je vous emmène pour que vous écriviez un article sur moi ?!" Vous imaginez ! »

Évoquant l'ascension médiatique d'un grand format de la politique belge, un journaliste explique :

« C'est clair qu'il utilise massivement le système des voyages payés. Mais il est aussi passé expert en petits cadeaux. Plusieurs fois, les journalistes sont sortis de sa remise de bons vœux avec un cadeau : une fois, c'était un panier de produits du Périgord, une autre fois la petite valise du parfait jardinier. Et le plus remarquable, c'est que les journalistes acceptent sans ciller, ils s'en amusent, ils jouent le jeu. »

Lorsque le Premier ministre, en tenue décontractée, convie les journalistes de la presse européenne à une dégustation de vins italiens dans une brasserie gantoise et qu'il en profite pour évoquer sa vision de la construction européenne, il réalise un investissement de relation. L'art consommé consiste ici à faire don de plaisirs de table, d'ambiance et, mieux encore, à faire don de soi, de son temps, de sa bonne humeur, de ses réflexions, en prenant bien soin de n'exprimer aucune attente de réciprocité. Il n'est sans doute pas d'exemple de percée médiatique en politique qui ne repose en quelque mesure sur ce genre d'investissements de relation – sans qu'il faille en exagérer l'importance : la condition est peut-être nécessaire, mais elle n'est assurément pas suffisante !

La dépendance aux informations exclusives

Mais la source de dépendance la plus déterminante pour les journalistes est assurément leur quête incessante d'informations exclusives. C'est elle qui les conduit à entretenir des réseaux étendus de relations personnalisées avec le monde politique, qui les entraîne parfois dans des formes ambiguës de copinage et les oblige à multiplier les contre-dons au profit des fournisseurs d'information. Le grand public se figure parfois que les journalistes doivent *arracher* de haute lutte leurs primeurs et leurs scoops au monde hermétique des décideurs. En réalité, le plus souvent, ils les *échangent* dans un vaste marché de fuites organisées auquel participent *tous* les partis et à peu près *tous* les responsables politiques, les journalistes de la presse écrite étant vraisemblablement des opérateurs plus actifs que leurs collègues de l'audiovisuel sur ce marché, dans la mesure où ils doivent couvrir un spectre beaucoup plus large de l'actualité.

On se trouve ici à mi-chemin entre l'échange contractuel pur et simple, lequel impose une contrepartie explicite, et le don qui se borne à faire naître une attente de gratitude et une norme de réciprocité. Il est très rare qu'un ministre – ou son attaché de presse – dise au journaliste : « je te donne cette information et tu me fais un article en troisième page avec photo. » En foulant ainsi du pied l'image d'indépendance du journaliste, il commettrait une indélicatesse et ne manquerait pas d'affecter sa relation à long terme avec ledit journaliste et sans doute avec certains de ses collègues. Mieux vaut donc sauver les apparences. Et même s'il n'encourt aucun reproche, le journaliste qui néglige trop souvent de renvoyer l'ascenseur sera taxé d'ingrat et risque d'être progressivement écarté des échanges, c'est-à-dire privé d'un capital essentiel dans son milieu. Ainsi le monde politique fait-il sienne cette proposition pessimiste de l'anthropologue Mary Douglas[67]: *il n'y a pas de don gratuit.* La Rochefoucauld voyait dans l'empressement de retourner une faveur une forme d'ingratitude, en cela qu'il brise la beauté du geste, éveillant le soupçon d'un échange intéressé ; les politiques ne s'encombrent pas de telles élégances ! Dixit un journaliste :

> « On se trouve dans un jeu de dépendance mutuelle extrêmement vicieux. On ne traitera jamais une primeur de la même façon qu'une information fournie à toute la presse. Celui qui le fait sera d'ailleurs vite puni. Il est très difficile de résister à un homme politique qui vous réserve une primeur. On se sent obligé de faire un article, de surdimensionner l'information. C'est à peu près inévitable. »

De l'avis même de nombreux journalistes, les politiques les plus médiatisés sont aussi ceux qui excellent dans cette pratique du don « désintéressé » dans le cadre de relations personnalisées – le don ayant précisément pour fonction de personnaliser la relation. Toutefois, cette stratégie n'est pas à la portée de tous ; elle suppose d'avoir suffisamment de matière – et d'imagination – pour alimenter un vaste réseau de journalistes et partant un large éventail de médias, suffisamment de tact pour ne blesser personne, suffisamment d'honnêteté pour influencer sans manipuler et suffisamment de talent pour manipuler sans trop irriter.

Il existe donc une prime à l'indiscrétion dans le monde politique, une prime à peu près irrésistible. On pourrait y voir

---

67. M. DOUGLAS, *Comment pensent les institutions ?* Paris, La Découverte / M.A.U.S.S., 1999.

l'indice d'une démocratie saine et vigoureuse, gage de transparence et de contrôle permanent du pouvoir. Je ne partage pas cet optimisme : une primeur n'est rien qu'une information divulguée vingt-quatre heures avant les concurrents ; avec ou sans contre-don, elle accédera à l'espace public ; il en va de même pour la plupart des scoops pour la simple raison que les informateurs ont intérêt à divulguer l'information.

Pour l'essentiel, le marché des fuites est une nuisance. Il détourne les journalistes de l'analyse critique au profit d'une quête incessante, excitante mais dérisoire ; il les condamne à des relations incestueuses avec le pouvoir et réduit leur indépendance ; il les précipite dans une compétition malsaine ; il leste toute relation au politique d'une suspicion d'intérêt ; il altère enfin l'image que les journalistes ont de leur propre métier.

> « On fait sans cesse des acrobaties entre le journalisme éthique et le journalisme un peu marron, un peu vendu. J'en suis conscient mais je ne vois pas comment agir autrement. Plus le marché sera concurrentiel, plus nous verserons dans cette médiocrité. »

> « Il faudrait peut-être que les grands quotidiens s'allient entre eux pour forcer les hommes politiques à sortir de ce système de primeurs. Les interviews de rentrée, par exemple, sont dangereuses à maints égards. Ça engendre une dispersion, une confusion générale qui finit par être nuisible parce qu'elle ne contribue en rien au débat politique. »

Et que dire alors dans le monde politique ! L'indiscrétion pollue en profondeur les processus de décision et la vie politique en général. Elle va parfois jusqu'à scandaliser les journalistes mêmes qui en tirent bénéfice. Elle contribue à saper les bases de confiance nécessaires à la négociation et à la décision collectives, elle paralyse ou retarde des accords et elle engendre cynisme et résignation, instillant la médiocrité des petits calculs médiatiques jusqu'au cœur des plus grandes causes (ainsi les fuites durant les travaux de la commission parlementaire relative à l'affaire Dutroux). Témoignages d'acteurs politiques:

> « Je ne crois plus aux promesses. Tout se sait en politique. Tout finit toujours par sortir dans la presse. Il ne faut jamais baisser sa garde. »

> « Je crois qu'on était bien partis dans cette négociation. Mais peu à peu, on s'est rendu compte que si certains tenaient leurs engagements, d'autres au contraire trouvaient toujours une bonne raison pour ne pas les tenir. Les fuites se répétaient, on se doutait bien d'où elles provenaient, donc la confiance a dégringolé. X, en particulier, pensait toujours à la manière de rouler tout le monde, c'était très fatigant. »

On voit des ministres dissimuler leurs projets à leur propre président de parti par peur de se faire doubler. On distribue en réunion ministérielle des rapports individualisés au moyen de marques discrètes afin de repérer les mouchards. Des avant-projets sont divulgués avant même qu'ils aient été soumis aux partenaires ou aux experts, au risque de susciter des attentes irréalistes parmi la population, au risque aussi de brouiller la distinction entre une idée qu'on lance, un ballon d'essai, une proposition qu'on s'apprête à soumettre aux partenaires, un projet en négociation, une décision gouvernementale, au risque enfin de renforcer le discrédit qui pèse déjà sur la parole des gouvernants. Ce que le Premier ministre de la coalition arc-en-ciel appelle une « nouvelle approche de la communication », en l'opposant aux pratiques en usage du temps des gouvernements Dehaene, s'apparente plutôt à l'ouverture débridée du grand marché des effets d'annonce et des primeurs. Il n'est pas prouvé que les processus de décision s'en trouvent améliorés.

Sous couleur d'une « nouvelle culture de débat », on voit ainsi trois ministres fédéraux présenter leur plan à la presse au début de l'automne 2000, l'un sur la fiscalité, le deuxième sur l'emploi et le troisième sur la mobilité, afin de se positionner dans la perspective des élections communales mais aussi en prévision des arbitrages budgétaires. Des marges nouvelles se profilent en effet à la faveur de la croissance retrouvée et de la restauration des équilibres macroéconomiques (ce qu'on a appelé la « cagnotte »). Passé un moment d'hésitation, les autres acteurs s'ébrouent et se répandent à leur tour, qui avec l'idée d'un fonds pour les pensions, qui avec l'idée d'un chèque-mazout, etc. La mécanique est lancée. Évoquant cette fuite en avant médiatique, le président du parti socialiste reconnaît : « J'ai eu du mal à m'y faire, les premiers temps. Je me suis rendu compte que si je ne le faisais pas, j'étais à côté de la plaque[68]. » Et le vice-Premier ministre SP, tout aussi résigné : « Vous croyez sincèrement que les fuites n'auront pas lieu ? Nous ne sommes plus au temps du père Eyskens qui lançait aux journalistes à la sortie du Conseil : *No comment !*[69] »

Rapidement, on atteint l'équivalent de 350 milliards de francs d'exigences nouvelles alors que les marges budgétaires *hypothétiques* – et qui seront nettement revues à la baisse – n'atteignent pas 130 milliards étalés sur quatre ans ! Cette surenchère déclenche logiquement une flambée de revendications sociales, des manifestations et même des grèves, notamment celle des conducteurs de bus wallons ; on reparle avec plus d'insistance du refinancement de la Communauté française. Inquiets de cette soudaine explosion des attentes, alors que la Belgique n'a même pas encore atteint l'équilibre budgétaire, des économistes en

---

68. *Le Soir,* 14 septembre 2000.
69. *Le Soir,* 11 septembre 2000.

appellent à la prudence. En quelques mois, la « nouvelle culture de débat » a déjà montré ses limites. Et beaucoup se posent la question : à quoi bon cet étalage débridé avant même d'avoir opéré ne fût-ce que les grands arbitrages budgétaires ? Cette dispersion médiatique n'est-elle pas plutôt le signe d'une *carence* de la « culture de débat » *au sein* du gouvernement ? Avons-nous affaire ici à un changement délibéré, pleinement assumé, de la stratégie de communication ou davantage à un phénomène d'entropie médiatique que le Premier ministre se sent incapable de contenir et qu'il choisit de rebaptiser plus noblement. « Puisque ces mystères nous dépassent, feignons d'en être l'organisateur » disait Jean Cocteau...

Je le répète, la pression à l'indiscrétion qui s'exerce sur les acteurs politiques est proprement irrésistible. La régulation, si elle survient jamais, viendra des journalistes eux-mêmes. La ressource médiatique a pris une place trop importante dans la carrière politique pour que quiconque la sacrifie au nom d'une éthique de l'information. Chacun se dit : « si je ne sors pas l'information, c'est un autre qui le fera et en retirera les fruits. » Il est significatif à cet égard que les écologistes, tout animés qu'ils soient de faire la politique « autrement », se soient inscrits dans les jeux médiatiques avec autant de savoir-faire, d'âpreté et même de frénésie que les partis traditionnels. L'effet de champ est trop puissant : le changement ne viendra *pas* de la classe politique.

Le devoir d'impertinence

Dans le droit fil de l'indépendance, l'*impertinence* est une autre valeur essentielle du journalisme politique. La légitimité du journaliste passe naturellement par une forme d'irrespect. Régis Debray décrit avec humour cet « idéal du moi » des petits contre les gros, cette imagerie des rebelles à qui on ne la fait pas, qui font triompher la vérité contre le mensonge, qui affrontent les puissants à la seule force de leur plume – eux-mêmes étant faibles par définition – sans épargner personne, quelle que soit sa couleur politique, son idéologie ou l'ingénuité de son sourire.

Cette imagerie, remarquons-le, est d'autant plus puissante qu'elle réagit elle-même à l'antipolitisme ambiant qui pèse sur les journalistes comme sur les politiques. Il est toujours périlleux de prendre la défense d'un bouc émissaire. Constamment soupçonnés de faire le jeu du pouvoir, les journalistes n'ont d'autre choix que de frapper plus durement les maîtres pour prouver qu'ils ne les servent pas. Le jour n'est pas loin où le véritable courage consistera à *défendre* certains décideurs...

> «L'arme de la dureté, on est obligé de la manier pour montrer notre indépendance. D'abord, on met les rieurs de son côté et ce n'est jamais mauvais. Ensuite, on démontre qu'on est indépendant et cela est nécessaire. Nous sommes conscients de la méfiance grandissante du public à notre égard. Certains se figurent que notre journal est une sorte de service public. L'autre jour, un type voulait absolument que je publie une information selon laquelle un ministre avait loué une voiture pour suivre le Tour de Wallonie. J'ai tout essayé, je ne suis pas parvenu à recouper l'information. Donc, j'ai décidé de ne pas publier. Alors le type râlait : "Vous voyez, vous faites le jeu du pouvoir !"»

On chercherait en vain un journaliste politique qui ne soit sincèrement attaché à ce devoir d'impertinence, qui ne s'ingénie à en glisser l'une ou l'autre preuve dans ses articles pour afficher son indépendance. On chercherait sans doute aussi en vain un journaliste dont ce devoir d'impertinence ne présente quelque «géométrie variable», ne trouve à s'appliquer plus régulièrement, plus férocement sur certaines personnalités que sur d'autres – le grand art consistant à contredire de temps à autre les attentes pour déjouer les soupçons. Et l'on chercherait sans doute en vain un journaliste qui soit tout à fait au clair sur les *limites* de l'impertinence : jusqu'où peut-on aller ? Quelle barre ne pas franchir ? Au-delà de quel seuil l'impertinence devient-elle acharnement ? Quand cesse-t-elle d'être une saine prophylaxie et devient-elle un prétexte commode pour touiller l'air de rien dans le bas-fond des ressentiments populaires ? Ces questions, beaucoup de journalistes se les posent bel et bien, mais individuellement.

> « Chaque journaliste doit fixer la barre lui-même, il n'y a pas vraiment de politique rédactionnelle. C'est plutôt un réflexe général. »

La plupart nient qu'ils puissent tomber dans la méchanceté ; ils préfèrent parler de *dureté*. Dans le métier, on ne dira pas « ton article était méchant » mais « ton article était dur » (ou « drôle » ou « impitoyable ») – et cela en manière de compliment, non de reproche. La dureté connote la distance et l'objectivité, la méchanceté évoque un désir de faire mal, une prévention indigne du journaliste (la même norme s'observe chez les enseignants).

Mais comment distinguer la dureté de la méchanceté ? Il existe une règle partagée par l'essentiel de la profession : le respect de la vie privée. On ne s'attaque qu'à l'homme public.

> « La balise absolue, la ligne rouge pour toute la presse : nous ne mettons jamais le doigt sur la vie privée ou les caractéristiques physiques de la personne. On s'interroge sur ce qu'ils font et sur ce qu'ils sont en tant qu'hommes publics. Mais à l'intérieur de cette balise, tous les degrés de férocité sont permis. »

> « J'essaie de ne m'en prendre qu'aux actes et aux discours, non pas aux personnes elles-mêmes. En tout cas, je ne m'attaque pas à la vie privée. Par exemple, un type qu'on sait poivrot vient d'accéder à un mandat politique important. Je ne l'ai pas écrit, j'ai tourné les phrases de façon à

le suggérer en parlant d'un "bon vivant". En politique, les problèmes d'alcoolisme sont fréquents. Et les initiés peuvent me lire entre les lignes. »

Ainsi justifiée par la séparation des sphères publique et privée, immunisée contre les soupçons de méchanceté, la dureté devient la règle du jeu, la loi naturelle du milieu.

« Quand un homme s'expose dans une fonction publique, le contrat est clair et il doit l'accepter. Il sait à quoi s'attendre. »

J'ai évoqué plus haut la prégnance de la force et de l'assurance dans le monde politique. Nous voyons maintenant cette norme non seulement partagée, mais confortée par les journalistes : l'homme politique qui flanche sous les coups médiatiques ne mérite pas le respect, au contraire de celui qui encaisse sans vaciller. Ce témoignage est exemplatif :

« J'avais fait un portrait assassin du ministre X. Là, je reconnais que c'était méchant. Le cabinet a d'ailleurs fait savoir que le ministre était estomaqué. Eh bien, deux jours plus tard, il m'a reçu pour autre chose et il n'a même pas fait allusion à mon article. En sortant de son bureau, je me suis dit : "Ce type a du coffre." Pourtant il a dû me détester ! Mais il n'en a rien laissé paraître. C'est comme ça qu'un début de considération peut s'installer. Je trouve qu'il a joué un coup de maître. Il faut être très fort pour parler tranquillement à celui qui vous a démoli dans la presse. »

Il fait honneur à la presse belge qu'elle continue *en gros* à respecter la vie privée des hommes politiques. Pour autant, l'affaire est-elle réglée du moment qu'on réserve ses flèches à l'homme public ? Qui n'aperçoit la fragilité d'une pareille justification ? Croit-on que les tomates qui atteignent un comédien en train de jouer Hamlet n'atteignent que Hamlet ? La séparation de la sphère publique et de la sphère privée sert parfois à s'épargner des scrupules. Certains journalistes en ont bien conscience.

> «Au début, j'avais tendance à me dire : les mots, ça passe, ce ne sont que des mots. On peut y aller ! J'étais très fière de mes coups quand je tapais fort. Et puis, j'ai fait un portrait pour le moins… acide de X, il en a fait un drame et il en pleurait. Littéralement. Nous avons mangé ensemble après et nous avons aplani le problème, mais je me suis rendu compte à quel point les hommes publics peuvent être sensibles et vulnérables. Je me suis rendu compte que je n'attaquais pas seulement des personnages publics mais des personnes. Donc, je suis devenue plus prudente. Je fais plus attention.»

L'émergence des objets médiatiques

Je viens de caractériser à grands traits le monde des journalistes politiques : aspiration à l'égalité, devoir d'impertinence, contrainte de l'urgence, dépendance au sensationnel, etc… Le monde des médias possède ses règles propres et l'acteur politique qui veut le percer n'a d'autre choix que de s'y adapter.

Mais, ce n'est pas tout. Dans leurs stratégies de communication, les hommes politiques doivent également s'adapter aux grands mouvements d'émergence et d'usure des *objets médiatiques*, à ces marées informationnelles largement imprévisibles qui déposent sur les plages publiques de nouveaux objets de curiosité, lesquels accaparent l'attention pour un temps, avant d'être remplacés par d'autres encore – sans jamais finir. J'appelle *média-politiques* les pratiques qui viennent se greffer sur ces objets médiatiques qui ne cessent d'apparaître et de disparaître[69]. De

---

69. J'emprunte le terme à R.-G. Schwartzenberg, *L'État-Spectacle*, Paris, Flammarion, 1977.

fait, si l'acteur politique doit chercher sans cesse à promouvoir ses projets et ses réalisations, il est confronté aujourd'hui à un défi bien plus exigeant : celui de scruter les grands déplacements de l'attention médiatique, d'en pressentir l'emballement, et de placer son propre discours dans le sens des vagues et des vents, s'y appuyant pour progresser lui-même et donner force à ses idées. Car telle est bien la condition de possibilité d'une action politique : celle-ci ne consiste pas seulement à défendre ses idées sur la place publique, mais plus fondamentalement à rassembler des groupes, cimenter des rapports de force autour de ces idées afin de leur procurer la force sociale sans laquelle elles reste-ront ce qu'elles sont : de simples idées. Or, cette force sociale dépend, aujourd'hui plus que jamais, des médias. L'actualité, si l'on entend par là l'ensemble versatile des objets médiatiques, recèle des opportunités infinies de positionnement et ce n'est pas pour rien que la plupart des responsables politiques vivent en état perpétuel de connexion, toujours prêts à réagir.

Et qu'est-ce qu'un « objet médiatique » ? En gros, un complexe de récits, d'images, d'émotions, de jugements qui constituent un « événement » ou un « problème public » : une Coupe du monde, la mort d'un roi, une affaire de pédophilie, les pratiques adul-tères d'un président, la chute d'un Concorde, un projet de loi légalisant le mariage des homosexuels ou l'euthanasie, un scan-dale financier, la fermeture d'une usine, la montée de l'insécu-rité, une inondation, un mariage princier, une épidémie de fièvre aphteuse, un meurtre odieux, une affaire de dopage, un grave accident du rail, un massacre en Afrique, Loft Story, les atten-tats du 11 septembre, la faillite de la Sabena, le passage de Le Pen au second tour... Les médias construisent ces objets qui font brusquement irruption dans nos vies, deviennent des foyers d'attention et contraignent les politiques à se positionner. Ceux-ci n'ont pas le choix, ils ne peuvent ignorer ces palpitations sous peine de rester sur la touche. Quelquefois, les événements évoqués sont carrément fictifs. Ainsi du « syndrome des

Balkans », cette mystérieuse épidémie dont semblaient souffrir les vétérans au retour des zones de combat. Dès sa naissance, l'hypothèse est accueillie avec scepticisme par les spécialistes, elle s'incruste pourtant dans la presse, prend les dimensions d'un secret plus ou moins occulté, finit par semer l'inquiétude chez les soldats et leur famille. Plus question pour le ministre de la Défense de traiter cette rumeur par un haussement d'épaules ; mieux vaut feindre de prendre les choses au sérieux. Une vaste étude épidémiologique confirme ce que l'on savait déjà : le syndrome des Balkans n'existe pas, ce qui n'empêche pas le ministre Flahaut d'annoncer toute une série de mesures...

Les objets médiatiques sont *socialement construits*, je veux dire qu'ils ne sont pas seulement logés dans la tête de chaque individu mais partagés collectivement : chacun peut y faire référence et exprimer sa position en supposant que les autres sont au courant. Ces objets alimentent les conversations, acquièrent une qualité d'*emprise* et une *résistance* : on en parle un peu partout, chacun est tenu d'avoir un avis sur la question d'apporter son éclairage, sous peine de rester à l'écart des conversations.

Un objet médiatique se charge d'une sorte de supplément d'existence : installé dans l'espace public, il devient plus officiel, plus réel ; nul ne peut désormais l'ignorer. Beaucoup de gens avaient connaissance du financement occulte des partis en Belgique, des amitiés équivoques de certains membres de la Volksunie avec les mouvements d'anciens collaborateurs ou des méandres de la vie de couple d'Albert et Paola ; il reste qu'une fois publiées, ces informations reçoivent une sorte de certificat et appellent un débat public. Dans les sphères dirigeantes du parti socialiste, personne n'ignorait les sympathies ridicules de Willy Burgeon pour le régime nord-coréen. Pourtant, une fois étalées sur le petit écran, on eût dit que le parti en refaisait la découverte, qu'il prenait connaissance de ce qu'il savait déjà. Il y a plus ici que de l'hypocrisie. Une sanction qui, pour les *mêmes* motifs, eût frappé l'ex-président du Parlement wallon *avant* l'émission eût vraisemblablement été mal reçue ; qui sait ? des voix se seraient élevées contre l'autoritarisme du président.

C'est un trait fascinant de notre société médiatique : ce qui n'est pas dit dans les médias n'existe pas véritablement. Un autre exemple encore, tout aussi édifiant : la fausse loi du silence qui a précédé la conclusion des accords qui ont permis le refinancement de la Communauté française. L'impasse budgétaire dans laquelle se trouvait la Communauté était connue de tous, et depuis des années. Pas un responsable politique qui ne reconnût en privé le besoin inéluctable d'un tel refinancement. Et pas un qui ne se fît beaucoup d'illusions sur les concessions douloureuses qu'il faudrait faire aux partenaires flamands. Pourtant, dans la période qui a précédé la négociation, les responsables francophones affectèrent le profil stoïque du non-demandeur malgré les exhortations qui venaient de tous côtés. Officiellement, il s'agissait d'éviter d'affaiblir les francophones dans une négociation par trop déséquilibrée. Le motif paraît puéril : d'une part, les Flamands n'ignoraient rien de la dépendance des francophones à leur égard, d'autre part, en justifiant *publiquement* leur silence par la crainte d'arriver en position de faiblesse à la négociation, les francophones *reconnaissaient publiquement cette faiblesse.* Chacun connaissait la situation et les exigences de l'autre. Malgré tout, ce qui n'est pas reconnu publiquement dans les médias n'existe pas encore pleinement : chacun feignait d'ignorer l'inévitable issue de cet entre-deux au risque de n'abuser plus personne. L'événement détonateur survient lorsque, rompant la loi du silence, Pierre Hazette (PRL), ministre de l'Enseignement secondaire, immédiatement imité par son *alter ego* de l'enseignement primaire, Jean-Marc Nollet (Ecolo), réclament officiellement le refinancement de la Communauté au grand soulagement des organisations syndicales. La réaction de ces dernières est significative : une parole autorisée s'est exprimée publiquement, le processus devient donc inéluctable, la pression sur les politiques va pouvoir s'amplifier. Jacques Giot, leader de la CGSP-enseignement, s'exprime avec pertinence dans la presse :

> « Ce qui a été psychologiquement important c'est que, pour la première fois, les enseignants sont confortés dans leur analyse budgétaire par le pouvoir, par "leurs" ministres. Le refinancement n'est plus un fantasme. Ce n'est plus le syndicat qui cherche un motif pour mobiliser. C'est une réalité. Le fait que le ministre le reconnaisse, c'est une sorte de *brevet officiel de réalité*[15]. »

La réaction des partenaires politiques à ce « délit médiatique » est exceptionnellement vive : le ministre Hazette se voit sèchement rappelé à l'ordre par son président de parti et son collègue ministre-président, et durement critiqué par le ministre du Budget (PS) et le président du parti socialiste – et tout cela largement étalé dans la presse. On va jusqu'à parler d'une éjection, faisant naître l'image d'un ministre martyr de la cause des enseignants et déclenchant un mouvement de solidarité parmi les journalistes, lequel rend à peu près impossible de « débarquer » l'intéressé.

En disant tout haut ce que tout le monde répétait tout bas, expliquent ses pourfendeurs, Pierre Hazette aurait soudain placé les francophones en position de quémandeurs, donc en situation d'infériorité. Bien sûr, cet argument est peu fondé : une posture virile ne remplace pas un glaive ; c'est la réalité des rapports de dépendance, non la publication de quelques phrases dans un journal, qui explique la position d'infériorité des francophones, même s'il est vrai qu'en réclamant publiquement un refinancement, le ministre confortait les organisations syndicales et contribuait à renforcer la pression sur les partis. Les francophones se savaient condamnés à s'asseoir tôt ou tard à la table de négociation avec un couteau dans le dos ; ce couteau,

---

69. *Le Soir*, 9 février 2000.

Pierre Hazette aura tout au plus contribué à l'aiguiser. Mais cela n'explique pas tout. À mon sens, un faisceau de raisons plus subtiles motivait ce courroux si largement étalé dans la presse, et ces raisons concernaient toutes les stratégies d'image des ministres et des partis. Premièrement, il entrait dans cette colère plus qu'un zeste de jalousie : les journalistes s'empressaient d'ouvrir leurs colonnes au fauteur de troubles, lui apportaient ouvertement leur soutien ; sa photo s'imprimait çà et là : rien qui soit plus difficile à supporter pour les collègues et concurrents du ministre ! Deuxièmement, dès l'instant où Pierre Hazette avait rompu une lance en faveur du refinancement, ses partenaires, par contraste, risquaient de se trouver en porte-à-faux de l'opinion. Le PS, en particulier, n'appréciait guère de voir un ministre PRL mobiliser en sa faveur un courant de sympathie dans un secteur où il comptait tant d'électeurs ; il ne pouvait se permettre de paraître insensible au sort des enseignants et se trouvait donc obligé d'emboîter le pas. Troisièmement, les hommes politiques, on l'a vu, sont attachés à l'*image* de leur propre force plus encore qu'à cette force même ; sauver la face est le leitmotiv de leur vie publique. La négociation avec les Flamands était inscrite dans les astres, et avec elle les énormes concessions que les partis francophones devraient accepter et qu'ils avaient pourtant exclues en chœur durant la campagne électorale ; il s'agissait donc de sauver les apparences et la sortie de Pierre Hazette risquait de leur compliquer la tâche. Enfin se profilait en germe un mécanisme de déflexion de la responsabilité : les francophones anticipaient ce qu'ils devraient lâcher aux Flamands ; mieux valait se protéger en désignant par avance, à titre conservatoire, le ministre Hazette comme bouc émissaire. Avec le recul du temps et après la conclusion des accords de la Saint-Polycarpe et de la Saint-Boniface, on mesure mieux la part prépondérante de stratégie médiatique qui entra dans ces polémiques assez vaines, mais significatives.

Une propension au soupçon nous porte à croire que les objets médiatiques, dans la sphère politique, sont plus ou moins délibérément construits par les décideurs et/ou les journalistes. La médiapolitique est moins contrôlée et moins contrôlable qu'on ne l'imagine. Les objets *émergent* d'un ensemble complexe d'actions et de réactions, d'échos et de résonances, sans qu'on puisse les déduire d'un dessein personnel. Assurément, il y a toujours quelqu'un, à l'origine qui allume la mèche, mais de nombreuses mèches sont allumées chaque jour dans les médias sans qu'elles mènent toutes à des barils de poudre. Une théorie du complot, ou son équivalent plus noble, une théorie fonctionnaliste ou critique qui rapporterait ces emballements médiatiques aux seules positions d'intérêt de certains groupes d'acteurs (un parti, un groupe de presse, une industrie, etc.), serait ici grossièrement incomplète. Réflexion de deux journalistes :

> « Je reconnais que nous sommes tous à nous épier, à réagir les uns aux autres, le serpent se mord constamment la queue. Le mimétisme est évident même si on essaie de lutter. Nous n'avons pas de critères explicites qui guident nos choix, une table de fréquence des sujets ou quelque chose comme ça. *Tout cela émerge constamment.* »

> « Je suis d'accord pour dire que les médias forment désormais un quatrième pouvoir. Mais je pense alors qu'il y en a un cinquième. Par exemple l'affaire Dutroux. Comment un crime finalement ordinaire a-t-il pu prendre une telle importance ? *Qui* est à l'origine des choses ? La presse ? Non. À la RTBF, nous avons résisté longtemps à le mettre en titre du journal. Il a fallu que RTL embraye pour qu'on soit obligé de suivre. Par la pression des auditeurs. Et à partir de là, ça fait boule de neige, ça devient une avalanche. (…) Qui déclenche quoi ? Ce qui est sûr, c'est que ce n'est plus jamais le politique qui mène le jeu. Plutôt… l'air du temps. »

Mais qu'est-ce que « l'air du temps » ? Quelle est cette force qui n'appartient en propre à nul atome de neige et qui fait pourtant l'avalanche ? Comment rendre compte de ces phénomènes complexes qui dépassent les journalistes eux-mêmes, lesquels sont entraînés dans un mouvement qu'ils contribuent à amplifier en ayant l'impression qu'ils se bornent à y réagir ? À l'évidence, il y faudrait une modélisation complexe qui prenne en compte les règles de comportement de chaque groupe d'acteurs et la nature et l'intensité des interactions pour en déduire les effets de propagation, les bifurcations et les états du système. Le concept clé, je l'ai suggéré, est celui d'*émergence* : le fait que la répétition d'interactions selon certaines règles peut engendrer des états du système qui n'ont été consciemment voulus par aucun acteur et que tous, néanmoins, ont contribué à engendrer. Pour se limiter à la seule sphère politique, le système est ici composé des interactions que nouent les médias entre eux, et des interactions entre ces médias et les fournisseurs et récepteurs d'information : le public, les acteurs politiques, mais aussi, selon les cas, les juges, les policiers, les victimes, etc.

L'impulsion première qui va déclencher une oscillation du système vient des journalistes qui ne cessent de balayer l'environnement à la recherche d'informations susceptibles de recueillir une audience. Souvent, elles leur sont transmises par des acteurs intéressés pour quelque motif à sensibiliser l'opinion. Une information est susceptible d'acquérir la valeur d'un objet médiatique lorsque, *mise en récit*, elle présente des qualités projectives : sa compréhension requiert peu d'effort, elle tranche sur l'ordinaire et apparaît par exemple comme la transgression d'une norme sociale ou d'une loi, elle suscite une émotion ; chacun peut se positionner, voire s'identifier à certains protagonistes qui traversent des *épreuves*.

Pour s'amplifier et creuser une sorte de *bassin d'attraction*, il faut en outre que cet événement promette des rebondissements et prenne les allures d'un feuilleton, soit parce que l'action suit son cours, soit parce que chaque jour apporte son lot de révélations, soit enfin parce que d'autres acteurs cherchent à se profiler et jettent de l'huile sur le feu, exigeant des sanctions, menaçant de démissionner, etc., toutes ces déclarations devenant elles-mêmes des événements médiatisables.

Devant cette pulsation de l'attention publique, les acteurs sont impuissants : une fois déclenchée, rien ne semble pouvoir l'arrêter sinon la logique de son propre cycle. Les politiques n'ont d'autre choix que de faire le gros dos ou, selon les cas, de chercher à surfer sur la vague. L'univers médiatique a cessé d'être une sorte d'excroissance de la politique, un grand miroir des affaires de la cité. Il est devenu imprévisible et effervescent, riche de menaces et d'opportunités, soumis à des oscillations qui font voler en éclat les meilleures stratégies de marketing politique. C'est un monde qu'il faut flairer en permanence, tout en multipliant les coups de sonde et les ballons d'essai. Pas un homme politique qui ne s'accorde là-dessus : c'est l'intuition plus que la raison qui conditionne les succès médiatiques. Un responsable politique :

> « Ce qui importe avant tout, c'est l'intuition. L'intuition de la situation, des émotions. Quand vous vous exprimez devant un public, par exemple, et que vous devinez ce qu'il attend et comment le message sera reçu. Les politiques cherchent toujours à deviner ce qui va se passer, ils se perdent en conjectures, essaient de devancer l'événement. On part d'intuitions spontanées qui sont ensuite travaillées, réfléchies. Donc, la réflexion joue un rôle, *mais c'est l'intuition qui prime, la logique et la rationalité n'ont aucune chance là-dedans, cela c'est une certitude.* Certains hommes politiques sont trop logiques, ils ne s'écartent pas assez de leurs raisonnements pour écouter leurs intuitions. Ceux-là n'atteindront pas les sommets. »

Mais pour quelles raisons le système médiatique présente-t-il des emballements plus fréquents et chaotiques que par le passé ? Fondamentalement, par l'action conjuguée de deux facteurs : l'intensification des interactions entre les acteurs et l'affaiblissement des régulations de type autoritaire. On peut schématiser le raisonnement comme suit :

1. La rôle central des médias fait que plus d'acteurs sont poussés à les alimenter pour promouvoir leurs intérêts (politiques, groupes de pression, juges, policiers, justiciables, etc.) en sorte que le système est exposé à un plus grand nombre d'impulsions.

2. Les pressions concurrentielles, on l'a vu, conduisent au mimétisme : les médias tendent à se copier les uns les autres, en sorte que les événements acquièrent très vite les dimensions d'une réalité englobante.

3. Confronté au même événement quelles que soient les fenêtres médiatiques qu'il ouvre, le public ne peut faire sans y prêter attention, y réagir. Un nouvel objet médiatique s'installe au cœur du monde vécu.

4. Selon le flux et le reflux de ses attentes, de ses anxiétés, de ses indignations, le public réagit plus ou moins bruyamment.

5. Concurrence oblige, les médias tendent à sur-réagir aux réactions de leur clientèle.

6. Le phénomène s'amplifie d'autant plus naturellement que la compétition entre les médias les pousse à surenchérir, à « faire mousser », en donnant la parole à de nouveaux témoins, en dévoilant certaines informations nouvelles, en pratiquant l'amalgame, en échafaudant des hypothèses, etc.

7. Par ailleurs, la compétition tout aussi féroce à laquelle se livrent les politiques pour s'approprier les couvertures médiatiques les oblige à réagir aux oscillations tantôt pour répondre aux accusations, tantôt pour faire entendre leur voix, marquer la différence et déstabiliser les adversaires, contribuant à entretenir ou à renforcer le phénomène.

8. Enfin, l'autonomie acquise par les médias dans nos démocraties fait qu'aucun pouvoir ne dispose du contrôle suffisant pour enrayer une oscillation une fois qu'elle a pris quelque ampleur.

On obtient donc toute une série de rétroactions positives qui ne peuvent que favoriser des phénomènes d' «avalanches» et le monde politique n'a d'autre choix que de s'habituer à vivre au rythme de ces poussées de fièvre dont rien n'annonce l'amoindrissement à l'avenir. Pour faire mieux comprendre ce genre de phénomènes, je m'aiderai d'une métaphore[70]. Imaginons le paysage médiatique à la façon d'une vaste étendue couverte d'une couche déformable, disons une immense bâche élastique recouvrant un plan d'eau. Le plus souvent, cette surface est plane, mais on trouve çà et là des creux et des pentes, la bâche s'enfonçant sous le poids de petits amas de pierres qui la parsèment. De plus, l'eau sous la bâche est animée de courants et de bouillonnements qui ont pour effet de modifier constamment le relief en surface.

Les pierres figurent les messages ; plus pesante une pierre, plus significative l'information. Les creux dans la bâche figurent les bassins d'attraction médiatiques : les dispositions de l'opinion qui font que l'annonce d'un rapt d'enfant, par exemple, a plus de chances de capter l'attention que la dévaluation du peso argentin. Les amas de pierres qui creusent un bassin représentent les objets médiatiques. Quant aux courants sous-marins qui modèlent la surface, ils évoquent les forces culturelles qui déterminent les grands déplacements de l'opinion publique.

Les producteurs d'information jettent en permanence des pierres sur cette surface inégale. Certaines tombent sur une pente et roulent dans un creux, contribuant à l'amplifier et

---

70. Je remercie Michel Theys pour m'avoir éclairé sur ces phénomènes fascinants.

accroissant de ce fait la probabilité que d'autres pierres encore viennent s'y amasser. L'objet médiatique se renforce de lui-même : plus le bassin est profond, plus les pierres sont attirées, et plus les pierres sont attirées, plus le bassin s'agrandit. Quant aux autres pierres, elles s'écrasent au contraire sur des surfaces planes qu'elles se contentent de creuser légèrement au point d'impact, laissant le paysage médiatique inchangé. À moins que d'autres pierres encore ne viennent à tomber au même endroit, creusant un nouveau bassin d'attraction : un nouveau foyer d'attention publique – ou qu'un bouillonnement sous-marin ne vienne modifier le paysage, creusant un nouveau bassin dans lequel dévalent et s'amassent soudainement quantité de pierres qui jonchaient la surface.

À quoi bon cette image ? À nous aider à dépasser les théories de la conspiration au profit d'une théorie de l'émergence. À elle seule, aucune pierre ne suffit à créer un bassin d'attraction même si chacune y contribue. Les médias ne peuvent pas tout, ils s'adaptent pour l'essentiel aux bassins d'attraction qui se creusent sans cesse devant eux et qui résultent à la fois des pierres jetées par la multitude et des courants sous-marins qui modifient progressivement le relief de l'opinion. L'ampleur d'un événement comme l'affaire Dutroux, par exemple, fut sans commune mesure avec sa gravité objective, si horrible qu'ait été le crime. Simplement, la pierre, déjà si pesante, est tombée dans un bassin qui se creusait depuis des années à la faveur de l'insécurité diffuse et de la perte de confiance dans la justice et la police. De surcroît, elle est tombée en été, dans une période de disette informationnelle, en sorte qu'il y avait peu de bassins concurrents. Cela dit, même une crise de cette ampleur est soumise à l'inflexible loi de la société médiatique : l'usure. Les bassins d'attraction ne sont pas extensibles à l'infini : vient un moment où ils sont remplis à ras bord tandis que d'autres les remplacent, accaparant l'attention.

L'adaptation des acteurs aux contraintes médiatiques

J'ai décrit les principales contraintes rencontrées par l'homme politique qui veut conquérir une place dans les médias, les unes propres aux médias et aux journalistes, les autres relatives aux objets médiatiques. Qu'en est-il, dans ces conditions, des stratégies des acteurs politiques? Comment s'adaptent-ils à cet environnement touffu et compétitif dans lequel ils n'ont d'autre choix que de se frayer un passage? Je commencerai par identifier les grandes régularités de comportement avant d'épingler quelques paradoxes intéressants[71].

En substance, le problème qui se pose au politique est le suivant : pour atteindre et séduire l'électeur, il lui faut certes plaire au public, mais aussi à ceux qui contrôlent l'ouverture des fenêtres qui donnent accès à ce public : plaire au public *et* plaireaux journalistes[72].

Plaire au public

Des milliers de pages ont été écrites sur la communication politique. Je me bornerai à mentionner quelques principes saillants qui semblent inspirer au quotidien les conduites des acteurs.

---

71. La bibliographie sur cette question est très abondante. Citons par exemple : G. BALANDIER, *Le pouvoir sur scènes*, Paris, Balland, 1992 ; R. CAYROL, *La nouvelle communication politique*, Paris, Larousse, 1986 ; P. Champagne, *Faire l'opinion. Le nouveau jeu politique*, Paris, P.U.F., M. CHARLOT, *La persuasion politique*, Paris, Armand Colin, 1970 ; J. GERSTLE, *La communication politique*, Paris, P.U.F., coll.

72. Je n'évoque pas ici les stratégies de contournement de la contrainte médiatique par l'usage de canaux plus spécifiques : publications du parti, prospectus, meetings, conférences, rassemblements et tout le travail de proximité.

Prendre le vent : épouser les mouvements de l'opinion

Le constat est parfois désolant et certains hommes politiques s'y résignent mal : rien ne sert d'aller à rebours des grandes oscillations de l'opinion, mieux vaut s'y inscrire afin d'y puiser sa propre force. « En politique, dit-on souvent, il ne faut pas avoir raison trop tôt ; chaque chose vient à son heure. » Les politiques les plus chevronnés gardent leur attention rivée sur les médias, à l'affût des vents et des courants, afin d'y ajuster leurs discours et de saisir les occasions de « coups médiatiques ». L'obsession des sondages, qui ronge bel et bien le monde politique quoi qu'il s'en défende, s'explique en partie pour cette raison.

Ratisser large : la tentation du populisme

Le fait est fréquemment souligné : attachés qu'ils sont à capter à leur profit des segments très divers de l'opinion, les grands partis sont des auberges espagnoles où peuvent coexister des groupes sociaux, des positions d'intérêt, des conceptions et même des éléments de programme parfois profondément antinomiques. Un même parti est susceptible de défendre la libre initiative et la régulation du marché, les indépendants et les fonctionnaires, les réductions d'impôt et la croissance des dépenses sociales, etc. On peut y voir une faiblesse endémique, sinon une preuve d'hypocrisie ; on peut également y déceler une vertu : celle d'offrir un premier niveau d'absorption des conflits d'intérêt avant le niveau du pouvoir exécutif et parlementaire proprement dit. Il n'en va d'ailleurs pas très différemment des médias qui, d'une émission à l'autre, d'un article à l'autre, peuvent défendre des positions divergentes et satisfaire de la sorte des publics hétérogènes.

Toutes les formations et *tous* les hommes politiques sont dès lors confrontés à la tentation populiste, celle de soutenir à peu près tout et son contraire sous le couvert de grands principes passe-partout, en ajustant instinctivement leurs discours aux attentes des publics auxquels ils s'adressent. À la présentation toujours risquée de projets concrets, on préfère alors les grands slogans, axés sur quelques valeurs fondamentales, dans lesquels chacun peut se projeter : « rendre la ville aux habitants », « promouvoir une société plus solidaire et plus conviviale », « une économie au service de l'homme », « l'humanisme démocratique », etc. Cette simplification du discours va de pair avec la pratique habituelle qui consiste à caricaturer la position des opposants.

Échapper au rôle de bouc émissaire : s'approprier le bonheur social et détourner le malheur sur les partenaires

La croyance en la toute-puissance du politique, ou pour mieux dire en sa *toute-responsabilité*, pèse lourdement sur les acteurs. La moindre inondation, l'insécurité dans un quartier, la bévue d'un policier, la fermeture d'une entreprise, l'accroissement du chômage, les méfaits hypothétiques du rayonnement des antennes GSM, la qualité déficiente de la viande de bœuf, le prix excessif d'un médicament se trouvent automatiquement imputés au politique – ou du moins commandent sa réaction. Les responsables savaient et ils n'ont rien fait, et s'ils ne savaient pas, ils auraient dû savoir ; en tout cas, ils ne peuvent rester sans réagir – sinon, à quoi servent-ils ? Les politiques vivent et se vivent au cœur d'une formidable injonction paradoxale : s'ils sont présents, on crie à la démagogie, s'ils sont absents, à leur arrogance. En France, Dominique Voynet est conspuée parce qu'elle a refusé d'interrompre ses vacances pour la marée noire de l'*Erika*, et Lionel Jospin pour avoir osé visiter les villages inondés du nord de la France…

L'homme politique pourrait rompre avec les grandes promesses et entreprendre d'expliquer posément au citoyen que son pouvoir est limité, ses marges étroites et qu'une démocratie saine doit se fonder sur ce réalisme élémentaire : l'État ne peut pas tout. Mais qui voterait pour l'impuissance ? Et comment éviter, dans ce cas, de se faire doubler par les marchands d'illusions ? Les hommes politiques sont très lucides sur ce point.

« C'est vrai que nous vivons une contradiction : on nous attribue toute la responsabilité. C'est inévitable : les gens votent pour les hommes politiques parce qu'ils désirent les voir jouer un rôle important. L'homme politique ne peut en même temps minimiser son rôle et espérer être élu. C'est exclu ! »

« Je suis désolé mais c'est comme ça : les électeurs aiment les gens carrés et les promesses fallacieuses. Ils ne demandent pas du tout qu'on leur dise la vérité quoi qu'ils prétendent. Et leurs suffrages iront à ceux qui les font le mieux rêver. »

« Bien sûr, on est pris dans une contradiction. Les électeurs votent sur nos promesses et après, ils sont déçus par notre timidité. On a bien conscience, en campagne électorale, de raconter n'importe quoi, mais on n'y peut rien. On ne peut quand même pas leur dire : "Ça dépendra de la négociation et des marges budgétaires, donc on ne peut rien vous promettre…" »

Au demeurant, les hommes politiques restent attachés à cette image de toute-responsabilité – du moins à l'un de ses versants : leur toute-responsabilité sur le bonheur du monde. Ils cherchent à s'attribuer la responsabilité des bienfaits en même temps qu'à détourner sur les partenaires celle du malheur, ce qui, on l'a vu, donne lieu à des jeux parfois très subtils au sein des gouvernements, chacun cherchant à s'approprier les bonnes nouvelles et à reporter les mauvaises sur les autres, sur le gouvernement tout entier, sinon sur l'Europe ou la mondialisation. L'exemple le plus caricatural de ce double jeu d'appropriation et de déflexion au cœur de l'action politique, c'est sans doute le double langage qui consiste à s'arroger la responsabilité de toute amélioration de l'emploi, et à rejeter sur les entreprises et la mondialisation toutes les destructions d'emploi (« l'horreur économique »), de faire ainsi basculer la totalité du bonheur du côté de la politique et la totalité du malheur du côté de l'économie.

Capter l'attention : mettre en scène les affrontements

On doit bien l'observer, à défaut de s'en réjouir : le conflit reste un foyer d'attention incomparable. Non sans raison, le public a l'impression que dans l'affrontement se joue la vérité des hommes ; les masques tombent, les vrais enjeux accèdent à la lumière ; la politique est dramatisée. À la complexité des rapports de force se superpose la clarté des camps qui s'affrontent (peu de gens s'intéressent à la complexité en politique). Puis, le conflit installe une dimension de jeu, il offre les plaisirs du suspense et des pronostics, raison pour laquelle les journalistes s'y attachent particulièrement – au point parfois d'attiser les flammes. Pour l'homme politique, le conflit médiatisé est donc une épreuve décisive, bien plus déterminante pour son image que les actes de gouvernement qu'il pose au quotidien. C'est pourquoi il lui accorde tellement d'importance, au point de passer plus de temps à préparer une confrontation télévisée qu'une négociation budgétaire. D'où la tendance – lassante à la longue pour les collaborateurs du ministre – à multiplier les mises en scène en appliquant trois principes de base :

a) ne jamais apparaître comme le fauteur de troubles (le public déteste ça) mais toujours comme celui qui *réagit* aux agressions ;

b) ne jamais défendre de petits intérêts mais toujours des grands principes ;

c) ne jamais perdre la face – l'impératif absolu.

> «Comment on fait des voix ? D'abord en trouvant un grand adversaire et en rejouant l'affrontement, la scène primitive ! C'est comme ça que j'ai grimpé moi-même.»

« La politique est une succession de pseudo-conflits. C'est lié à l'obsession médiatique. Il faut du conflit pour avoir les médias. C'est de cela que j'ai un peu marre. »

Marquer la différence collective : la frontière comme emblème

On l'a vu, le danger qui guette toute formation politique qui accède au pouvoir, c'est de perdre son identité dans le lacis des contraintes légales et administratives, le dédale des négociations, le dénominateur commun des partenaires de la coalition, en bref dans les complexités propres à l'action collective. On allait « changer la vie » et on découvre qu'on peut tout juste réformer à la marge.

> « Dans notre civilisation, les idéologies ont perdu une bonne part de leur influence. Les recouvrements sont nombreux, surtout au niveau régional. En un an de travail gouvernemental, quand avons-nous une discussion idéologique ? Sur l'avortement ou les cours de religion, je ne dis pas. Mais sur les transports publics, l'urbanisme, l'économie ou la protection du patrimoine, j'observe que ça ne joue plus tellement. Donc, on s'arrange entre partenaires et ensuite, chacun se débrouille pour replacer tout cela dans un bel emballage idéologique avant de le présenter à l'opinion publique. »

Le travail médiatique qui s'impose à chaque formation, dès lors qu'elle s'enlise dans les marécages de la politique concrète, est d'exhiber régulièrement les marques tangibles qu'elle imprime sur l'action du gouvernement, de réaffirmer dans la sphère de la représentation la frontière, largement gommée en pratique, qui la sépare des autres formations. *La frontière est donc ici emblème :* elle sert à marquer la séparation entre *nous* et *eux*, et par suite à recréer l'unité du parti.

Chacune des crises qui a marqué le gouvernement arc-en-ciel, par exemple, a été utilisée par les formations de la coalition pour souligner, souligner encore et toujours leur *différence*. La moindre déclaration de politique générale fait l'objet de négociations fiévreuses et tendues entre les partenaires, chacun d'eux obsédé d'y retrouver sa marque et ses priorités. On se souvient de la petite crise gouvernementale de janvier 2002 : « Le Premier ministre est trop flamand, trop VLD » explique sur les ondes Philippe Defeyt, secrétaire fédéral d'Ecolo, suscitant l'ire de Guy Verhofstadt, lequel profite de l'occasion pour exiger des excuses *publiques* de son partenaire, donc pour l'affaiblir par médias interposés.

Marquer la différence individuelle : figurer l'identité personnelle

Nos sociétés occidentales sont prises dans un mouvement paradoxal. Au plan légal comme au plan social, la séparation de la sphère publique et de la vie privée reste solide et chargée de signification. Le respect de la personne privée est au principe même de nos démocraties libérales. Au plan médiatique, en revanche, cette même séparation devient chaque jour plus poreuse : confessions et révélations, consultations psychologiques sur antennes, loft stories et autres formes de télé-réalités.

S'il est vrai qu'en Belgique, les journalistes demeurent globalement attentifs au respect de la vie privée, il n'en reste pas moins qu'une évolution si profonde ne peut faire sans affecter la communication politique. Le public aspire à connaître la personne, il ne se contente plus du personnage[73]. Il s'agit donc d'exhiber son conjoint et ses enfants, d'évoquer ses vacances et ses lectures, d'inscrire son action politique dans un récit de soi, voire de convier les citoyens, par média interposé, à une promenade à moto (Louis Michel) ou à vélo (Isabelle Durand), de

---

73. *Cf.* Ph. MARION, « Politiciens clichés », in *Médiatiques*, n° 21, automne 2000, pp. 11-14.

partager la confection d'un repas (Marie Arena), le mariage de son fils ou un match de football (Jean-Luc Dehaene), de montrer sa collection de châteaux forts (Charles Picqué), son jardin (Claude Eerdekens) ou son salon (Magda de Galan).

On peut réduire cette aspiration fondamentale à une sorte de voyeurisme décadent, on peut y déceler aussi un étrange sous-produit de cette passion égalitaire dont parlait Tocqueville et qui nous pousse à vérifier sans cesse que les autres, en particulier les puissants, sous leurs masques sociaux, sont finalement semblables à nous – car que découvre-t-on à la faveur de ces plongées dans l'intimité des grands hommes, sinon la même évidence encore et toujours : que la grandeur n'existe pas ? Les hommes politiques doivent donc s'habituer à faire usage de leur vie privée dans leur vie publique en installant les coulisses sur la scène. Plus exactement, ils doivent apprendre à mener *deux* vies privées : l'une à destination des médias et l'autre, quelque peu rétrécie et d'autant plus précieuse : la vraie.

Faire l'article : valoriser son programme et ses réalisations

J'allais presque oublier le plus élémentaire : vendre ses idées et défendre son bilan. L'intérêt du programme, la qualité des dossiers, le bilan des réalisations : n'est-ce pas l'essentiel de la politique ? La vérité commande de nuancer cette proposition de bon sens : la raison n'a qu'une place limitée dans les succès médiatiques. On doit certes le regretter, se demander comment favoriser les hommes d'action au détriment des hommes des discours d'action, comment rendre le public plus sensible aux résultats concrets qu'à la bonne bouille, force est toutefois de se résigner pour l'heure.

Qui lit les programmes des partis ? Tout bien réfléchi, la fonction première de ces épais documents n'est pas d'appâter l'électeur, c'est d'abord de fédérer un maximum de catégories sociales et de groupes d'intérêt (enseignants, petits indépendants, professions libérales, personnes âgées, salariés, etc.) ; c'est ensuite de baliser la négociation gouvernementale ; et c'est enfin de donner l'image d'une équipe sérieuse, prête à gouverner. De ces programmes, les acteurs n'ont d'autre choix que d'extraire quelques idées fortes, susceptibles de frapper les esprits, qu'ils martèleront dans tous leurs discours. Un journaliste confirme :

> « Dans la presse écrite, les hommes politiques peuvent s'étendre un peu plus sur leurs projets. Mais en radio, ça fait maximum six minutes, six minutes trente. Et en télé, encore beaucoup moins. En audiovisuel, il est simplement exclu de présenter le détail de sa pensée, il faut hypersélectionner. Donc, les hommes politiques adaptent leurs discours à notre technique de travail. Il arrive que certains me demandent avant de commencer : "OK, vous voulez combien ? Trente secondes ? Une minute ?" Ils ont un message à faire passer et ils l'emballent. »

Le même raisonnement s'applique aux dossiers qui accompagnent ordinairement les grandes décisions politiques et qui sont envoyés aux journalistes : si fouillés soient-ils, les journalistes ne les liront pas, tout au plus auront-ils le temps de les feuilleter. Quant au public, il restera à jamais dans l'ignorance, un dossier de cinquante pages pouvant se réduire à un articulet de dix lignes. Mais comment faire autrement ? Encore une fois, la fonction première de ce genre de dossiers n'est pas la communication de masse. Tout au plus peuvent-ils conférer à l'action politique un cachet de rationalité et de crédibilité aux yeux des journalistes, ce qui est déjà appréciable. En revanche, ils servent à préparer les négociations, à justifier les décisions aux yeux des groupes d'intérêt, à tisser un réseau avec les acteurs de terrain en les associant à la démarche, etc.

Quant au bilan détaillé des réalisations, il n'apparaît, à l'autopsie, guère plus déterminant. À l'exception des grandes réalisations qui frappent l'imagination (l'entrée dans l'euro, la réduction de la pression fiscale, l'aménagement du temps de travail), l'électeur moyen qui apporte son suffrage à telle ou telle personnalité serait bien en peine de mentionner ne fût-ce que trois ou quatre réalisations concrètes à l'actif du candidat – c'est à mes yeux l'un des traits les plus frustrants de la vie politique. Les politiques peuvent-ils pour autant se dispenser de promouvoir leurs réalisations ? Je pense au contraire qu'ils doivent les rappeler chaque fois que possible, ne serait-ce que pour injecter un peu de rationalité dans les débats et pour valoriser le travail de tous ceux qui, dans l'administration et dans le cabinet, y ont apporté leur compétence et leur enthousiasme.

Plaire aux journalistes

Plaire au public est une chose, plaire aux journalistes en est une autre, qui conditionne la première. Si les politiques dépendent des médias, réciproquement ils contribuent à faire vivre un important secteur d'activité pour autant qu'ils offrent des produits compétitifs. Plus compétitifs seront ces produits, meilleure sera la couverture médiatique offerte aux fournisseurs. Et de quoi dépend qu'un produit informationnel soit compétitif ? Premièrement, il faut qu'il soit délivré dans les délais propres au travail journalistique. Deuxièmement, il est préférable qu'il soit exclusif, donc créateur d'un avantage concurrentiel. Troisièmement, il doit faire sensation afin de recueillir une audience.

Cynique en apparence, cette description traduit les trois contraintes de la communication politique de masse.

1. Premièrement, elle est dominée par l'urgence, les délais de réalisation des émissions et d'impression des journaux. Planification des conférences de presse, envoi des communiqués, entretiens avec les journalistes : les cabinets et les états-majors des partis sont perpétuellement soumis à l'urgence médiatique. La politique se fait désormais *on-line* : un ministre

doit être joignable dans la journée ; des communiqués sont souvent rédigés et envoyés dans l'heure. La meilleure information, si elle arrive trop tard, trouvera porte close.

2. La communication politique est également dominée par l'exclusivité. Puisque les journalistes ont besoin de primeurs et de scoops, les acteurs s'organisent pour les leur fournir. Et cette obsession, je l'ai signalé, pèse durement sur les processus de décision ; elle entraîne un flux permanent de micro-trahisons qui finissent par saper la confiance entre les partenaires.

3. Enfin, l'information doit faire sensation. D'où la tendance à multiplier les effets de manche, à faire de chaque réformette un événement majeur – au risque de tomber dans le dérisoire. D'où aussi la tentation de jouer et rejouer des scènes d'affrontement en dramatisant des négociations, en formulant de mâles avertissements aux partenaires de la coalition, ou encore en glissant un trait mordant ou une phrase assassine, quelque « sésame ouvre-toi » des médias. Encore une fois, cette conflictualité artificielle finit par peser sur le travail gouvernemental, même si les acteurs apprennent vite à faire la différence entre les roulements de mécanique et les conflits véritables.

> « C'est souvent par la presse que la méfiance s'installe. Tout se passe bien entre ministres et puis on lit la presse et chacun découvre les déclarations des autres : attaques indirectes ou frontales, médisances, détournement de responsabilités, etc. Alors on se vexe et on a des comptes à régler au Conseil des ministres suivant. »

La fatalité de la manipulation

La communication politique, on le comprend, est traversée par des contraintes fortes et au moins partiellement contradictoires : entre l'éthique de la discussion propre à la décision démocratique et la logique permanente du rapport de force, entre l'intérêt de l'État et celui du parti, entre la rigueur gestionnaire et l'impératif de séduction, entre la collégialité et l'envie de tirer la couverture à soi.

En particulier, l'homme politique a conscience d'une contradiction profonde entre les limites étroites de son pouvoir effectif et l'illusion de toute-puissance, donc de toute-responsabilité, qu'il contribue lui-même à entretenir. La logique du bouc émissaire est une menace permanente. À travers le prisme de l'antipolitisme ordinaire, toutes ses décisions semblent potentiellement des abus de pouvoir, ses non-décisions les signes de son imprévoyance. Sa présence sur le terrain est nécessairement une forme d'électoralisme, son absence une marque de dédain. Le cabinet où il s'enferme pour étudier ses dossiers est par définition une «tour d'ivoire», dont il ne s'échappe d'ailleurs que pour faire du tourisme, jamais pour traiter les vrais problèmes. Chaque fois qu'il dépense, il gaspille et chaque fois qu'il se refuse à dépenser, il commet une injustice («pour d'autres choses, on trouve bien de l'argent...»). Et quoi qu'il arrive, on le tiendra pour coupable, en tout cas pour responsable – «et sinon, qui d'autre?!» s'exclament agacés ceux dont vous tentez de tempérer la rancœur. Pris dans cette logique désespérante, l'homme politique oscille entre le choix viril et esthétique d'accepter le rôle du bouc (durant le dernier gouvernement Dehaene, trois ministres ont ainsi démissionné pour des méfaits auxquels ils n'avaient rien à voir, alors même que ces démissions *retardaient* la résolution des problèmes) et l'autre choix, de loin le plus fréquent, qui consiste à détourner le ressentiment en chargeant un autre bouc, la politique se réduisant alors à l'art consommé de la déflexion. La stratégie ultime consiste à retourner en sa faveur l'antipolitisme ambiant en s'affichant «non politique» parmi les politiques, par exemple en manifestant ostensiblement son amateurisme dans un monde de professionnels (Bert Anciaux, Steve Stevaert), en marquant ses distances par des jugements désabusés, subtilement méprisants, sur le dérisoire de la vie politique, la vanité des luttes et la petitesse des passions (Philippe Moureaux, Charles Picqué) ou encore en participant à l'exercice du pouvoir sans quitter vraiment les rangs de l'opposition (certains membres du FDF ou d'Ecolo). Dans les trois cas, il s'agit au fond de désigner les autres à la vindicte pour y échapper soi-même, de noircir la politique pour souligner sa propre blancheur.

Dans leurs pratiques de communication, les hommes politiques n'ont d'autre choix que d'absorber ces contradictions, qui renvoient à nos propres ambivalences de citoyens. Il en résulte une série de paradoxes remarquables. J'en mentionnerai quelques-uns.

L'éthique (les tics) de la discussion

À tout propos, on ne cesse de réclamer un débat public, d'en exalter les vertus, d'en souligner le rôle fondamental dans toute démocratie moderne. La référence au libre débat procède d'une éthique de la discussion aujourd'hui au cœur de notre culture démocratique ; elle suppose un échange égalitaire, ouvert à toutes les parties, l'écoute de l'autre et le respect de son point de vue, la confrontation honnête des arguments dans la poursuite d'une vérité partagée, la proscription de la manipulation, du chantage et des arguments d'autorité. Si éthéré soit-il, ce noyau de principes représente un idéal normatif auquel le grand public est particulièrement attaché et dont on observe l'émergence dès l'école. Assurément, chaque spectateur s'installe devant un débat télévisé en caressant confusément l'espoir d'une jolie passe d'armes ; il reste qu'il accueille avec réprobation ceux qui transgressent les règles du débat. Celui qui montre par exemple de la morgue, qui agresse, qui refuse d'écouter ou se prévaut de son autorité (« c'est moi le ministre ! ») voit son image durablement altérée. La plupart des acteurs qui ont opéré une percée médiatique ces dernières années ont accordé une attention particulière à cette dimension de leur image. On se souviendra qu'à l'instant d'achever sa traversée du désert et de reprendre les rênes du VLD, Guy Verhofstadt s'était lancé dans une forme de contrition publique, s'excusant pour « l'arrogance inconsciente » dont il avait fait preuve par le passé et expliquant : « J'ai appris que c'est par le dialogue, pas par la confrontation et le match de boxe permanent, qu'on arrive à des résultats[74]. »

En pratique, cependant, ce genre de profession de foi ne résiste guère à la logique des rapports de force qui continue de déterminer la décision politique. Les mêmes qui magnifient le débat démocratique, qui s'appliquent à écouter et respecter leurs interlocuteurs lors des débats télévisés, se révèlent implacables et carnassiers dans les coulisses des négociations politiques. Ils ressemblent à ces couples qui se déchirent en privé mais prennent soin d'afficher leur bonheur en société. La conclusion coule de source : l'éthique de la discussion vaut d'abord pour la galerie, elle relève d'une communication politique *new style* bien plus qu'elle ne fonde la décision démocratique, et elle apparaît souvent comme une concession à l'espèce d'angélisme consensuel qui prévaut aujourd'hui.

L'exaltation de l'anodin

J'ai évoqué l'incroyable charge de négociation qu'impose aujourd'hui la moindre réforme. Les contre-pouvoirs sont si nombreux, les niveaux et centres de décision si divers, les obstacles et lenteurs juridiques si pesants, l'opinion si pusillanime et bien sûr l'interdépendance au sein de la coalition si intense, que les réformes d'envergure, celles qui modifient sensiblement l'allocation des ressources entre les lignes budgétaires, sont à peu près exclues. Même la grande réforme fiscale mise en place par le ministre Reynders consiste, pour l'essentiel, en une baisse de la

---

74. *Le Soir*, 28 avril 1997.

fiscalité plutôt qu'en une remise en cause du système. La lenteur des processus de préparation des dossiers, de négociation, de concertation finirait par démotiver l'acteur le plus dynamique. Aucune chance, par conséquent, de mener à bien une entreprise d'envergure en une seule législature. Tout cela pousse les acteurs à n'innover qu'à la marge, en s'abstenant prudemment de remettre en cause la récurrence des circuits d'allocations de ressources et en cherchant à financer l'innovation par les excédents budgétaires – lorsqu'ils existent. Du reste, l'expérience montre que les groupes d'intérêt, les autorités locales et le grand public, s'ils apprécient les desseins ambitieux, se crispent à la moindre velléité de passer à l'action. D'accord pour réduire la pression automobile, mais pas question de vignette, de péage, de réduction des parkings, d'accroissement des tarifs... Habermas rappelle opportunément qu'il existe un *chauvinisme du bien-être* qui conduit à s'opposer *a priori* à tout ce qui dérange les routines du quotidien, et Lypovetsky évoque *l'éthique indolore* propre aux nouveaux temps démocratiques. «Il faut, écrivent Jobert et Muller, se défaire de l'idée qu'un parti, une fois au pouvoir, peut modeler à son gré la société qui l'a élu[75].»

Or, voici le problème : comment intéresser les médias quand on n'a rien d'autre à offrir qu'un réformisme prudent ? La presse a besoin de chocs et de ruptures alors que les décideurs sont déjà très heureux d'*aménager la continuité*. Elle attend des gratte-ciel, ils arrivent avec un projet d'appentis au fond du jardin. Et comment faire parler de soi, sinon en baptisant «gratte-ciel» l'appentis ? Il n'est guère d'acteur politique qui ne succombe à cette tentation d'exalter l'anodin. On pourrait parler ici de la «technique de la troisième voie», allusion au projet faussement radical, en réalité profondément conservateur, du *New Labour* de Tony Blair. La technique consiste à mener une politique globalement conservatrice, marginalement progressiste, afin d'attirer les électeurs de droite

---

75. Br. Jobert & P. Muller, *L'État en action. Politiques publiques et corporatismes*, Paris, P. U. F., 1987, p. 151.

sans trop effaroucher ceux de gauche, en dissimulant une gestion très prudente sous le discours inlassable, reproduit *ad nauseam*, de la «rupture», de la «modernisation» et du «changement radical». Il s'agit de frapper l'imagination, de produire l'image d'une équipe dynamique, fermement aux commandes, centrée sur son programme, mais tout cela sans inquiéter les classes moyennes ni les milieux d'affaires.

D'usage courant en Belgique, la technique consiste à exalter la portée des moindres réformettes, à transfigurer les actions entreprises en les resituant dans un projet plus vaste et plus lointain et surtout à excuser l'inaction par l'évocation de plans ambitieux. Le «planisme», comme l'appelait Hayek, reste bien vivant : plans régionaux ou communaux de développement, plans de mobilité, contrats d'avenir, contrats de gestion, contrats d'administration, etc. La fabrication de ces plans représente parfois une part importante de l'activité des cabinets et des administrations. Pour une part, ils visent effectivement à encadrer l'action future ; pour une autre part, ce sont *des instruments de légitimation* : ils procurent l'illusion d'une maîtrise du futur et servent à dissoudre la modestie des réalisations dans la grandeur des perspectives à long terme («tous les francophones bilingues en l'an 2000», «la pollution réduite de moitié», «une ville conviviale et sûre, rendue à ses habitants», etc.). Témoignage d'une collaboratrice d'un ministre :

> «Quand j'ai débarqué au cabinet, le ministre m'a tout de suite reçue : "Il me faut une politique de la recherche dans les cent jours !" Il y croyait beaucoup, à cette notion des cent jours. Cent jours pour être visible, pour exister. On était en juillet. J'ai pris tous les gros dossiers et j'ai planché sur le financement des centres, les grandes orientations, etc. J'ai fait un plan qui me semblait juste et utile, je travaillais de bonne foi et avec le soutien du ministre. Au total, le plan représentait un document d'une soixantaine

de pages. Tout le monde m'a laissée faire. Le plan a été accepté. Il y a eu des conférences de presse, une série de shows. Et une fois les shows terminés, la politique a repris le dessus. Mon plan était comme oublié. Les financements reprenaient comme avant, avec les mêmes marchandages politiques à la petite semaine. Avant tout, ç'avait servi à *parler* de la politique de la recherche.»

La participation du citoyen à sa non-participation

L'époque est à la participation du citoyen aux décisions. Les mécanismes qui visent à l'encourager sont multiples : enquêtes publiques, comités de quartier, concertations, consultations, etc. Et les résultats non négligeables mais mitigés : cette participation se heurte notamment à la complexité des décisions, la difficulté de transcender les intérêts locaux, l'action de minorités actives non représentatives. Il n'empêche qu'elle est devenue une étape nécessaire. Les décisions d'autorité risquant d'être interprétées comme des abus de pouvoir et leur justification comme une forme de propagande, il reste à y associer le citoyen tout en minimisant le risque d'une remise en cause substantielle de dossiers parfois longuement étudiés et négociés. En pratique, il est cependant toujours difficile de distinguer, dans ces opérations, la part de participation effective et la part de manipulation, l'autorité politique se retranchant derrière une opinion publique qu'elle a contribué à façonner ou dont elle n'a retenu que ce qui confortait ses positions.

Un exemple particulièrement saillant de manipulation s'observe lors des pseudo-consultations populaires qui, du niveau communal au niveau fédéral, parsèment la communication politique. La technique est toujours la même, elle est sans doute aussi vieille que la politique : sous le couvert d'un appel à l'expression du citoyen, d'une forme de démocratie directe, on réalise en fait une opération de promotion. «Nous avons besoin de vos avis et suggestions pour mieux orienter notre action. Avec vous, nous voulons agir ! » Ainsi se conclut un vaste questionnaire portant sur différents aspects de la politique bruxelloise, inséré dans les pages d'un toute-boîte, et comportant des questions bateaux du genre : « Trouvez-vous important que Bruxelles soit la capitale de l'Europe ? » ou « Bruxelles doit-elle être une région à part entière au même titre que la Flandre et la Wallonie ? » ou encore « Hésitez-vous à sortir le soir à Bruxelles ? » En pratique, il n'est bien sûr pas tenu compte des résultats, mais l'on prend soin d'inclure les répondants dans un fichier afin de leur adresser la propagande du parti. Derrière la façade citoyenne se dissimule une banale opération de marketing politique. On ne donne ici la parole au citoyen que pour montrer qu'on la lui donne.

L'opération la plus spectaculaire, en cette matière, est la grande consultation populaire relative au Plan Copernic pour la modernisation de l'administration fédérale qui s'est déroulée en juin 2000, quelques mois avant les élections communales, et s'est soldée par un échec à la mesure des ambiguïtés de l'opération. La réforme, par sa complexité, interdisait le recours à une telle consultation et le ministre concerné avait laissé entendre qu'il ne se sentait pas lié par ses résultats. Les décisions étaient arrêtées, elles faisaient d'ailleurs l'objet d'un dépliant de présentation accompagnant le questionnaire ; quant aux questions, elles étaient pour la plupart téléphonées et dénuées de toute valeur informationnelle. Le plus attristant, sans doute, dans cette opération qui n'a dupé personne, c'est que, sous les apparences d'une procédure officielle et systématique, elle n'a fait que mettre en évidence la confusion entre la participation du citoyen et le marketing politique, avec pour conséquence d'étendre un voile de suspicion sur la consultation du citoyen en général et de réduire les chances de succès d'un éventuel référendum dans l'avenir. Le cynisme, dans la communication, finit toujours par se retourner contre ceux qui en font usage.

L'abandon de la langue de bois : la nouvelle langue de bois

En ces temps de «parler vrai», jamais peut-être le décalage n'a été si manifeste entre la langue des coulisses (la langue de l'analyse, du pouvoir, de la négociation, de la parole donnée) et la langue de la scène médiatique (la langue des effets de style et d'images, des symboles, du positionnement, du ralliement). La carrière politique passe par la maîtrise de cette double langue et la capacité de passer rapidement de l'une à l'autre. Lorsque les moindres écarts de langage peuvent être montés en épingle par des journalistes en mal de sensation, la meilleure stratégie consiste à contrôler soigneusement son discours. À l'ère des flambées médiatiques, on le comprend, c'est donc à ses risques et périls que l'homme politique quitte les sentiers balisés de la langue de bois. Un ancien ministre :

> «En politique, la langue de bois est *indispensable*. Si c'était une maison de verre, nous ne tiendrions pas trois mois! Le décalage est trop grand entre les discours et les compromis, les actions trop éloignées des programmes.»

Et un journaliste de la radio :

> «Je vous donne un exemple. Le président d'un parti vient un matin pour donner son avis sur la réforme fiscale. Dans sa manière de réagir, il sous-entend que les indépendants, au contraire des salariés, peuvent frauder. Il ne l'a pas dit explicitement, mais sa réaction l'a suggéré. À la sortie de l'interview, je lui dis : "Vous vous rendez compte de ce que vous avez dit? On va recevoir un tas de coups de fil de protestation." Il était le premier étonné, il ne s'en était même pas rendu compte! Il a fallu qu'il s'excuse la semaine

suivante lors de son congrès. Ce qui démontre à quel point il faut pouvoir contrôler son discours. Ça se retourne très, très vite contre l'orateur. »

Tout l'art consiste alors à pratiquer un « parler vrai » soigneusement passé au tamis toujours plus serré du politiquement correct. En somme, à pratiquer une langue de bois d'un niveau supérieur, en apparence plus directe et plus spontanée, en pratique ni plus ni moins contrôlée et plus que jamais fondée sur des slogans et sur des expressions creuses : « Prendre l'homme pour finalité », « Mettre l'économie au service de l'homme », « Rendre la ville à ses habitants », « Rendre confiance »... Un exemple admirable de cette nouvelle langue de bois nous est offert par le préambule au rapport « Bruxelles, ville européenne de la culture de l'an 2000 » : il représente à mes yeux le prototype du discours consensuel, dépourvu de la moindre aspérité, strictement irréfutable, et dont la vacuité réduit à néant toute intention polémique. Il est intéressant de rappeler que leurs auteurs, à l'époque, cherchaient péniblement à rassembler autour d'un projet cohérent une invraisemblable constellation d'intérêts politiques – ils n'y sont pas parvenus. Le texte énumère les « principes fondamentaux qui doivent guider la préparation et la réalisation d'une ville européenne de la culture ».

« 1. La culture est un élément essentiel de notre vie locale et nationale, elle contribue à la vitalité spirituelle, sociale et économique de nos communautés.

2. Chacun a le droit de participer à des activités et programmes culturels.

3. La vision et la créativité des artistes sont fondamentales pour le développement culturel de notre société, elles doivent être affirmées et soutenues.

4. Le droit à la liberté d'expression est essentiel pour la créativité et doit être défendu.

5. Les diverses identités culturelles dans une ville devraient être reconnues et encouragées y compris les identités culturelles des autres communautés.

6. L'éducation dans le sens le plus large du terme est fondamentale pour constituer un public confiant, informé et concerné, essentiel à une culture dynamique.

7. La vie culturelle d'une ville doit être développée de manière à accélérer et potentialiser la coopération et les échanges internationaux.

8. Le patrimoine culturel d'une nation sous toutes ses formes doit être préservé, augmenté et rendu largement accessible au public.

9. L'objectif culturel doit être évalué sur base de la qualité du travail qui est créé et présenté.

10. La diversité et la variété dans l'expression culturelle doivent être encouragées et mises en valeur. »

L'incroyable platitude d'un tel discours sert sa fonction même : offrir un paravent commode à l'abri duquel il ne reste plus qu'à procéder aux habituels marchandages...

La compassion professionnelle

En Belgique, Jean-Luc Dehaene a peut-être marqué la fin d'une époque. Désormais, qui n'est pas compassionnel, je veux dire *ostensiblement* compassionnel, n'a plus guère de chances d'atteindre les sommets. Nous sommes entrés dans l'ère de la démocratie émotionnelle. Le renforcement de l'État de droit a élevé autour de l'individu des protections incomparables contre l'arbitraire du pouvoir ; la sphère des droits politiques, économiques et sociaux dont chacun peut se réclamer n'a cessé de grandir. On devrait donc s'attendre à une autonomie croissante à l'égard du pouvoir. Or, il n'en va pas ainsi. Bien sûr, l'admiration, la ferveur charismatique ont sensiblement diminué, mais elles ont été remplacées par une autre dépendance psychologique. En plus des services, des protections et des allocations, l'État-providence doit distribuer de la *reconnaissance sociale*. Et cette reconnaissance ne se réduit pas à une confirmation juridique, elle s'étend à l'expression tangible du respect, de la dignité et de la compassion. «Quand même, il aurait pu interrompre ses vacances!» s'exclamaient les Belges à l'encontre de Jean-Luc Dehaene lorsque l'affaire Dutroux a éclaté. Et pourquoi donc? Que cela eût-il changé? D'où vient cette dépendance affective à l'autorité politique?

On attend de nos dirigeants qu'ils accourent sur les lieux de toutes les catastrophes, qu'ils se montrent empathiques en écartant provisoirement les discours trop logiques qui laisseraient supposer qu'ils ne sont pas complètement submergés par l'émotion. Or, il n'est pas donné à tous d'exprimer sur commande, et devant des inconnus, une compassion crédible. Les curés excellaient dans cet exercice, mais ils bénéficiaient d'un entraînement poussé. Il s'agit de se dépouiller des apprêts du pouvoir, des réflexes de réserve et de pudeur, des marques d'impatience du décideur pour montrer qu'on s'oublie soi et qu'on s'ouvre tout entier à l'autre. En somme, il s'agit de jouer l'égalité radicale, l'humilité et même la contrition. Et cela devant les caméras! Durant la grève des enseignants, Laurette Onkelinx, alors ministre de l'Enseignement, s'est ainsi soigneusement gardée de toute invective à l'adresse de ses opposants, redoublant d'empathie et répétant avec une gentillesse attristée: «Je comprends leur désarroi, je sais que c'est dur pour eux, que le métier qu'ils font est difficile...» Dans ce même registre, Stefaan Declerck, Marc Verwilghen et Vincent Decroly ont brillé lors de l'affaire Dutroux; Guy Verhofstadt et Louis Michel au Rwanda et au Congo. Tous en ont recueilli des bénéfices de popularité. Jugement critique d'un ancien ministre:

«Il faudrait étudier de près la percée de types comme Decroly ou Verwilghen: proches des sentiments, gestionnaires des affects. La politique compassionnelle et moralisante à la George Bush, d'autant plus intéressante qu'elle ne coûte rien! Je la déteste, c'est vraiment lamentable! Il suffit de prendre un air humble et attristé en disant : "Comme je vous comprends, comme vous souffrez!" Et puis de passer à autre chose! Je ne suis pas cynique, mais je suis terriblement déçu quand je vois ça. »

On demande aujourd'hui aux politiques d'être des professionnels de la compassion sans s'aviser du caractère profondément paradoxal d'une telle aspiration. Une compassion sur commande n'est rien qu'une affectation. Du reste, où s'arrêter ? Jusqu'où les hommes politiques doivent-ils assumer *moralement* la souffrance du monde ? Pour quelles raisons, s'exclamait par exemple Marc Van Peel, est-il désormais *interdit* à un homme politique de secouer la sinistrose ambiante en insistant sur tout ce qui va bien ? Selon les experts du PNUD, la Belgique occupe une très enviable cinquième place sur 162 pays en matière de développement humain, avant les États-Unis, les Pays-Bas ou le Japon. Crier victoire serait pourtant politiquement incorrect et le responsable politique qui s'aviserait d'en tirer satisfaction serait vite taxé de cynique et d'arrogant – comme l'ont été les politiciens flamands qui ont osé chanter en chœur « La vie est belle ! ». Mais pourquoi l'optimisme professé par un responsable politique s'apparente-t-il désormais à une insulte adressée à ceux qui souffrent ? L'homme politique est appelé à gérer les affaires publiques – pourquoi faut-il en plus qu'il incarne la compassion universelle ? Le développement de l'État-providence nous a fortement déchargés du fardeau de la solidarité matérielle : nous pouvons désormais nous adonner librement à la satisfaction de nos désirs personnels en sachant que l'État se charge de pourvoir aux besoins des nécessiteux. Reste la solidarité affective, cette empathie que nous ressentons spontanément à l'évocation de toute personne qui souffre, les scrupules qui nous tenaillent, cette sourde culpabilité qui revient nous encombrer par inter-mittences. Se peut-il que, là encore, nous cherchions à repor-ter sur les responsables politiques notre propre fardeau ?

L'authenticité comme talent

« Si j'ai appris quelque chose, confiait Tony Blair au *Sunday Times*, c'est que dans ce métier, on ne doit jamais montrer ses émotions. » Comment comprendre cet aveu ? L'homme est pour-tant grand orateur, capable de faire jouer toute la palette des expressions affectives : bienveillance, fermeté, indignation, sym-pathie, humilité, contrition, tristesse… À défaut d'exprimer *ses* émotions, il exprime en tout cas *des* émotions. Est-ce à dire qu'il n'est qu'un simulateur cynique ? Il me semble que les choses sont plus complexes.

Nous attendons de l'homme politique qu'il soit authentique, c'est-à-dire qu'il reste lui-même, qu'il parle vrai et nous dévoile sa vérité profonde. Mais qu'est-ce que l'authenticité en poli-tique ? Que peut-elle signifier pour celui dont la profession est d'influencer les autres et dont les moindres gestes sont soumis à ce dessein ? C'est entendu, chacun cherche à influencer les autres mais nul autre que l'homme politique ne se trouve en pareille situation de représentation quasi perpétuelle, entouré quinze heures par jour de journalistes à captiver, d'électeurs potentiels à séduire, de militants à convaincre. Ce qu'on appelle « être authentique » en politique ne désigne que secondairement l'existence d'une cohérence étroite entre les positions affichées et les convictions profondes : la vie politique est d'abord affaire d'opportunisme, elle impose de transiger fréquemment avec sa conscience ; les vérités d'hier ne sont pas celles d'aujourd'hui et il faut bien adapter le discours aux attentes de l'auditoire, quitte à se contredire.

L' « authenticité » en politique désigne un *talent* plutôt qu'un *état* : fondamentalement, une qualité de présence affective à ses propres paroles, c'est-à-dire l'adéquation du ton, de l'expression, du corps tout entier au message. On attend d'un homme politique « qu'il soit lui-même » au sens où on attend d'un comédien qui *joue* Hamlet qu'il *soit* Hamlet. La fonction politique, plus que toute autre, est une tunique de Nessus qui consume la chair de qui la revêt. Dans la société du spectacle, les applaudissements s'adressent moins à ceux dont l'être intime a investi le personnage qu'à ceux dont le personnage s'est glissé profondément dans l'être intime, l'a colonisé pour mieux l'inscrire dans son projet.

On se tromperait pour autant en imaginant les journalistes et le public si facilement manipulables. Plus ou moins confusément, chacun a conscience d'être l'objet d'une tentative d'influence et de séduction, chacun pressent les intentions cachées. Le spectateur n'est jamais totalement dupe, raison pour laquelle l'homme politique doit redoubler d'expressivité : si ce qu'il *dit* est frappé de suspicion, ce qu'il *montre* est peut-être susceptible de le sauver. Le spectateur cynique devient comme ce héros de Kundera dans *La Plaisanterie* : quoi qu'une personne puisse lui dire, il n'y voit plus qu'un indice de l'image qu'elle veut donner d'elle-même. Il se met alors à apprécier les discours *en tant que dispositifs scéniques*, à valoriser les performances *en tant que performances.* Il en vient à applaudir l'homme politique comme il applaudit un comédien : « Je ne sais pas si ce qu'il a dit est vrai et a la moindre chance de se réaliser, du moins l'a-t-il dit magnifiquement : chapeau l'artiste ! » Le spectateur cynique a conscience que, pour l'essentiel, les promesses resteront des promesses ; il traite ses déclarations comme des effets d'annonce et tire une secrète fierté de ne pas tomber dans le panneau. Dix fois, peut-être, à l'abord des élections, il a entendu les mêmes discours. Simplement, il continue d'apprécier qu'on le fasse rêver et qu'on lui offre à intervalles réguliers l'occasion de se situer lui-même par rapport à tous ces rêves, de poser le geste politique de l'approbation ou de la désapprobation et de réaffirmer ce faisant son identité de citoyen. Dans la société du spectacle, les partis deviennent des producteurs et les citoyens des consommateurs d'imaginaire politique. Il n'y a donc pas le choix, sinon de cultiver une compétence d'agent double : stratège en coulisse, empathique devant les caméras. Je doute qu'il soit encore possible aujourd'hui de briller en politique sans cultiver cette dualité paradoxale.

Le pouvoir enchaîné

Au terme de cet ouvrage, on comprend mieux la raison du titre : le pouvoir politique est enchaîné, incroyablement précaire. En cherchant à peser sur les décisions, les ministres s'enchaînent les uns aux autres comme ils s'enchaînent à une multitude d'autres acteurs à l'arrière-plan qui exercent d'infinies tractions : partis, parlementaires, médias, experts, fonctionnaires, groupes d'intérêt. Il n'y a pas le choix : qui veut agir doit accepter de se lier aux autres et qui rompt ses chaînes et recouvre sa liberté perd ce faisant toute influence. Le pouvoir n'est rien que l'acteur politique possède en propre, il est une propriété des chaînes d'interdépendance. Il dépend certes de la force de l'acteur, de son courage et sa compétence, mais plus décisivement de tous ceux qu'il est capable de faire converger pour peser avec lui. Au modèle de la pyramide, il faut substituer le modèle du réseau : les ministres ne trônent au sommet de la pyramide sociale que dans l'imagerie pharaonienne ; dans les faits, ils ne font qu'occuper une position centrale dans un réseau complexe. Assurément, ils sont, eux, à la différence des autres, *directement* enchaînés aux sphères de la décision et pour peu qu'on n'ait d'yeux que pour leur personne, on finirait par se figurer que ces masses imposantes, ils sont seuls à les mouvoir. Bien sûr, c'est une illusion. Une partie essentielle de leur force leur vient d'ailleurs et les décisions *émergent* de la complexité des tractions multiples, parfois erratiques, plutôt qu'elles ne résultent d'une «volonté politique», unitaire et cohérente, laquelle n'existe que dans la réthorique de la théorie politique et les programmes des partis.

Les ministres sont-ils irresponsables pour autant? Assurément non. Même dilué, leur pouvoir demeure : celui de sélectionner, dans l'infinité des problèmes humains, ceux qui méritent de devenir des *enjeux politiques* ; celui de façonner des coalitions autour de ces problèmes et d'arracher le consentement de leurs partenaires ; enfin, celui de peser dans le débat public et d'orienter l'opinion. C'est trop peu sans doute pour faire rêver les amateurs de pyramides, mais c'est suffisant pour éreinter les décideurs.

Dans l'introduction, j'appelais le lecteur à modérer son jugement et à réfréner une sentence trop spontanée. Au terme de cette exploration, je ne puis que reformuler ce souhait. De chapitre en chapitre, j'ai porté l'attention vers ce qui, dans la machinerie politique, m'apparaissait le plus problématique, négligeant tout ce qui fonctionne correctement. Si le tableau qui en résulte correspond effectivement aux faits, il est forcément partiel et sélectif, et l'impression désespérante qu'il peut procurer résulte pour partie d'un effet d'optique. Cette machinerie bruyante, aléatoire, dispendieuse, impossible, on n'oubliera pas qu'elle finit par produire, bon gré mal gré, des bienfaits qui ont pour nom justice, protection sociale, sécurité, éducation, santé publique, aménagement du territoire, infrastructures de transport, rénovation urbaine... Les acteurs peuvent bien s'épier, se ligoter, s'étriper, il reste qu'ils atteignent toujours quelque forme de *bien public* et l'on ne saurait perdre de vue que notre pays, si précaire qu'y apparaisse la politique, demeure l'un des plus développés au monde.

Il reste qu'on ne peut apprécier un bien public qu'au regard de son *coût* : de l'ensemble des moyens humains et matériels engagés dans sa production et qu'il serait possible d'affecter à la production d'autres biens. Quiconque s'immerge dans les lacis de la décision politique ne peut qu'être frappé par l'ampleur des dysfonctions : l'effarante complexité des processus, les conflits inutiles, les lenteurs et les blocages, les gaspillages, le poids des images et des symboles, la campagne électorale permanente… Bien sûr, il y a des maux qui sont nécessaires et pour une part, ces dysfonctions sont le prix d'un régime de coalition et même le signe de notre vitalité démocratique lorsqu'elle ouvre l'espace de la décision à la participation de nouvelles catégories d'acteurs. Pour une autre part, en revanche, ces dysfonctions indiquent plutôt un *défaut d'adaptation* du monde politique et administratif aux nouvelles règles du jeu démocratique. En politique, on travaille vraiment loin de l'optimum ! Les bilans inlassablement dressés par les hommes politiques ont le défaut de ne comporter qu'une colonne : celle des réalisations. Mais s'avise-t-on de ce qu'il serait possible de faire en plus, de faire en mieux, de faire en plus rapide dans des conditions d'efficience politique et administrative ?

Il me semble que, sans forcer le trait, on peut parler en Belgique d'une *crise de la gouvernance publique,* par quoi je songe à deux phénomènes intimement liés. D'abord un décalage grandissant entre l'actuelle capacité – au double sens d'*aptitude* et de *puissance* – de décision, de pilotage et de réforme, et celle que requiert la régulation de nos sociétés de modernité avancée. Dans de nombreux domaines, comme les systèmes éducatifs, la formation et l'insertion socioprofessionnelle, la sécurité et la prévention, l'institution judiciaire, les transports publics et la mobilité, le rythme des réformes est sans commune mesure avec l'ampleur des problèmes à résoudre. Ensuite, un *déficit de réflexivité :* une difficulté et quelquefois une répugnance du monde politique et administratif à se soumettre à un examen critique et à opérer les réformes nécessaires. Quelques signes révélateurs de ce déficit : la rareté des audits de fonctionnement dans les partis et les cabinets, les résistances de la majorité des mandataires publics à la formation professionnelle – comme si l'élection conférait la compétence –, l'absence presque totale d'évaluation des politiques publiques, l'extrême difficulté à moderniser ou restructurer les administrations et les entreprises publiques…

Cette crise de la gouvernance a quelque chose de paradoxal : le nombre des ministres s'est accru spectaculairement au cours des vingt dernières années aussi bien que le nombre et les effectifs des cabinets ministériels. Dans toute organisation, accroissez le personnel et subdivisez les responsabilités, et vous obtenez une diminution de la charge de travail. Rien de cela en politique : toujours plus nombreux, les acteurs sont toujours aussi surmenés. Comment l'expliquer ? Assurément, le rôle de l'État n'en finit pas de s'enrichir et se complexifier à mesure des défis qu'on lui commande de relever, mais cette évolution, toutes les démocraties occidentales la connaissent et toutes n'emboîtent pas le pas à la Belgique, loin de là. Ne serait-ce pas plutôt que la machine finit par se nourrir de ses propres dysfonctions ? Que le politique devient le premier problème du politique ? Et qu'en colonisant l'État comme il l'a fait en même temps qu'il cédait cent et mille fois aux forces puissantes qui poussent à sa bureaucratisation, le politique s'est jeté dans une impasse absolue : celle qui consiste à devoir pallier les déficiences de l'administration ?

Cette crise de la gouvernance entre dans la fabrication d'une autre crise : une *crise de légitimité*. La profession politique a cessé de faire rêver, on finit par plaindre les acteurs au lieu de les respecter, les militants vieillissent sans que pointe la relève, la méfiance grandit, les recours judiciaires contre l'État se multiplient, de nouveaux acteurs, libres de toute sanction électorale, remettent en cause la prétention du politique à incarner l'intérêt général. La légitimité s'affaissant, le travail de *légitimation* grandit démesurément : il faut se justifier encore et toujours, répondre aux critiques, se retrancher derrière l'avis d'experts, de conseils et de commissions, multiplier les ateliers de réflexion et les tables rondes, alléguer l'autonomie de gestion des organismes dont on a la charge, remplacer l'exercice de l'autorité par des formes de contractualisation qui respectent ou qui figurent la liberté des parties...

Assurément, cette perte de légitimité du politique a bien d'autres causes que le déficit de gouvernance, elle s'observe d'ailleurs dans la plupart des démocraties occidentales. Les citoyens sont las, notamment, des vieux mécanismes de fabrication des leaders – des laideurs – charismatiques par la transfiguration chronique des adversaires en ennemis. Ce n'est point qu'ils méconnaissent les conflits d'intérêt, simplement ils sont fatigués de les voir médiatisés par des acteurs politiques en quête de légitimité. Les envolées de tribun, les poses viriles et les morceaux de bravoure ne captivent plus comme autrefois. La vieille machine est enrayée, cette machine qui a servi dans le passé à enflammer tant de foules, conforter tant d'identités, engranger tant de voix. Ainsi ces parodies de débat qu'offrent les enceintes parlementaires, pourtant dédiées à la fonction dialogique : suivant un rituel d'un autre âge, chacun monte à la tribune devant des travées désertes pour y faire un numéro trop prévisible, lisant son texte dans l'indifférence et l'irrespect de ses partenaires, se croyant obligé d'allonger la sauce, de multiplier les coups de griffe et les traits acides, avant de se soumettre comme les autres à la logique binaire du vote majorité contre opposition. Se figure-t-on le nombre de parlementaires qui réprouvent discrètement cette humiliation cent fois répétée, cent fois endurée ?

La perte de légitimité a certes des causes multiples, dont l'érosion plus générale du principe d'autorité. Il reste que la crise de la gouvernance ne peut manquer de l'aggraver à mesure que les citoyens prennent conscience de l'impuissance de leurs élus. Des problèmes endémiques, comme le sentiment d'insécurité et l'incroyable défiance des Belges envers leur justice, ont à cet égard un effet dévastateur. Et de même une catastrophe comme la faillite de la Sabena, et cela non seulement par l'image de gestionnaire irresponsable qu'elle projette du politique, mais encore parce qu'elle met en évidence le déficit de vérité du débat public, le poids de toutes ces choses qui sont dites ou qui sont tues à seule fin de positionnement politique. Nombre d'acteurs politiques finissent eux-mêmes par être saisis d'un sentiment de dérisoire...

À cette crise de légitimité, il est une réponse classique, presque instinctive, qui consiste, au nom de la démocratie, à *renforcer la représentation*. Une démocratie forte, répète-t-on, ne saurait se réduire aux institutions représentatives et le citoyen à un électeur passif et spectateur, elle suppose de refuser l'appropriation de la décision politique par les élites ou les bureaucrates en multipliant les espaces d'expression et de débat, en généralisant les modes de consultation et de participation des citoyens. Chômeurs, riverains, artistes, immigrés, parents d'élèves, cyclistes, tous doivent être représentés dans des lieux de concertation et de participation, tous doivent recevoir une marque publique de reconnaissance et un accès au débat démocratique, tous doivent être invités à s'engager dans une action politique. Tel est l'imaginaire de référence : *re-politiser la vie quotidienne*. Et telle est la norme de notre modernité : *mettre en débat public*. Qu'une voix indignée s'élève : «Nous n'avons pas été consultés !», et les rouages de la décision publique aussitôt se grippent, attaqués par une impression corrosive d'arbitraire.

Cette logique de la représentation, il serait futile et sot de vouloir la minimiser ; ce serait nier notre époque et plus que cela : notre identité. En revanche, il faut avoir le courage de rappeler une vérité prosaïque et encombrante : une démocratie ne se réduit pas à un grand espace de discussion où s'invente collectivement le futur des sociétés, elle suppose des décisions et leur mise en œuvre. Or, il est patent que la logique de la représentation ne laisse pas intacte la logique de la gouvernance : en multipliant les parties prenantes, en élargissant les réseaux de la décision, en alourdissant la charge de concertation et de négociation, elle menace à tout moment de *paralyser* la décision. Loin de la démocratiser, elle ouvre un vaste champ à la manipulation, pousse les décideurs à se défausser de leurs responsabilités, à repousser les échéances dans l'espoir d'un impossible consensus, à remplacer l'action par sa forme légitime : le dialogue. On en arrive à cette situation absurde où la création d'organes de concertation *tient lieu de politique* – la forme démocratique épuisant en quelque sorte son contenu.

Répondre à la crise de légitimité en renforçant chaque fois la représentation *sans repenser les principes de gouvernance,* cela revient à négliger d'adapter, de renforcer le bateau de la démocratie qui se prépare à appareiller tandis qu'on le charge de tous ceux qui criaient sur l'embarcadère et réclamaient une place à bord. Le bateau s'alourdit et s'enfonce, il perd sa maniabilité, les machines s'étouffent, l'équipage passe le plus clair de son temps à régler des problèmes de coordination, à traiter les brouilles et les disputes. Pour un temps, certes, le calme est revenu sur les quais, mais le bateau n'avance plus guère. Pas question de gagner la haute mer : le capitaine se résigne à caboter prudemment le long des côtes. Le cabotage : telle est bien l'issue forcée de l'emballement de la représentation, faute de repenser simultanément la gouvernance. Pour l'heure, nous pouvons sans doute nous en accommoder. Mais demain ?

La question de la gouvernance est bizarrement snobée par les penseurs de la politique. Par une sorte de négligence qui confine parfois à la condescendance, on écarte la question comme un simple problème d'intendance, on continue de puiser dans le vieux fonds antigestionnaire qui définit encore beaucoup d'intellectuels et l'on préfère par exemple analyser la faillite de la Sabena comme l'expression de la mondialisation triomphante plutôt que comme une suite convergente d'erreurs de gestion. Question de confort : il faudrait alors se pencher sur une série de problèmes gênants, comme le laxisme des partis et l'impéritie de certains mandataires, mais aussi l'intransigeance syndicale et la dérive des dépenses de personnel. Mieux vaut s'asseoir sur le couvercle, à distance prudente de ce que Nietzsche appelait les souillures *nécessaires* de toute politique pratique.

De façon caractéristique, la politique construit sa noblesse sur sa différence d'avec l'administration. À la première revient la tâche de définir collectivement le futur – la seconde n'a qu'à suivre. On continue de raisonner comme si, de l'objectif à sa réalisation, la médiation coulait mécaniquement. Or, c'est la médiation qui est devenue le problème aujourd'hui. Refuser d'ouvrir la boîte noire, c'est s'installer dans cette schizophrénie typique de notre temps qui consiste à s'inquiéter du rôle de l'État face aux forces du marché, à la montée des inégalités, au démembrement de l'espace urbain, à la détérioration de l'environnement, *et en même temps* – sans même rougir de la contradiction – à condamner les tentatives de modernisation de l'État qui sont susceptibles de renforcer son efficience et sa capacité de régulation.

Cette question de la gouvernance, c'est-à-dire de l'exercice du *pouvoir* et de la *responsabilité* sur la performance du système, il n'est donc d'autre choix que de la porter dans tous les lieux de la décision politique : dans les partis, les assemblées parlementaires, les gouvernements, les cabinets et les conseils d'administration des organismes publics. Elle repose sur une poignée de principes élémentaires dont l'évaluation, l'injection du principe de performance au cœur des régulations, l'obligation de rendre des comptes. Il est juste de reconnaître qu'à cet égard, les choses bougent déjà ici et là.

À mon sens, l'importance prise par les médias appelle également une réflexion entre journalistes – en particulier entre journalistes de la presse écrite – afin de dépasser, ne fût-ce que partiellement, la logique des dons et des contre-dons, des primeurs et des scoops, de l'urgence et du sensationnel, pour rétablir la vérité des programmes et des réalisations. Comment faire pour que les coups médiatiques pèsent moins lourds, au total, que les bilans objectifs ? Comment placer les acteurs en situation de devoir répondre de leur action et de leur inaction ?

Mais le cœur du problème de la gouvernance restera pour longtemps le rapport du politique à l'administration publique. Il importe de briser le cercle infernal où se débat l'acteur politique qui voit sa responsabilité grandir et son pouvoir diminuer – de refuser, en d'autres termes, la logique du bouc émissaire. Et par conséquent, casser la relation incestueuse du politique à l'administration dans laquelle chacun a l'impression d'être l'otage de l'autre au profit d'une *double refondation* : de l'autorité ministérielle dans son pouvoir d'ordonner, contrôler et sanctionner ; et de l'administration dans sa fonction d'aide à la décision et d'exécution, et dans son autonomie de gestion. Cela suppose, premièrement, de restaurer la frontière qui sépare la politique de la particratie, une frontière malheureusement poreuse en Belgique. Deuxièmement, de mettre fin aux nominations politiques dans l'administration et à toutes les pratiques de lotissement des services publics. Troisièmement, de réduire drastiquement les cabinets et d'obliger les ministres à travailler plus directement avec leur administration sur la base d'une répartition plus claire des compétences. Et quatrièmement, de restructurer en profondeur l'administration à partir de sa finalité première de *service public* en appliquant une série de principes cardinaux comme la primauté de l'usager, l'évaluation, la qualité, la compétence, le mérite et la responsabilité, si nécessaire – et ce l'est – en adaptant le statut pour mettre fin aux situations d'impunité. L'ampleur des résistances au plan Copernic montre la difficulté de l'entreprise et la nécessité de s'appuyer, en début de législature, sur des accords de gouvernement particulièrement précis.

Le vrai courage politique, aujourd'hui, consiste à engager résolument la réforme, non point à faire l'annonce d'un énième grand dessein : la première action confine à l'héroïsme, la seconde s'inscrit dans la routine politique. Il faut s'en convaincre, la gouvernance publique est un grand défi de notre temps.

Bibliographie

ALAIN, *Propos sur les pouvoirs*, Paris, Gallimard, 1985

N. ALTER, *L'innovation ordinaire*, Paris, P.U.F., 2000

H. AMBLARD, Ph. BERNOUX, G. HERREROS & Y.-F. LIVIAN, *Les nouvelles approches sociologiques des organisations*, Paris, Éd. du Seuil, 1996

Fl. AUBENAS & M. BENASAYAG, *La fabrication de l'information : les journalistes et l'idéologie de l'information*, Paris, La Découverte, 2000

J.-L. AUSTIN, *Quand dire, c'est faire*, Paris, Seuil, 1970 (trad. fr.)

Gl. AWAD, *Du sensationnel. Place de l'événementiel dans le journalisme de masse*, Paris, L'Harmattan, 1995

G. BALANDIER, *Le pouvoir sur scènes*, Paris, Balland, 1992

Ch. BIGAUT, *Les cabinets ministériels*, Paris, Librairie générale de droit et de jurisprudence, 1997

D. BEETHAM, *The Legitimation of Power*, Basingstoke et Londres, MacMillan, 1991

P. BERGER, *Comprendre la sociologie*, Paris, Resma, 1973

Ph. BERNOUX, *La Sociologie des organisations*, Paris, Éd. du Seuil, 1985

Ph. BERNOUX, *La Sociologie des entreprises*, Paris, Éd. du Seuil, 1995

P. BIRNBAUM, *La logique de l'État*, Paris, Fayard, 1982

J. BLONDEL, *Government Ministers in the Contemporary World*, Londres, Sage, 1985

J. BLONDEL, *Political Leadership. Towards a General Analysis*, Londres, Sage, 1987

J. BLONDEL & F. MULLER-ROMMEL, *Cabinets in Western Europe*, Basingstoke et Londres, Macmillan, 1988

S. BLUMENTHAL, *The Permanent Campaign*, New York, Simon & Schuster, 1980

L. BOLTANSKI & E. CHIAPELLO, *Le nouvel esprit du capitalisme*, Paris, Gallimard, 1999

P. BOURDIEU, *Sur la télévision*, Paris, Liber éditions, 1996

D. BOY, V. JACQUES LE SEIGNEUR & A. ROCHE, *L'Écologie au pouvoir*, Paris, Presses de la Fondation des Sciences Politiques, 1995

J. BRASSINNE, *Les nouvelles institutions de la Belgique*, Bruxelles, Cahiers du Crisp, 1989

R. BURT, *Structural Holes*, Cambridge, Mass., Harvard University Press, 1992

A. CAILLIE, *Anthropologie du don. Le tiers paradigme*, Paris, Desclée De Brouwer, 2000

R. CAYROL, *La nouvelle communication politique*, Paris, Larousse, 1986

D. CHAGNOLLAUD, *Les cabinets ministériels, côté cour*, Paris, L'Harmattan, 1999

P. CHAMPAGNE, « Le médiateur entre deux *Monde* » in : *Actes de la recherche en sciences sociales*, n° 131-132, mars 2000

M. CHARLOT, *La persuasion politique*, Paris, Armand Colin, 1970

J.-M. CHARON & Cl. FURET, *Un secret si bien violé. La loi, le juge, le journaliste*, Paris, Seuil, 2000

J. CHARRON, *La production de l'actualité politique*, Montréal, Éd. Boréal, 1994

R.W. COBB & M.H. ROSS, *Cultural Strategies of Agenda Denial. Avoidance, Attack and Redefinition*, Lawrence, Kansas, University Press of Kansas, 1997

J. COMMAILLE & Br. JOBERT, *Les métamorphoses de la régulation politique*, Paris, L.G.D.G., 1998

V. CRABBE, « Cabinets ministériels et organisation administrative » in *Revue de l'Institut de Sociologie*, 1960/3, pp. 531-555

M. CROZIER, *Le phénomène bureaucratique*, Paris, Éd. du Seuil, 1964

M. CROZIER, *La société bloquée*, Paris, Éd. du Seuil, 1971

M. CROZIER & E. FRIEDBERG, *L'acteur et le système*, Paris, Éd. du Seuil, 1977

A. CUBERTAFOND, *Le pouvoir, la politique et l'État en France*, Paris, Hachette, 1993

J.W. DAVIS, *Leadership Selection in Six Western Democracies*, Westport, Conn., Greenwood Press, 1998

R. DEBRAY, *L'État Séducteur*, Paris, Gallimard, 1993

R. DEBRAY, *L'emprise*, Paris, Gallimard, 2000

A. DEGRENNE & M. FORSE, *Les réseaux sociaux. Une analyse structurale en sociologie*, Paris, Armand Colin, 1994

Ch. DELACAMPAGNE, *Le philosophe et le tyran*, Paris, P.U.F., 2000

Fr. DELPEREE & S. DEPRE, *Le système constitutionnel de la Belgique*, Bruxelles, Éd. Larcier, 1998

P. DELWIT & J.-M. DE WAELE, *Les partis politiques en Belgique*, Bruxelles, Éd. de l'Université de Bruxelles, 1996

P. DELWIT, J.-M. DE WAELE & P. MAGNETTE (dir.), *Gouverner la Belgique. Clivages et compromis dans une société complexe*, Paris, P.U.F., 1999

W. DEWACHTER, *Besluitvorming in politiek België*, Louvain, Acco, 1995

L. DE WINTER, A.-P. FROGNIER & B. RIHOUX, «Belgium» in J. Blondel & M. Cotta, *Party and Government. An Inquiry into the Relationship between Governments and Supporting Parties in Liberal Democraties*, Houndmills, Basingstoke et Londres, 1996

M. DOGAN (ed.), *Pathways to Power. Selecting Rulers in Pluralist Democracies*, San Francisco et Londres, Westview Press, 1989

M. DOUGLAS, *Comment pensent les institutions?* Paris, La Découverte/M.A.U.S.S., 1999

Cl. DUBAR, *La socialisation. Construction des identités sociales et professionnelles*, Paris, Armand Colin, 1991

M. DUVERGER, *Les partis politiques*, Paris, P.U.F., 1966

H.W. EHRMANN & M.A. SCHAIN, *Politics in France*, New York, Harper Collins Publ., 1992

R. ELGIE, *Political Leadership in Liberal Democracies*, Houndsmills, Basingstoke, Macmillan, 1995

Ph. ENGELS, *Le mystère Maystadt*, Bruxelles, Éd. Luc Pire, 1999

St. FIERS, *Partijvoorzitters in België. Le parti, c'est moi ?*, thèse de doctorat, Departement van Politieke Wetenschappen, KU Louvain, 1998

B. FLYVBJERG, *Rationality and Power. Democracy in Practice*, Chicago, University of Chicago Press, 1999

J. FOURNIER, *Le travail gouvernemental*, Paris, Presses de la Fondation Nationale des Sciences Politiques & Dalloz, 1987

I. FRANCFORT, FL. OSTY, R. SAINSAULIEU & M. UHALDE, *Les mondes sociaux de l'entreprise*, Paris, Desclée de Brouwer, 1995

E. FRIEDBERG, *L'analyse sociologique des organisations*, Paris, L'Harmattan, 1987

E. FRIEDBERG, *Le Pouvoir et la Règle*, Paris, Éd. du Seuil, 1993

A.-P. FROGNIER, « Belgium : A Complex Cabinet in a Fragmented Polity » in J. Blondel & F. Muller-Rommel, *Cabinets in Western Europe*, Basingstoke et Londres, Macmillan, 1988

J. GERSTLE, *La communication politique*, Paris, P.U.F., coll. « Que sais-je ? », n° 2652, 1992

M. GODELIER, *L'énigme du don*, Paris, Fayard, 1996

J.T. GODBOUT, *Le langage du don*, Montréal, Éd. Fidès, 1996

J.T. GODBOUT (en collab. avec A. CAILLE), *L'esprit du don*, Paris, La Découverte & Syros, 2000

J.T. GODBOUT, *Le don, la dette et l'identité*, Paris, La Découverte et M.A.U.S.S., 2000

J.-P. GOUREVITCH, *L'image en politique*, Paris, Forum, 1998

M. S. GRANOVETTER, *Getting a Job : a Study of Contacts and Careers*, Cambridge, Harvard University Press, 1974

P.A. HALL, J. HAYWARD & H. MACHIN (dir.), *L'évolution de la vie politique française*, Paris, P.U.F., 1992 (trad. fr.)

Br. JOBERT & P. MULLER, *L'État en action. Politiques publiques et corporatismes*, Paris, P.U.F., 1987

J.W. KINGDOM, *Agendas, Alternatives And Public Policies*, Harper Collins Publ., 1984

Ch.-Ét. LAGASSE, *Les nouvelles institutions de la Belgique et de l'Europe*, Namur, Artel, 1999

P. Le Floch & N. Sonnac, *L'économie de la presse*, Paris, La Découverte, 2000

P. Le Gales & M. Thatcher, *Les réseaux de politique publique. Débat autour des policy networks*, Paris, L'Harmattan, 1995

C. Lemieux, *Mauvaise presse. Une sociologie compréhensive du travail journalistique et de ses contraintes*, Paris, Métailier, 2000

V. Lemieux, *Les réseaux d'acteurs sociaux*, Paris, P.U.F., 1999

V. Lemieux, *À quoi servent les réseaux sociaux ?*, Québec, Les Presses de l'Université Laval, 2000

Ch.E. Lindblom, *The Policy-Making Process*, Londres, Prentice-Hall, 1980

N. Machiavel, *Le Prince*, Paris, Seuil, 1993

G. Marcou & J.-L. Thiebault, *La décision gouvernementale en Europe (Belgique, Danemark, France, Pays-Bas, Royaume-Uni)*, Paris, L'Harmattan, 1996

Ph. Marion, « Politiciens clichés », in *Médiatiques*, n° 21, automne 2000

D. Marsh & R.A.W. Rhodes (ed.), *Policy Networks in British Government*, Oxford, Clarendon Press, 1992

M. Mathien & R. Rieffel (dir.), *L'identité professionnelle des journalistes*, Strasbourg, Alphacom/Cuej, 1995

M. Mauss, « Essai sur le don », in *Sociologie et Anthropologie*, Paris, P.U.F., 1950

Y. Meny & J.-Cl. Thoenig, *Politiques publiques*, Paris, P.U.F., 1989

J. Meynaud, J. Ladriere & Fr. Perin, *La décision politique en Belgique. Le pouvoir et les groupes*, Paris, Armand Colin, 1965

St. Milgram, *La soumission à l'autorité*, Paris, Calmann-Levy, 1974

E. Neveu, *Sociologie du journalisme*, Paris, La Découverte, 2001

J.-G. Padioleau, *L'État au concret*, Paris, P.U.F., 1982

Fr. Pave (dir.), *Colloque de Cerisy : L'analyse stratégique*, Paris, Éd. du Seuil, 1994

J.L. Payne, O.H. Woshinsky, E.P. Veblen, W.H. Coogan & G.E. Bigler, *The Motivation of Politicians*, Chicago, Nelson-Hall Publ., 1986

A. PETITAT, *Secret et formes sociales,* Paris, PUF, 1998

R. REMOND, Al. COUTROT & I. BOUSSARD, *Quarante ans de cabinets ministériels,* Paris, Presses de la Fondation des Sciences Politiques, 1982

R.A.W. RHODES, *Understanding Governance. Policy Networks, Governance, Reflexivity and Accountability,* Buckingham, Philadelphia, Open University Press, 1997

R. RIEFFEL, *Sociologie des médias,* Paris, Ellipses, 2001

D.A. ROCHEFORT & R.W. COBB, *The Politics of Problem Definition. Shaping the Policy Agenda,* Lawrence, Kansas, University Press of Kansas, 1998

R. SAINSAULIEU, *L'identité au travail. Les effets culturels de l'organisation,* Paris, Presses de la Fondation Nationale des Sciences Politiques, 1977

R. SAINSAULIEU, *Sociologie de l'organisation et de l'entreprise,* Paris, Presses de la Fondation Nationale des Sciences Politiques, 1987

O. SCHRAMECK, *Les cabinets ministériels,* Paris, Dalloz, 1995

R.-G. SCHWARTZENBERG, *L'État-Spectacle,* Paris, Flammarion, 1977

J. SCOTT, *Social Network Analysis. A Handbook,* Londres, Sage, 1991

D.-L. SEILER, *La politique comparée,* Paris, Armand Colin, 1982

D.-L. SEILER, *Les partis politiques,* Paris, Armand Colin, 1993

M. SPERBER, *Psychologie du pouvoir,* Paris, Odile Jacob, 1995

E.N. SULEIMAN, *Politics, Power and Bureaucracy in France: The Administrative Elite,* Princeton, Princeton University Press, 1974

E. SULEIMAN & H. MENDRAS, *Le recrutement des élites en Europe,* Paris, Éd. La Découverte, 1995

G. THOVERON, *La communication politique aujourd'hui,* Bruxelles, De Boeck-Université, 1991

G. THUILLIER, *Les cabinets ministériels,* Paris, P.U.F., 1982

A. TROGNON, *Pragmatique du discours politique,* Paris, Armand Colin, 1994

Table des matière

Achevé d'imprimer en novembre 2003
pour le compte des Éditions Labor
sur les presses de l'imprimerie SNEL
à Liège (Belgique).